◎中国人民大学科学研究基金项目宣传思想研究课题（课题编

◎系好人生的第一颗扣子系列丛书

# 幼儿园德育主题活动
## 案例精选

郑宇红　等　著

中国农业出版社
农村读物出版社
北　京

# 本书各章作者名单

○ **第一章　幼儿园德育活动概述**
作者：郑宇红　王玉欣　舒　静　李　玲

○ **第二章　红色精神浸润**
作者：郑宇红　李天舒　张子文　李　玥　高　旭

○ **第三章　个人品德修养**
作者：郑宇红　李凤真　王哲莹　赵润婷

○ **第四章　社会公德培育**
作者：郑宇红　吴　华　刘　曼　赵　璐

○ **第五章　家园协同育人**
作者：郑宇红　李凤真　林　静　程学知

# 序

　　党的十九大报告指出："要全面贯彻党的教育方针，落实立德树人根本任务，发展素质教育，推进教育公平，培养德智体美全面发展的社会主义建设者和接班人。""立德树人"首次被确立为教育的根本任务，这是对党的十七大"坚持育人为本、德育为先"教育理念的深化，是对教育改革发展提出的新要求。立德树人回答了"为谁培养人""培养什么人"和"怎样培养人"的问题，为幼儿教育提供了坚实的思想指引。

　　《幼儿园工作规程》（2016版）指出，"幼儿园的任务是：贯彻国家的教育方针，按照保育与教育相结合的原则，遵循幼儿身心发展特点和规律，实施德、智、体、美等方面全面发展的教育，促进幼儿身心和谐发展。"首次将"德"育放在首位。做人的根本是道德，成才的根本也是道德。孔子曰："少成若天性，习惯之为常。"学前教育作为基础教育的开端和重要的组成部分，其根本任务是将幼儿从一个自然人培养成一个具有良好道德品质和行为习惯的社会人。幼儿园通过创设优雅、和谐的园所环境，营造轻松、愉悦的精神氛围，精心策划、组织开展丰富多彩的德育主题活动，对幼儿渗透品德教育，以促进幼儿的道德认知、道德情感和道德行为的发展，为幼儿的美好人生奠定基础，系好人生的第一颗扣子。

　　中国人民大学从1937年陕北公学成立之初就鲜明地提出要培养"革命的先锋队"，到1949年提出培养"万千建国干部"，到改革开放新时期提出培养"国民表率、社会栋梁"，再到新时代提出培养"复兴栋梁、强国先锋"，始终不变的是"为党育人、为国育才"的初心和使命。中国人民大学幼儿园成立于1947年，是一所由中国人民大学主办的全日制公办幼儿园，建园76年，经历了国家建设的各个时期。幼儿园始终传承红色基因，紧跟时代步伐，牢记"为党育人、为国育才"的初心和使命。多年来，幼儿园禀承中国人民大学"人民、人本、人文"的文化精髓，遵循《幼儿园工作规程》（2016版）、《幼儿园教育指导纲要（试行）》等的要求，结合红色传统的办园历史、幼儿培养目标和教师队伍文化建设三个方面的内容，凝练出独具人文特色的"人仁"文化。在"人仁"文化的引领下，幼儿园坚持"明德·尚美·和雅·乐学"的办园理念，以"塑造品质，启蒙希望，立终身学习之基础"为办园宗旨，以"立德·明道·励志·笃行"为园训，以培养扎实的教师队伍为关键，以科学的保教管理为重点，全力提升办园质量，致力于打造一所发展幼儿、成就教师、人民满意的幼儿园。在中国人民大学和北京市海淀区、朝阳区教委的领导和关怀下，目前已形成具有两园（中国人民大学幼儿园、中国人民大学朝阳幼儿园）六址规模的集团化管理幼儿园。

《幼儿园工作规程》（2016版）明确指出，幼儿德育目标为"萌发幼儿爱祖国、爱家乡、爱集体、爱劳动、爱科学的情感，培养诚实、自信、友爱、勇敢、勤学、好问、爱护公物、克服困难、讲礼貌、守纪律等良好的品德行为和习惯，以及活泼、开朗的性格"。中国人民大学幼儿园作为一所具有红色文化历史的幼儿园，始终坚持育人为本，德育为先，聚焦立德树人，以传统文化塑造幼儿良好的精神品格，以传承红色基因为使命，依托中国人民大学红色教育资源，利用红色文化资源赋予幼儿精神力量和价值启蒙，扎根传统文化沃土，厚植家国情怀，培养社会主义的建设者和接班人。此次，我们凝聚中国人民大学幼儿园的集体智慧，回顾和梳理了近年来我园在幼儿德育方面的经验和做法，围绕幼儿德育目标，编写了这本《幼儿园德育主题活动案例精选》，与广大幼教同行交流、分享。

# 前言

　　国务院《关于深化教育体制机制改革的意见》指出："要构建以社会主义核心价值观为引领的大中小幼一体化德育体系。"党的二十大报告强调："全面贯彻党的教育方针，落实立德树人根本任务，培养德智体美劳全面发展的社会主义建设者和接班人。"十四届全国人大常委会第五次会议上《中华人民共和国学前教育法（草案）》首次审议并指出："学前教育应当坚持中国共产党的领导，坚持社会主义办学方向，贯彻党和国家的教育方针，落实立德树人根本任务，遵循儿童身心发展规律，培育社会主义核心价值观，继承和弘扬中华优秀传统文化、革命文化、社会主义先进文化，培育中华民族共同体意识，为培养德智体美劳全面发展的社会主义建设者和接班人奠定基础。"在新时代应完善德育纵向衔接、横向协同的工作机制，建立德育要素融通一体、学段衔接一体、各方协同一体的德育工作新格局。无论从社会发展的角度还是幼儿个体发展的角度，幼儿园都应该加强德育的研究，提高德育的实效性，让幼儿不仅具备一定的文化素养，还拥有正直、友善、诚信、勤奋、尊重他人等优秀品格。作为基础教育中德育的重要组成部分，幼儿园有责任助力德育一体化体系的构建。

　　多年以来，中国人民大学幼儿园（以下简称"人大幼儿园"）不断落实"立德树人"的根本任务，将党和国家关于德育工作的要求全面、细致并精确地落到实处。我们在"明德·尚美·和雅·乐学"

办园理念的启示下，充分挖掘园所特有的红色文化资源、家长资源，注重培养幼儿的爱国主义情操，以中华优秀传统文化为滋养，不断深化幼儿德育探索和实践，积累了丰富、生动的红色教育素材，初步形成了以"人仁文化""家国情怀"为核心的德育主题课程，并设计和实施了一系列适合幼儿感知、理解与传承的红色精神、传统文化和浸润心灵的主题活动，旨在有效达成幼儿德育目标，强化立德树人实效，构建具有人大幼儿园特色的德育一体化育人体系。

目前，人大幼儿园已发展为两园六址、总园统筹管理的集团化办园模式，在实施德育的过程中，形成了特有的"人仁"文化。教育部印发《幼儿园保育教育质量评估指南》附录的《幼儿园保育教育质量评估指标》中"品德启蒙"指标指出："注重幼儿良好品德和行为习惯养成，潜移默化贯穿于一日生活和各项活动，创设温暖、关爱、平等的集体生活氛围，建立积极、和谐的同伴关系；帮助幼儿学会生活，养成自己的事情自己做的习惯，培育幼儿爱父母长辈、爱老师同伴、爱集体、爱家乡、爱党爱国的情感。"因此，我园积极构建"家园情怀"园本课程，引导幼儿立大志、做小事，从小树立为中华之崛起而努力的家国情怀，以"立德·立言·立行"为目标，修己立身，塑造完美的道德品行，培养良好的学习品质，养成受益终身的习惯，成为担当民族复兴大任的时代新人。在幼儿一日生活中注重培养良好的品德，"育人为本、德育为先"，着重强调幼儿德育的重要性，提倡对幼儿进行适时、适度的德育，为幼儿优秀道德品质的形成、发展和巩固奠定良好的基础。

《幼儿园德育主题活动案例精选》从人大幼儿园德育实践出发，以"培根、铸魂、启智、润心"为主线，分为五章进行阐述。

第一章详细阐述德育活动的基本概念、探索与实践，重点突出幼儿园红色文化教育，分享园所将红色基因融入幼儿德育活动的价值、意义与实施策略。

第二章"红色精神浸润"重点选取爱党、爱国、爱家乡等经典的爱国主义教育主题，从园级活动和班级活动两个层面集中体现了园所红色文化教育的长期探索与实践成果。

第三章和第四章均属于德育实践，主要从"个人品德修养""社会公德培育"两个维度提炼出相关的德育核心品质，收录了一系列主题鲜明、内容详实的德育主题活动案例，详细介绍了不同德育主题活动的主要框架及具体实施方案。

第五章"家园协同育人"选择体验式家长会、共筑好家风活动、家书活动三个家园协同德育模式，全面呈现园所与家长同频共振，实现德育目标的活动设计与实施方案。

虽然德育是幼儿园教育的重要组成部分，但是在德育活动的设计与实施上，幼儿园教师可以直接参考的主题活动案例较少。可以说，本书生动且系统地呈现了人大幼儿园多年来对德育的理解及实践，展现了德育活动中幼儿学习的全过程，具有可操作性强、教学内容丰富、教学形式灵活多样等特点，是实施幼儿园德育活动必备的工具书，是一本真正对教师有益且值得阅读的专业书籍。

在此，要衷心感谢人大幼儿园的教师和孩子们，他们为本书提供了精彩的图片，增强了内容的可读性和趣味性。同时，本书是中国人民大学科学研究基金项目宣传思想研究课题（课题编号：23XNEX04）研究成果之一，在此也要感谢课题项目组的支持。希望本书能够为广大的幼儿园教师开展德育活动提供更广阔的设计思路和指导建议！

# 目录

序

前言

# 第一章　幼儿园德育活动概述

2022年4月25日，习近平总书记考察中国人民大学时强调，"青少年思想政治教育是一个接续的过程"，绵绵用力，久久为功，止于至善。总书记的一番教诲，切中肯綮，对共同推动"大中小学思政课一体化"建设提出了具体要求，指明了前进的方向。讲话中虽然没有要求幼儿园开设思政课，但是强调"要针对青少年成长的不同阶段，有针对性地开展思想政治教育"。因此，幼儿处于人生的启蒙阶段，同样需要进行思想品德教育。中国人民大学幼儿园（以下简称"人大幼儿园"）有责任、更有义务加强德育宣传力度，不断拓展、创新幼儿德育思路，结合幼儿发展特点及教育规律，开展新的德育实践探索。

作为新时代幼儿教师，我们更要立足于幼儿园的实际情况，充分利用德育资源，积极探索适应教育改革新需要的教学方法，通过多样化的活动形式，帮助幼儿建构知识、发展能力、激发情感，养成优秀的思想道德品质，为幼儿今后的德、智、体、美、劳全面发展打下坚实的基础。

## 第一节　基本概念

### 一、德育

党的十九大报告指出："要全面贯彻党的教育方针，落实立德树人根本任务，发展素质教育，推进教育公平，培养德智体美全面发展的社会主义建设者和接班人。""立德树人"首次被确立为教育的根本任务。做人的根本是道德，成才的根本也是道德。2012年6月，教育部颁布的《国家教育事业发展第十二个五年规划》（教发〔2012〕9号）中指出，现今经济发展方式加速转变，社会变革与发展正处于攻坚时期，社会对教育和人才的需求都发生了深刻的转变，"迫切需要全面加强青少年思想道德教育"，在主要目标中提出"基本构建起大中小幼有效衔接，学校教育、家庭教育和社会教育有机结合的德育体系"。2014年4月印发的《教育部关于培育和践行社会主义核心价值观进一步加强中小学德育工作的意见》（教基一〔2014〕4号）中指出："培育和践行社会主义核心价值观、加强中小学德育是推进中国特色社会主义事业的必然要求，是深化教育领域综合改革、促进学生健康成长的现实选择。"2017年1月，国务院颁布的《国家教育事业发展"十三五"规划》（国发〔2017〕4号）再次指出，要"把立德树人作为教育的根本任务，培养德智体美全面发展的社会主义建设者和接班人"。

**（一）幼儿园德育的基本概念**

幼儿园德育是指对幼儿实施道德认识、道德情感、道德意识、道德行为的教育过程。

**（二）幼儿德育的目标和内容**

幼儿德育的目标包括以下几点：引导幼儿养成讲文明、讲礼貌的好习惯；培养幼儿诚实、守信、勤劳、俭朴的品质；培养幼儿大方、好客、不自私、能约束自己的行为、与他人友好相处的品格；培养幼儿勇敢、坚强、活泼、开朗的性格；激发幼儿热爱祖国、热爱家乡、热爱集体的情感。

幼儿德育的内容包括以下几点：良好的生活习惯和个性品质的教育；友好地与人交往、遵守社会公共秩序的教育；初步的是非观教育；初步的爱国情感培养。

幼儿园德育要"萌发幼儿爱祖国、爱家乡、爱集体、爱劳动、爱科学的情感，培养诚实、自信、友爱、勇敢、勤学、好问、爱护公物、克服困难、讲礼貌、守纪律等良好的品德行为和习惯，以及活泼、开朗的性格"。

## 二、红色文化教育

红色文化是中国共产党带领全国人民进行革命、建设和改革过程中积淀下来的优秀文化，具有先进性、人民性、时代性等鲜明的特征。幼儿园红色文化教育是指幼儿园充分利用红色教育资源，尊重幼儿身心发展规律，遵循寓教于乐的原则，对幼儿实施积极向上的红色文化教育活动。

积极开展红色文化教育是贯彻习近平总书记重要指示、落实立德树人根本任务的需要。红色文化是中国共产党艰苦创业、革命建设、改革实践凝聚而成的先进文化，它既蕴含着中华五千年优秀的文化精髓，又蕴含着丰富的中国革命精神和革命传统。习近平总书记指出："红色教育要从娃娃抓起，要把红色资源利用好、把红色传统发扬好、把红色基因传承好。"因此，我们要着力挖掘红色教育资源，注重对幼儿红色文化情感的培养，让红色基因根植于心，融于血脉，让红色文化薪火相传。

　　幼儿时期是良好品德养成的关键时期。红色文化资源内容丰富、感染力强、教育面广，是培养幼儿良好道德情操、价值观的重要德育宝库。利用红色文化教育资源对幼儿进行情感教育，注重潜移默化，将其融入幼儿生活和各项活动中，是实施幼儿园立德树人的有效途径。

## 第二节　红色基因融入幼儿园德育活动

丰富多彩的幼儿园革命传统教育活动可以促进幼儿德、智、体、美、劳全面发展。幼儿园是幼儿成长的摇篮，注重"德育第一"的教育意识，通过开展丰富多彩的革命传统教育活动，培养幼儿吃苦耐劳、乐于助人、不怕困难的精神。幼儿园可以为幼儿创设良好的德育环境，鼓励幼儿参与经典阅读、讲述红色故事等传承革命传统文化的教育活动。

德育的主体是幼儿。建设红色校园文化应以幼儿为主体，促进幼儿对红色文化的认知，增加其对红色文化的感知、思考、知识检索和话题讨论。以大班为例，教师在教学活动中引导幼儿自愿分为几个小组，为幼儿提供各种学习资源和学习支持，通过小组讨论发展幼儿分析红色文化的能力，促进幼儿自主学习与探究红色文化，进而了解红色文化的思想内涵。教师还可以与家长合作，利用家庭活动丰富幼儿红色文化体验。

### 一、红色基因融入德育的价值与意义

#### （一）红色教育是传承红色基因的重要途径

红色基因蕴含着丰富的时代新人培养内容。少年强则国强。青少年是新时代的生力军，是民族复兴的中坚力量。党的十九大报告强调："青年一代有理想、有本领、有担当，国家就有前途，民族就有希望。"一代又一代的人在追逐民族独立、人民解放和国家富强的理想征途上，创造了令中华民族焕然一新、让全世界为之震撼的成就。用红色基因滋养时代新人，让青少年感受一代又一代人的红色文化精神。因此，对青少年开展红色教育，就显得尤为重要。

#### （二）红色教育是落实教育政策的重要路径

《幼儿园教育指导纲要（试行）》（以下简称《纲要》）中指出，幼儿园要"充分利用社会资源，引导幼儿实际感受祖国文化的丰富与优秀，感受家乡的变化和发展，激发幼儿爱家乡、爱祖国的情感"。

《中共中央国务院关于进一步加强和改进未成年人思想道德建设的若干意见》中指出："深入进行中华民族优良传统教育和中国革命传统教育、中国历史特别是近现代史教育，引导广大未成年人认识中华民族的历史和传统，了解

近代以来中华民族的深重灾难和中国人民进行的英勇斗争，从小树立民族自尊心、自信心和自豪感。"因此，开展红色教育是积极响应国家政策的具体实践，让红色教育在新时代发挥新的作用。

### （三）红色教育有利于幼儿德育的开展

红色文化传承着革命光荣传统、先进的革命精神和优秀的民族品质，为幼儿园德育活动的开展提供了真实、生动的教育资源，有利于幼儿萌发爱国情感、树立正确的理想信念、养成良好的道德品质和文明的行为习惯，使德育活动达到最佳效果。教师可以将红色精神与幼儿的道德品质联系起来，使幼儿受到红色文化的熏陶，被革命先烈和英雄人物的伟大精神与人格魅力所感染，从而发展幼儿独立、坚强、团结、合作等意志和品质。

## 二、红色基因融入德育活动的实践

长期以来，人大幼儿园重视将红色基因融入德育活动，充分挖掘契合教育主题的红色文化资源，采用灵活、多样的活动形式开展红色文化教育，营造红色文化教育氛围，提升幼儿的红色文化素养。

### （一）创设红色教育环境，融入红色教育元素

人大幼儿园秉持着环境育人的理念，园所为幼儿创设了丰富的红色教育环境（图1-1～图1-4），不断融入红色革命元素，让幼儿在潜移默化中接受革命传统教育，使幼儿红色文化素养的发展看得见、摸得着。

图1-1

图1-2

图1-3

图1-4

### （二）抓住红色节日契机，感受红色文化氛围

人大幼儿园结合红色文化中的特定节日和纪念日，将红色资源巧妙地融入幼儿园教育活动中，为幼儿营造一种潜移默化、润物无声的红色文化教育氛围，如国庆节、建党节（图1-5）、建军节、长征纪念日、升旗日（图1-6）等，帮助幼儿树立强大的民族信念。

图1-5                          图1-6

### （三）挖掘园所红色资源，深入实践并感受红色文化

人大幼儿园深入挖掘园所周围的红色资源，引导幼儿发现身边的英雄人物，开展"听爷爷、奶奶讲过去的故事""党员在身边""家长进课堂"等活动（图1-7～图1-10），让幼儿通过倾听红色故事及先进党员事迹，感悟红色精神，激发红色情怀。

图1-7                          图1-8

图1-9                          图1-10

### (四) 开展红色艺术活动，丰富幼儿红色情感体验

人大幼儿园围绕红色教育主题，组织并开展了丰富多彩的红色故事阅读及红色艺术活动（图1-11~图1-14），让幼儿在欣赏故事的过程中升华红色情感，丰富红色情感体验，激发幼儿参与红色艺术活动的积极性和主动性，发挥红色艺术的情感教育作用，提高红色教育的效果。

图1-11          图1-12

图1-13          图1-14

### (五) 设计红色游戏活动，有效传承红色精神

教师根据不同年龄班幼儿特点，分别设计了小班游戏"鸡毛信""红军的担架"（图1-15）、"运粮草""翻山越岭"等，以及中、大班游戏"小红军炸碉堡""勇夺红旗""我是英勇小战士"（图1-16）、"团结力量大"等，将红色革命传统教育和幼儿园游戏活动有机结合，促使幼儿在游戏中体验与感受红色革命传统文化，有效传承红色精神。

图1-15          图1-16

### （六）实现红色家园共育，传承红色文化与精神

教育始于家庭。一个家庭良好的家风和教育方式能给幼儿以积极、正确的引导与支持。教师通过开展"家风故事"分享活动，引导家长围绕自家的家风、家训及鲜活的事例等，用生动、朴实的语言分享自己的家庭故事（图 1-17、图 1-18）。这些故事看似平凡，却传递着红色的文化与精神，诠释着责任与奉献、革命与担当，让每一位聆听者都能感受到红色家风的力量与美好。

图 1-17          图 1-18

人大幼儿园充分发挥家长教育优势，挖掘家长教育资源，将家庭教育与红色文化教育相融合，提升红色文化教育的有效性。家长通过家书即给子女写信的方式向孩子们讲述了革命战争时期的故事（图 1-19、图 1-20），有的家长还分享了自己对新时代的感激之情。孩子们也学着以写信的方式向家人表达自己的感受（图 1-21、图 1-22），爱党、爱国的种子自然而然地在孩子们的心底生根、发芽。

图 1-19          图 1-20

图 1-21          图 1-22

# 第三节　幼儿园德育的探索与实践

## 一、幼儿园德育的主要任务

幼儿园德育的主要任务是发展幼儿的社会性，培养幼儿的道德品质。幼儿园教育是幼儿从家庭走向社会的第一步，幼儿通过社会交往参与社会活动，习得社会规范，逐渐去除以自我为中心的社会交往模式，促进人格的健全与发展。那些生长在中国的儿童通过学前教育了解自己的家乡与文化，亲近自然、亲近他人、亲近社会，萌发对祖国的认同感与归属感，增强了自己作为中国人的民族自豪感和自信心，从而实现自我认同。

## 二、幼儿园德育的目标

人大幼儿园以"立德"为德育的总目标，具体又分为"个人品德、社会公德、家国情怀"三个维度。我们根据《纲要》和《3～6岁儿童学习与发展指南》（以下简称《指南》）的要求明确了相关目标，具体内容如下：

| 一级目标 | 二级目标 | 三级目标 | 分　解　目　标 |
|---|---|---|---|
| 立德 | 个人品德 | 自尊自信<br>坚持自主<br>谦虚友善<br>好学上进<br>知错就改<br>正直勇敢<br>勤奋务实 | 小班<br>1. 能根据自己的兴趣选择游戏或其他活动<br>2. 为自己的好行为或活动成果感到高兴<br>3. 自己能做的事情，愿意自己做<br>4. 喜欢承担一些小任务 |
| | | | 中班<br>1. 能按照自己的想法进行游戏或其他活动<br>2. 知道自己的长处，对自己感到满意<br>3. 自己的事情尽量自己做，不喜欢依赖别人<br>4. 敢于尝试有一定难度的活动<br>5. 知道说谎是不对的<br>6. 知道接受任务就一定要完成 |

（续）

| 一级目标 | 二级目标 | 三级目标 | 分解目标 |
|---|---|---|---|
| 立德 | 个人品德 | 自尊自信<br>坚持自主<br>谦虚友善<br>好学上进<br>知错就改<br>正直勇敢<br>勤奋务实 | 大班<br>1. 能主动发起活动或在活动中出主意、想办法<br>2. 做了好事或取得成功后，还想做得更好<br>3. 自己的事情自己做，不会做的事情愿意学<br>4. 能主动承担任务，遇到困难，能够坚持，不轻易放弃或求助他人<br>5. 与别人看法不同时，敢于坚持自己的意见并说出理由<br>6. 做了错事，敢于承认，知错能改，不说谎<br>7. 能认真、负责地完成自己所接受的任务 |
| | 社会公德 | 乐群善交<br>团结友爱<br>敬老孝亲<br>文明礼貌<br>诚实守信<br>环保节约<br>遵守规范 | 小班<br>1. 喜欢与熟悉的同伴一起游戏<br>2. 想加入同伴的游戏时，能友好地发出请求<br>3. 在成人的指导下，不争抢、不独占玩具<br>4. 与同伴发生冲突时，能听从成人的劝解<br>5. 长辈讲话时能认真听，并能听从长辈正确、合理的要求<br>6. 身边的人生病或不开心时，能表示同情<br>7. 在别人的提醒下，能做到不打扰别人<br>8. 在别人的提醒下，能遵守游戏规则和公共场所的规则<br>9. 知道未经他人允许，不能拿别人的东西；管别人借的东西，用后要及时归还<br>10. 爱护玩具和其他物品 |
| | | | 中班<br>1. 喜欢和同伴一起游戏，有经常一起玩的小伙伴<br>2. 喜欢和成人交谈；自己有事情需要成人帮助时，能主动提出请求<br>3. 会运用介绍自己、交换玩具等简单技巧加入同伴的游戏<br>4. 能采用轮流的方式，与他人共同分享彼此都喜欢的东西<br>5. 与同伴发生冲突时，能在他人的帮助下和平解决<br>6. 活动时，愿意接受同伴的意见和建议<br>7. 不欺负弱小 |

（续）

| 一级目标 | 二级目标 | 三级目标 | 分 解 目 标 |
|---|---|---|---|
| 立德 | 社会公德 | 乐群善交<br>团结友爱<br>敬老孝亲<br>文明礼貌<br>诚实守信<br>环保节约<br>遵守规范 | 大班<br>1. 有自己的好朋友，喜欢结交新朋友<br>2. 出现问题时，愿意向别人请教<br>3. 有高兴的事或有趣的事，愿意与大家分享<br>4. 能想办法吸引同伴，和自己一起游戏<br>5. 活动时，能与同伴分工、合作；遇到困难时，能一起克服<br>6. 与同伴发生冲突时，能协商解决<br>7. 知道别人的想法有时会与自己的想法不一样，能倾听和接受别人的意见；不能接受时，会说明理由<br>8. 不欺负别人，也不允许别人欺负自己<br>9. 能有礼貌地与人交往<br>10. 能关注别人的情绪和需要，并给予力所能及的帮助<br>11. 尊重为大家服务的人，珍惜他们的劳动成果<br>12. 悦纳、尊重与自己生活方式或习惯不同的人<br>13. 理解规则的意义，能与同伴协商、制订游戏规则<br>14. 爱护公物；使用别人的东西时，也知道爱护<br>15. 爱护身边的环境，注意节约资源<br>16. 愿意为集体做事，为集体取得的成绩感到高兴 |
| | 家国情怀 | 爱祖国<br>爱家乡<br>爱社会<br>爱家庭<br>爱集体 | 小班<br>1. 对群体活动感兴趣<br>2. 对幼儿园生活好奇，喜欢上幼儿园<br>3. 能说出自己家所在的街道、小区（乡、镇、村）的名称<br>4. 认识国旗，知道国歌 |
| | | | 中班<br>1. 愿意参加群体性活动<br>2. 愿意与家长一起参加社区的一些群体性活动<br>3. 喜欢自己所在的幼儿园和班级，积极参加集体活动<br>4. 知道自己是中国人<br>5. 升国旗、奏国歌时，能自觉地站好，行注目礼 |
| | | | 大班<br>1. 愿意为集体做事，为集体获得的荣誉感到高兴<br>2. 能感受到家乡的发展、变化，为此感到高兴<br>3. 知道中国是一个多民族的国家，知道自己的民族，知道各民族之间要互相尊重、团结友爱<br>4. 知道国家的一些重大成就，爱祖国，为自己是中国人感到自豪 |

### 三、幼儿园德育的主要策略

《幼儿园工作规程》（2016 版）指出："幼儿园的品德教育应当以情感教育和培养良好行为习惯为主，注重潜移默化的影响，并贯穿于幼儿生活以及各项活动之中。"简而言之，教师可以利用幼儿园的一日活动及各个环节对幼儿实施德育。

人大幼儿园在此基础上将幼儿园德育任务渗透在社会领域教育中，注重多种活动的协同开展，在设计与实施德育活动时，注重活动内容的直观性、形象性、经验性，注重活动过程的体验性，注重一日生活的渗透性、随机性、个别化等。主要策略如下：

**（一）构建相对完善的德育体系，提升德育的针对性**

幼儿园德育要遵循整体性原则，构建更加完善的教育体系。基于这一原则，人大幼儿园将教育活动中的不同要素加以融合，从而使德育的功能实现最大化。比如，幼儿园借助月度重大社会节日契机，遵循幼儿不同阶段的身心发展规律，与国家所倡导的社会主义核心价值观教育、中华优秀传统文化教育、心理健康教育、习惯养成教育、生态文明教育等内容相结合，用一条鲜明的教育主线将各项教育、教学活动贯穿起来，开展德育主题活动。

人大幼儿园在长期的德育实践中，不断地从幼儿的兴趣和需要出发，逐步探索出围绕德育目标开展的"一日生活养成课程""主题活动""大区域综合主题活动"及"特色活动"等具体实施内容。其中，主题活动又紧密围绕"勇敢、自信、友善、责任、互助、节约、感恩"等个人品德及社会公德方面的关键词进行设计，明确活动设计思路，初步形成了相对稳定而科学的德育活动体系。

在设计与实施过程中，幼儿园不断增强德育活动的针对性，将德育主题活动与班级教学计划相结合，比如，通过"有魔力的话"集体教学活动让幼儿了解并学会使用礼貌用语。教学过程中，教师通过图片展示、游戏体验、倾听德育故事、情景表演、日常生活渗透、集体分享与感受等多种形式开展了一系列生动、有趣的德育主题活动，帮助幼儿更好地理解什么是美德，将良好的品德根植于幼儿心中。

**（二）将德育渗透在幼儿的生活中，强化德育效果**

德育本身是非常枯燥的。在幼儿园开展德育工作不能局限于理论知识的掌握，要结合幼儿的实际发展特点开展德育实践活动，以此来强化德育效果。比如，入园环节，教师安排几名"小小志愿者"，在幼儿园门口迎接其他来园幼儿。这一实践活动开展的主要目的是引导幼儿每天都能积极地面对生活，养成积极的生活态度。早入园、晚离园环节，鼓励幼儿使用礼貌用语，有序排队，

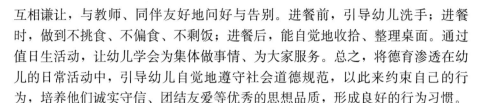

互相谦让，与教师、同伴友好地问好与告别。进餐前，引导幼儿洗手；进餐时，做到不挑食、不偏食、不剩饭；进餐后，能自觉地收拾、整理桌面。通过值日生活动，让幼儿学会为集体做事情、为大家服务。总之，将德育渗透在幼儿的日常活动中，引导幼儿自觉地遵守社会道德规范，以此来约束自己的行为，培养他们诚实守信、团结友爱等优秀的思想品质，形成良好的行为习惯。

**（三）在游戏活动中贯穿德育启蒙教育，激发幼儿参与德育活动的兴趣**

游戏活动贯穿于幼儿一日生活中。因此，将德育启蒙教育有机地融入游戏活动，充分发挥幼儿参与游戏活动的积极性和主动性，使其产生身体和心理上的轻松、愉悦感，使德育启蒙教育更有成效。人大幼儿园教师结合德育启蒙教育与《指南》的要求，从本园的实际情况出发，从宏观上统筹、规划、设计各年龄段幼儿的德育游戏活动，让幼儿在游戏中获得道德知识、遵守道德规范、提升道德品质。比如，在玩"运粮草"的游戏时，教师尊重幼儿的想法，引导幼儿互相帮助，合作完成难度较大的"搬运粮草"任务，让幼儿感受到团结的力量及同伴之间互助、友爱的情谊。

**（四）构建家园平等、合作的德育伙伴关系，共同完成德育活动**

教师和家长是幼儿德育的主要负责人，在幼儿德育培养过程中都承担着不可推卸的责任。教师要本着与家长平等、合作、信任、共育的原则，开展幼儿德育活动，从幼儿的身心发展规律和实际情况出发，对幼儿进行科学的德育，构建家园双方平等、合作的德育共育机制。

在家园共同开展德育活动的过程中，人大幼儿园设计并组织了"体验式家长会""共筑好家风""写家书""FHF——家庭帮助家庭""美德面对面"等活动，重视发挥家庭教育的重要作用，与家长一起促进幼儿德育发展。比如，幼儿园通过体验式家长会、问卷调查、家长微信群讨论等形式，征集家长对幼儿园德育工作的意见和建议，使教师和家长之间形成情感上的共鸣，做到心与心相连、情与情相通，在教育思想、原则、方法等方面取得共识，双方配合得更加默契。

在"共筑好家风"活动中，人大幼儿园从"立身之本""齐家之要""处世之道"和"爱国之志"四个方面来开展好家风分享活动，提升家长对好家风重要性的认识，促进幼儿良好品德的形成。在"写家书"的活动中，家长将自己对孩子的爱和期望通过一封信的形式进行传递。孩子们在感受家人的爱与殷切期望的同时，也用自己的方式为家人画了一封家书，表达自己对家人的爱。幼儿园还邀请家长以"最美劳动者"的身份走进班级，做家长助教，和孩子们一起做游戏、讲故事、做科学小实验等，通过家长们的共同参与和榜样的力量，让幼儿感受到服务大家是集体主义与班级责任感的体现，是一件令人快乐与满足的事情。家园共育过程中，家长、教师都能遵循共享原则，树立深度合作意

识，做到及时沟通、主动配合。

### （五）完善德育评价体系，及时进行教育反馈

在教育活动中，评价是一个至关重要的环节。有效的评价可以让教师对德育活动做出更加准确的判断，并将其作为开展后续教育活动的依据。因此，人大幼儿园在践行家园共育的德育活动时，立足幼儿德育发展目标，结合小、中、大班幼儿的身心发展规律和学前教育规律，参照《纲要》《指南》的目标与要求，以"个人品德、社会公德、家国情怀"三大核心素养为导向，建立德育养成评价指标体系，涵盖素养指标、评价类别与项目，进一步提高德育的质量，使课程目标的落实有章可循。

从整体来看，教师运用文字、图片、视频记录等叙事方式对幼儿成长过程中的学习和发展情况进行客观记录与评价，完整并系统地建立了幼儿的成长档案，从而全面判断德育效果。教师发现幼儿德育发展过程中出现的问题后，会及时引导幼儿加以改正，从而帮助幼儿在学习活动中循序渐进地实现德育发展目标。

# 第二章　红色精神浸润

## 第一节　传承红色基因

2021年7月1日是伟大的中国共产党建党100周年纪念日。中国人民大学幼儿园传承红色基因，创设了具有红色革命传统文化的幼儿园环境，让幼儿感受着浓浓的红色文化气息。《指南》中提出："运用幼儿喜闻乐见和能够理解的方式激发幼儿爱家乡、爱祖国的情感。"我园紧紧抓住建党百年这一盛大节日契机，开展了"童心向党"红色主题大型活动，引导幼儿了解七一建党日的节日意义，以及中国共产党领导中国革命和建设取得的伟大成就与艰辛历程，培养幼儿拥护共产党、热爱祖国的情感和自主、合作、勇敢、机智、坚强、不怕困难的良好品质，在直接感知、实际操作和亲身体验中感受党的光辉和伟大，激发幼儿民族自豪感和自信心。

 **园级活动**

### 活动一　听爷爷讲红色故事

为缅怀革命先烈，弘扬革命精神，我园开展了"听爷爷讲红色故事"系列主题活动。教师引导幼儿聆听革命故事，将红色的种子播种在幼儿心底，传承红色基因。活动中，一位爷爷满怀激情地向孩子们讲述了一段难忘的战争岁月。他作为第一批入朝参战的中国人民志愿军第50军的战士，在朝鲜战场上，和战友们一起，白天奋勇杀敌，经受生死考验，晚上修复工事，抓紧时间在战壕里休息，没有一个人叫苦，没有一个人害怕牺牲。每个士兵的想法都很简单，就是祖国需要我，人民需要我。另一位从事了一辈子军工教育事业的老兵讲述了他从参加工作开始,在教育战线上辛勤耕耘,数十年如一日,培养了一批又一批国家栋梁和优秀的军事人才,拥有"从事国防教育事业三十年"的荣誉奖章。他们的讲述,朴素中透着坚韧,字字句句都是老一辈对祖国和共产党最长情的告白。从爷爷们分享的精彩故事里,孩子们聆听出祖辈们无私奉献、兢兢业业、埋头苦干,奋斗在各自的岗位上,坚守初心与使命的平凡与伟大,感受着中国共产党的风雨历程、社会的进步与发展。爷爷们还不忘勉励孩子们在物质条件优越的当下,要大力发扬"勤俭节约、艰苦奋斗"的优良传统和作风,珍惜现在的美好生活,争做新时代的好苗苗。

## 活动二　红色故事会

聆听一个红色故事,走进一段波澜壮阔的历史时光。每一个红色故事的背后都蕴藏着丰富的红色文化和力量。为了发扬红色革命传统,传承红色精神,幼儿园组织全园幼儿开展了"红色故事会"的活动,由小朋友们来讲述英雄的故事,带领同伴一起穿越历史长河,感受英雄人物不怕牺牲、排除万难、保家卫国、报效祖国的壮举及大无畏的革命精神。一个大班小朋友身穿王二小的服装,绘声绘色地讲着《小英雄王二小》的故事,他面带表情讲述的同时,还配合着肢体动作表演,让我们仿佛置身当时的场景。另一个孩子身穿小士兵服装,给我们讲述着《雷锋的故事》,让孩子们知道雷锋叔叔不仅勇敢,还关心和帮助了很多人。孩子们还讲述了《鸡毛信》《闪闪的红星》《小小宣传员》等感人的红色故事。通过本次活动,孩子们了解了革命先烈们英勇杀敌、舍生忘死的革命精神,愿孩子们能传承革命先辈们坚强、勇敢的奋斗精神,萌发红色的种子,做一个阳光正义、积极向上的社会主义建设者和接班人。

## 活动三　红色经典电影润童心

为了激发幼儿的爱国热情,丰富幼儿园德育的内容和形式,我园开展了以"红色经典润童心"为主题的观影活动,通过观看红色经典影片《闪闪红星》《鸡毛信》等,让孩子们了解了那段充满硝烟与战火的战争岁月,激发孩子们崇敬英雄、学习英雄的情感,懂得现在的幸福生活来之不易,应该更加珍惜。观影前,各班教师通过直观展示"鸡毛信",让孩子们理解"鸡毛信"的寓意,孩子们带着对"鸡毛信"的好奇与遐想,在影片中寻找答案。观影中,孩子们一个个神情专注,被小英雄爱憎分明、机智无畏的言行所感染,被跌宕起伏的故事情节和鲜明的人物形象所吸引。观影结束后,教师和孩子们一起分享了观影感受。孩子们纷纷用"勇敢""机智""不怕困难""不退缩"这些词汇表达着自己对小英雄的崇敬之情,最后,还用掌声庆祝小英雄完成了艰巨的任务。这些观影活动拉近了孩子们与革命年代之间的距离。孩子们接受了一场生动的爱国主义教育洗礼，使爱党、爱国情怀浸润着每一颗孩子的心。

## 活动四　唱响红色歌曲

红色歌曲是中华民族宝贵的精神财富，它催人奋进，令人斗志昂扬。为了进一步弘扬爱国主旋律，加强幼儿爱国主义教育，弘扬爱国主义精神，我们开展了以"唱响红色歌曲"为主题的歌唱活动。幼儿通过歌唱红色歌曲《没有共产党就没有新中国》《我爱北京天安门》《童心向党》等，感受中国共产党在不同历史时期的发展及对中国人民的伟大贡献，生发出"时刻感党恩、念党恩、传承红色基因、弘扬党的精神"的情感。幼儿用自己喜欢的歌唱方式表达对党的热爱，形成完整、和谐、发展的人格。幼儿通过了解党、感恩党，激发爱党、爱国情怀，立志成为中国特色社会主义事业的建设者和接班人。

"唱响红色歌曲"活动不仅可以为幼儿搭建一个展示自我、锻炼自我的平台，激发了幼儿演唱红色歌曲的兴趣，更唱响了拼搏、奋进的时代主旋律，展现了幼儿热爱祖国、团结向上、奋发进取的精神风貌，让爱党、爱国的种子根植于幼儿心中，让民族自豪感在每一个孩子的心中生根、发芽！

## 活动五　学做小红军

在"童心向党"红色主题大型活动中，孩子们对红军长征的故事很感兴趣，他们热烈地讨论着："什么是长征？为什么要长征？长征中发生了哪些事？"为此，我们带着孩子们一起收集了关于长征的故事和资料。孩子们在收集资料的过程中了解了许多长征的故事，特别是红军的形象给孩子们留下了深刻的印象。基于此，我们开展了"学做小红军"的活动。通过活动引导幼儿尝试用不同的材料搭建长征途中的场景，体验爬雪山、过草地、飞夺泸定桥等红军长征的情景，锻炼幼儿攀爬、单双脚跳跃等运动技能，提高身体的协调性和灵活性，从而培养幼儿自主、自信、勇敢、坚持、合作的意志和品质。活动结束后，幼儿觉得活动中很辛苦，也特别累，很多环节需要大家合作才能完成，他们深深地感受到红军长征过程中的艰辛和不易。

## 活动六　五彩画笔绘童心

为了激发幼儿从小听党话、感党情、颂党恩、跟党走，厚植爱党、爱国、爱社会主义的情怀，以实际行动向党的生日献礼、展现幼儿积极向上的精神风貌，我园精心策划、举办了迎接建党100周年"五彩画笔绘童心"的美术活动。为了让孩子们能大胆地展现自我，幼儿园在操场上为每个年级组准备了一条长长的白色画卷，每个年级组可以选择绘画不同的主题。小朋友们纷纷拿起手中的五彩画笔，充分发挥自己的想象力，绘制出一幅幅精彩的长卷画作。大班组作品

17

《我眼中的祖国》，幼儿以彩绘和粘贴的形式制作出一条金灿灿的"神龙"作品，突显了龙作为民族图腾、环绕九州大地的形象，表达了幼儿对祖国的热爱之情。中班组作品《我爱中国共产党》，运用彩泥、瓦楞纸等材料手工制作党徽、党旗。小班组作品《我们的祖国是花园》，孩子们纷纷表示："伟大的祖国是一座美丽的大花园，我们就是花园中的一朵朵小花。"孩子们还给自己画上了美丽的民族服装，展现着祖国各族人民团结一心、共同庆祝党的生日的喜庆场面。

此次活动以建党100周年为契机，通过绘画的形式，让幼儿潜移默化地受到了一次生动的爱国主义教育。孩子们是祖国的未来和希望，他们以这种独特的艺术形式——小画笔、大梦想，"画百米长卷，忆百年党史"，献礼中国共产党建党百年，体现了祖国的"花朵们"对党的深情告白。孩子们通过活动增强了对党和国家的认同感、自豪感，营造了良好的党史学习氛围，厚植爱党、爱国情怀。

## 活动七　我身边的党员老师

我们身边有很多优秀的党员，他们虽然很普通、很平凡，却创造着不平凡的事业。他们在平凡的岗位上默默工作，无私奉献，用自己的实际行动为身边的人送去温暖。在幼儿园，这样一个充满欢声笑语的地方，这样一个赋有悠久历史和优良传统的地方，发生了很多党员的先进事迹，值得我们学习。为了让幼儿从小树立爱国、爱党的意识，我们结合3~6岁幼儿思维特点和年龄特点，开展了"我身边的党员老师"红色教育活动，请党员吴华老师走进幼儿课堂，为幼儿讲述自己的入党初心、入党发生的故事等，同时她还带来了很多物件，让幼儿跟着"红色历史物件"了解老党员的亲身经历。这些活动在每个幼儿心中播下了红色的种子，将红色精神代代传承下去。孩子们纷纷表示，愿意以老党员为榜样，做一个敢于担当、乐于服务、勇于奉献的人。

## 班级活动

### 活动一　《闪闪的红星》（小班）
教师：李　萌

⭐ **活动目标：**

1. 通过听故事，理解故事情节和主人公潘冬子的机智与勇敢。
2. 通过对比感受当今的幸福生活，体会现在的美好生活来之不易。
3. 激发对主人公潘冬子的崇敬与喜爱之情，并学习小英雄的优秀品质。

⭐ **活动重点：**

通过听故事，理解故事情节和主人公潘冬子的机智与勇敢。

⭐ **活动难点：**

能结合自己的体会，感受美好生活来之不易。

⭐ **活动准备：**

1. 经验准备：幼儿阅读过红色绘本故事《闪闪的红星》。
2. 物质准备：音乐《红星闪闪》、绘本故事《闪闪的红星》。

⭐ **活动过程：**

**(一) 听音乐《红星闪闪》，激发兴趣**

1. 教师播放音乐《红星闪闪》，引导幼儿欣赏音乐。

师：小朋友们，今天，咱们一起听一首好听的歌曲。这首歌曲的名字叫"红星闪闪"。

2. 幼儿分享听完歌曲的感受，鼓励幼儿用肢体动作来表现。

师：听过歌曲之后，你有什么感受？你能用动作表现出来吗？

幼儿做出在胸前握拳、小手张开再合上的动作（图2-1）。

**(二) 讲述故事《闪闪的红星》**

师：这首好听的歌曲还有一个小故事，我们来听一听吧！

教师讲述绘本故事《闪闪的红星》（图2-2），重点介绍潘冬子断桥、机智送盐、躲避敌人检查的故事情节，引导幼儿感受潘冬子的勇敢与机智。

图2-1

图2-2

**(三) 集体讨论故事内容，交流情感**

1. 幼儿之间互相讨论潘冬子和自己的相同与不同之处，表达自己的看法。

师：潘冬子和小朋友们相比，有哪些不一样的地方呢？

幼：他是党员，我不知道什么是党员。

幼：他很勇敢，生活在农村，能保护村民。

2. 引导幼儿感受故事主人公潘冬子的勇敢与坚强，对比、体验现在的幸福生活。

师：潘冬子的爸爸打仗时受了伤，可他却把麻药让给了其他战友。潘冬子的妈妈是共产党员，他从小就跟着妈妈一起和敌人斗争。冬子看到了爸爸、妈妈的牺牲，并发誓给他们报仇。没有了爸爸、妈妈后，他的生活很艰苦。他在游击队学到了很多本领，坚持和敌人斗争，保护村里的村民。

师：在战争年代，很多小朋友从小就加入了革命队伍，他们不怕困难、不怕牺牲，勇敢地和敌人斗争，保护我们的同胞。

师：现在是和平年代，没有战争，生活条件优越。小朋友们每天都能吃得营养又健康，可以玩各种游戏，和潘冬子的艰苦生活相比，非常幸福。我们要感恩这些先烈们为了我们今天的幸福生活付出了宝贵的生命。我们更要珍惜现在的幸福生活，因为它来之不易。

### ★ 活动延伸：

表演区：投放爱国题材的电影，引导幼儿观看并直观地感受为祖国美好的今天付出辛苦与努力人的伟大。

### ★ 活动反思：

本次活动激发了幼儿对红色历史故事的兴趣。幼儿在倾听故事的过程中，感受到革命前辈为我们幸福生活的伟大付出，感受到潘冬子经历的艰苦生活。听完故事后，孩子们纷纷讲述着潘冬子和自己的不同之处，在比较中感悟今天的自己很幸福，知道现在的幸福生活来之不易，能够珍惜现在的美好生活。

## 活动二　党在我心中（中班）
### 教师：王月森

### ★ 活动目标：

1. 感受在中国共产党的领导下，祖国变得更加繁荣、昌盛，萌发爱党、敬党的情感。
2. 了解中国共产党的诞生地，认识党旗并知道其含义。
3. 能够大胆地表达对党的敬爱之情。

### ★ 活动重点：

感受在中国共产党的领导下，祖国变得更加繁荣、昌盛，萌发爱党、敬党的情感。

### ★ 活动难点：

知道党的生日是每年的七月一日，能大胆地表达对党的敬爱之情。

★ **活动准备：**

1. 经验准备：家长带领幼儿查阅有关中国共产党的历史资料、参观过天安门广场的升旗仪式。

2. 物质准备：PPT 课件《党在我心中》，包括"祖国的变化"组图、"红色纪念地"图片、"党旗"组图、"庆祝党的生日"组图。

★ **活动过程：**

**（一）出示图片，激发幼儿兴趣**

1. 教师出示 PPT 课件《党在我心中》中的组图"祖国的变化"，引导幼儿观察图片。

师：小朋友们观察图片，说说你们发现了什么。

幼：我们的祖国越来越好看了，公路变得更宽了。

2. 教师提问，引导幼儿了解祖国的变化，感受祖国现在的繁荣、富强。

师：过去的中国和现在的中国有什么不同？

幼：现在的中国有好多高铁，还有很多的立交桥……

小结：小朋友们看到了祖国过去和现在的图片，都感受到祖国的变化，过去的中国没有高铁、立交桥等，而现在的中国变得繁荣、昌盛，城市建设得越来越现代化。我们的生活水平也提高了，祖国更加繁荣、富强了。

**（二）初步了解中国共产党的诞生地和党旗**

1. 教师出示"红色纪念地"图片。

师：小朋友们知道哪里是中国共产党的诞生地吗？

引导幼儿观看红色纪念地标志性建筑图片，知道上海是中国共产党的诞生地。

2. 教师出示"党旗"组图，引导幼儿认识党旗并知道其含义（图 2-3）。

图 2-3

师：那你们看看，党旗是什么样子的？

幼：党旗是红色的，上面有金黄色的镰刀和锤头。

小结：党旗是红色的，左上角镰刀和锤头组成的图案就是党徽，镰刀代表农民，锤头代表工人，是金黄色的，象征中国共产党领导的工人和农民及全国各族人民。我们的祖国在中国共产党的领导下变得越来越繁荣、昌盛。

**（三）集体讨论为中国共产党庆祝生日的方式**

1. 教师出示"庆祝党的生日"组图。

师：小朋友们，你们知道党的生日是哪一天吗？今年是党的第几个生日呢？

幼儿看图发言，说出党的生日是每年的七月一日。

2. 引导幼儿讨论如何庆祝党的生日。

师：小朋友们可以想想，我们怎样来庆祝党的生日呢？

幼儿小组讨论：可以画画，可以为党唱首歌，可以搭建表示建党"100"周年的积木（图 2-4），还可以用诗朗诵的表演来为党庆祝生日。

图 2-4

⭐ **活动延伸：**

语言区：投放有关《党在我心中》的图册，引导幼儿围绕图册中的图片内容进行讨论。

⭐ **活动反思：**

教师在本次活动中引导幼儿认识了党旗、党徽，了解到党的生日是每年的七月一日，感受到我们伟大的祖国变得繁荣、昌盛，增强了幼儿爱国主义情感，弘扬了优秀的民族精神，传承了内涵丰富的红色文化，让红色基因融入孩子们的血脉，让红色火种播撒进每个孩子的心中。

## 活动三　玩转红色游戏（中班）

教师：刘佳敏

### ⭐ 活动目标：

1. 学习眼睛向前看、手膝着地向前爬行的动作。
2. 在游戏中感知手膝配合、用力向前爬行的基本方法。
3. 体验爬行游戏的乐趣。

### ⭐ 活动重点：

学习手膝着地向前爬行的基本方法，并能向前爬行一段距离。

### ⭐ 活动难点：

爬行过程中，能手膝配合地爬行。

### ⭐ 活动准备：

1. 经验准备：之前玩过手膝爬的游戏。
2. 物质准备：热身音乐、垫子若干、沙包、玩具筐、钻筒（代表隧道）等。

### ⭐ 活动过程：

（一）热身活动

教师引导幼儿边听音乐边进行热身运动，如头部运动、手腕和脚腕运动、肩部运动、膝关节运动等。

（二）游戏"小士兵送信"

1. 创设"小士兵送信"的游戏情境，调动幼儿已有的爬行经验。

师：解放军叔叔要把信送到河对岸，你们都是小士兵，来帮助解放军叔叔送信。相信你们能够勇敢地爬到河对岸，完成送信任务！路上要小心，不要掉进河里哦！

2. 介绍游戏玩法。

游戏玩法：幼儿扮作小士兵，排成一路纵队，一个接一个地手膝着地爬过长约5米的垫子，将"信"（沙包代替）送到河对岸，放进玩具筐里（图2-5）。

3. 幼儿游戏，教师巡回指导。

教师在幼儿游戏的过程中，用情境化的语言提醒幼儿在垫子上向前爬行，鼓励幼儿坚持从垫子的一端爬到垫子的另一端。

师：小士兵们加油！我们马上就要到达河对岸了，千万不要掉进河里，只能在垫子上爬行。河对岸的解放军叔叔们在等着你们！

教师通过"小士兵送信"的游戏情境，引导幼儿学习眼睛看前面、手膝协调地向前爬行。

师：小士兵爬行时，一定要手和膝盖着地，跪在垫子上，手和膝盖交替向前移动爬行，小眼睛向前看。这样，才不会被敌人发现（图 2-6）！

图 2-5

图 2-6

### （三）游戏"小士兵历险"

1. 创设"小士兵历险"的游戏情境，激发幼儿不怕困难的勇气。

师：小士兵们可真勇敢！这次，请你们去"小路的另一边"送信。路上，可能会遇到更多的困难，你们怕不怕？有没有勇气克服困难？

2. 玩游戏"小士兵历险"，学习手膝着地爬过不规则的小路。

（1）教师介绍游戏玩法，引导幼儿讨论爬过小路的方法。

师：快看，前面的小路绕来绕去的，你们可要看好前进的方向，不要迷路哦！

游戏玩法：幼儿扮作小士兵，排成一路纵队。从起点出发，一个跟着一个，手膝着地，爬过长约 10 米的小路，到达终点，游戏结束。

全体幼儿站成半圆形，师幼共同讨论顺利爬过小路的方法。

师：在绕来绕去的小路上，怎么走才不会迷路呢？你是怎么发现要拐弯的呢？

小结：当走到前方没有路的时候，小士兵就该拐弯了，换一条路，继续前进。

（2）引导幼儿在讨论的基础上，再次游戏。

3. 增加游戏难度，再次游戏。

（1）教师在小路的中间增加一段长约 1 米、高约 0.8 米的隧道（钻筒代替），引导幼儿爬过钻筒，增加游戏难度。

师：你们说得都很对。爬过小路的时候，一定要把头抬起来，眼睛看着前面。这样，你才知道要在哪里拐弯，才不会迷路。这次，小路上，又多了一段隧道，小士兵们可要小心啦！

（2）教师介绍游戏玩法并请一名幼儿示范玩法。

游戏玩法：幼儿排成一路纵队，从小路的起点出发，一个接着一个地向前爬，在穿过隧道的时候，能够做到不怕黑，坚持爬到终点。

（3）幼儿根据游戏玩法进行游戏。教师巡视并指导，提醒幼儿爬行时，注意与前一名幼儿保持一段安全距离，避免发生碰撞。

**（四）放松活动**

幼儿通过拍打身体各部位放松身体，活动自然结束。

⭐ **活动延伸：**

教师将手膝爬的相关动作要领及指导要点通过班级微信群分享给家长，指导家长利用在家里的时间带领幼儿多加练习。

⭐ **活动反思：**

教师通过本次活动让幼儿学习并掌握手膝着地向前爬的动作技能。幼儿在爬的过程中锻炼了身体，并在已有爬的经验基础上获得了新的经验，培养了幼儿不怕困难、勇往直前的品质。小士兵们在模拟游戏的环境中，克服了内心的恐惧和遇到的困难，战胜了自己，最终，很好地完成了游戏任务。游戏由易到难，游戏情节吸引了幼儿的注意力。绝大多数幼儿都能很好地参与游戏，提高了手膝爬的动作技能及身体动作的协调性和灵活性。

## 活动四　红色运动会（大班）
### 教师：李　萍

⭐ **活动目标：**

1. 通过爬雪山、过草地等体育游戏，巩固攀登、平衡、匍匐爬等动作技能。

2. 遇到困难时，能积极想办法解决，并与同伴合作完成任务。

3. 通过"红色运动会"活动，培养不怕困难、坚持到底的意志、品质。

⭐ **活动重点：**

巩固攀登、平衡、匍匐爬等动作技能。

⭐ **活动难点：**

遇到困难时，能积极想办法解决。

⭐ **活动准备：**

1. 经验准备：

(1) 熟练掌握攀爬、平衡、匍匐爬等基本动作技能。

(2) 听过红军爬雪山、过草地的故事。

2. 物质准备：垫子、攀爬架、椅子、爬网、障碍、平衡木、轮胎、木板、音乐等。

⭐ **活动过程：**

**(一) 热身运动，激发兴趣**

1. 教师创设游戏情境。

师：小红军们，今天，咱们要开一个红色运动会，考考你们是不是学会了很多的本领。

2. 教师带领幼儿听音乐做律动，从头部开始活动，依次是肩部、胸部、腰部等身体各部位，为后面的运动做好热身运动。

**(二) 开展红色运动会**

1. 介绍红色运动会的项目及运动技巧。

师：小朋友们，咱们这个红色运动会的项目有翻越雪山、地道战、碉堡大战等。

教师引导幼儿在迎接游戏挑战的过程中，掌握每个项目的运动技巧，如翻越雪山时，双手和双脚着地，两臂与肩同宽，手足交替依次向前爬行。

2. 讨论运动中的注意事项。

师：在游戏过程中，每个人需要注意什么？你打算如何完成红色运动会的运动项目？

小结：游戏前，要做好热身活动，穿方便运动的衣服和鞋子，掌握正确的游戏玩法。游戏中，要做到有序排队，保持安全距离，不推挤，保护自身安全，遵守游戏规则。游戏后，要做好放松活动。

3. 第一次运动会开始（图2-7），教师巡回观察并指导。

4. 游戏后，教师小结。

师：你在红色运动会中玩了哪些项目？印象最深刻的项目是哪个？你在活动中是否遇到了困难？又是怎么解决的？

5. 第二次红色运动会开始，教师随机设置障碍，鼓励幼儿通过与同伴合作等方式解决问题（图2-8）。

6. 红色运动会结束，围绕"不怕困难、积极解决问题"的主题进行小结。

师：咱们的红色运动会结束了。在本次运动会中，你们的感受是什么？遇到了哪些困难？又是如何解决的？

小结：红色运动会结束了。你们在锻炼身体的同时，也收获了快乐。虽然你们在迎接挑战的过程中遇到了不同的困难，但是面对困难，你们没有放弃，而是积极想办法解决。比如，由于翻越雪山的人数过多，发生了拥堵现象。小朋友们不急不躁，都能做到耐心等待、有序排队。

图2-7                                    图2-8

## （三）放松活动

幼儿之间互相捏捏肩膀、拍拍背，抖抖自己的胳膊和腿，做放松运动。

⭐ **活动延伸：**

幼儿在户外体育活动中，继续开展"飞夺泸定桥""铁道游击战"等红色运动游戏。

⭐ **活动反思：**

教师在本次活动中设计了一次体验式的红色运动会，创设了翻越雪山、地道战、碉堡大战等红色情境类竞技游戏，游戏形式多样且赋有挑战性，激发了幼儿积极参与活动的兴趣。幼儿在活动中与同伴配合，积极想办法克服困难，跨越障碍，在掌握手膝爬、钻爬等基本动作要领的同时，锻炼了身体的平衡、协调能力及其他相关运动技能。幼儿在模拟游戏的情境中，敢于面对内心恐惧，战胜自己，勇于克服困难，传承了革命传统文化与精神。

## 活动五　五彩画笔绘国旗（大班）
### 教师：刘佳乐

⭐ **活动目标：**

1. 会用画笔在无纺布上涂色（平涂），知道给国旗涂色时选用红色和黄色的画笔。

2. 能在国旗的准确位置上有序排列并粘贴五角星贴纸。

3. 通过绘画及粘贴活动，了解国旗的图案和意义，萌生爱国主义情感。

⭐ **活动重点：**

掌握在无纺布上平涂的涂色方法。

⭐ **活动难点：**

通过绘画、粘贴活动，了解国旗的图案和意义，萌生热爱伟大祖国的情感，懂得尊重国旗。

⭐ **活动准备：**

1. 经验准备：幼儿已掌握正确的握笔姿势。

2. 物质准备：国旗（实物）、音乐、白纸、无纺布、颜料、笔刷、黄色五角星贴纸等。

⭐ **活动过程：**

**(一)出示国旗，观察并了解国旗的特点**

师：小朋友们看一看，这是什么？这是我们国家的国旗。你们经常在哪里看到它啊？

师：国旗的底色是什么颜色的？五角星是什么颜色的？上面有几颗五角星呀？

**(二)出示绘画材料，了解画笔和颜料的使用方法**

1. 教师逐一介绍绘画材料，包括无纺布、颜料、笔刷等。

2. 教师详细讲解笔刷和颜料的使用方法及平涂的方法。

3. 教师给每个幼儿分发绘画材料，引导幼儿先在纸上练习平涂的方法。

(1) 教师引导幼儿先将袖子挽起来，示范用笔刷从一张纸的一边开始平涂。

（2）教师示范用笔刷在无纺布上平涂红色，引导幼儿准确地找到国旗上五角星所在的位置。

**（三）自主创作**

1. 教师示范粘贴黄色五角星贴纸，引导幼儿准确而有序地摆好五角星贴纸的位置并粘贴。

2. 幼儿自主创作，教师巡视幼儿并进行个别指导。

**（四）展示作品，分享与交流**

1. 教师引导幼儿之间互相展示作品，分享自己的创作过程，交流自己对作品的理解。

2. 教师引导幼儿收拾、整理笔刷、颜料等绘画工具和材料，带领幼儿有序回班。

⭐ **活动延伸：**

教师可以将本次活动中幼儿绘画的作品放在班级、楼道里展示，创设红色教育环境。

⭐ **活动反思：**

在本次活动中，幼儿先是认识国旗，然后绘画并制作国旗。教师利用幼儿已有经验和带来的实物国旗，引导幼儿通过观察、比较知道国旗有五颗黄色的五角星（一颗是大的，四颗是小的），重点观察五颗星星的位置，它们都是在国旗的左上角，一颗大的黄色五角星在中间，四颗小的黄色五角星围在大星的周围，每颗小五角星的一个角对着大的五角星。通过这种直观、细致地观察、比较，让幼儿对国旗产生强烈的探究欲望，激发幼儿参与活动的主动性，使幼儿能准确地掌握国旗图案，了解其意义，提高动手操作的能力。

# 第二节　厚植家国情怀

家国情怀是人类共同的情感，是人世间最深层、最持久的情感。"家国天下"四个字最早出自儒家经典"四书"中的《大学》，读书人以"修身、齐家、治国、平天下"为终极追求目标。

在中国传统思想中，个人和国家的命运从来就是一个紧密相连、不可分割的整体。在中华民族几千年绵延发展的历史长河中，爱国主义始终是激昂的主旋律，始终是激励我国各族人民自强不息的强大力量。五千年的风风雨雨，千千万万中国人生于此、长于此，深沉的爱国主义、浓厚的家国情怀早已融入民族心，铸就民族魂。从忧国忧民、上下求索的屈原，到匈奴未灭、无以为家的霍去病，从先天下之忧而忧的范仲淹，到待从头收拾旧山河的岳飞，再到清朝末年，无数仁人志士为了争取民族独立和国家富强，放弃一切，不计生死，不论得失。这一切的原动力都来自"家国天下"的思想内核，源自中国人血脉中的家国情怀。

唐代岑参的《送人赴安西》中有这样著名的诗句"小来思报国，不是爱封侯"，在耳熟能详的《三字经》中也有这样的描述"幼而学、壮而行，上致君，下泽民"。幼年志在求学，长大以后，步入社会就要学以致用，用自己的学问服务社会，上报效国家，下为苍生造福。这种家国情怀深藏在中华传统文化中，是中华民族的重要根脉。

自党的十八大以来，习近平总书记有关治国、理政的思想中有大量关于家国情怀的论述。他多次在重要场合倡导要增强全社会的家国情怀，提倡爱家与爱国相统一，让每个人、每个家庭都为中华民族大家庭作出贡献，让红色基因、革命薪火代代相传。

教育部在《完善中华优秀传统文化教育指导纲要》的通知中指出，开展以"天下兴亡、匹夫有责"为重点的家国情怀教育，是开展中华优秀传统文化教育的主要内容之一。

孩子们是中华传统文化的传承者，是社会主义事业的建设者和接班人，是国家未来的建设者。少年强则国强。今天的孩子们就是中华民族的未来。因此，培育幼儿的家国情怀具有必要和重要的现实意义。在孩子们的心中尽早播下家国情怀的种子，可以让他们把目光从"小我"转向"大我"。

我们在教育、教学实践中也感受到家庭德育、红色文化的传承在孩子们的成长过程中发挥着不可替代的作用。孩子们通过红色教育活动，从一些伟人和英雄模范人物身上，感受到热爱祖国、奉献社会、服务人民的高尚品质。这些高尚品质对于幼儿的成长都是弥足珍贵的精神财富，对于幼儿形成正确的人生观、价值观、世界观起着举足轻重的作用。

 **园级活动**

### 活动一 "中国之最"大调查

泱泱中华，何其之大？要想让孩子们了解中国，应该从什么地方着手呢？为了更好地了解孩子们的兴趣点及目前发展状况、已有经验，我们将这个问题抛给了孩子们："如果你要向他人介绍我们伟大的祖国，你会介绍什么呢？"

孩子们的回答有长城、鸟巢、珠穆朗玛峰、辽宁舰……他们的回答给了我们灵感，那我们就从了解"中国之最"开始吧！为了更好地帮助孩子们积累相关经验，激发他们参与活动的兴趣，锻炼他们获取知识的能力，我们设计并开展了"'中国之最'大调查"的采访活动。活动中，孩子们通过向幼儿园的老师们、自己的爸爸妈妈们以及社区的叔叔阿姨们进行采访（图2-9）、参观博物馆、分享与父母一起旅行图片、观看视频等方式收集了大量相关信息。我们组织幼儿自由分组，在小组内分享他们收集到的调查问卷表、图片、视频等信息，以便更好地感知和了解我们伟大的祖国。

图2-9

在每周一的升旗仪式上,孩子们用轮流展示的方式向全园的小朋友介绍了"中国之最"。从他们的讲述中,我们听出了他们心中的自豪和骄傲,也看到了其他小朋友深受鼓舞的样子,相信孩子们会从这些点点滴滴的信息中渐渐萌生民族自豪感。

除了教育活动的支持,教师们还整合了幼儿收集来的信息内容,将这些图片创设到幼儿园的环境中(图2-10),帮助孩子们在潜移默化的环境熏陶下,亲近与感知祖国的伟大与富强,将"中国"二字印刻在心底。

图2-10

## 活动二 致敬祖国最伟大的人

近年来,中国正在飞速发展。神舟十六号的发射代表着祖国航天科技的发展更进一步;杂交水稻技术的研发为我们全面建设小康社会打下了良好的基础;有那么多的科学家奋战在不同的岗位上,为祖国无私奉献。除此之外,还有很多籍籍无名的普通人也在为社会贡献着自己的力量。因此,我们设计并开展了以"致敬祖国最伟大的人"为主题的活动。教师通过社会实践、艺术创作、集体讨论等活动形式,引导幼儿感受现在的美好生活,激发幼儿对英雄的敬意,萌生热爱祖国的情感。

首先,我们让幼儿观看有关英雄人物先进事迹的视频及相关绘本故事,一起讨论了"你认为谁是祖国最伟大的人""为什么""我们要向他们学习什么"等话题,激发幼儿想要深入探索的兴趣。其次,通过家园共育,让家长带着幼儿在生活中寻找为我们默默奉献的人,并用自己的方式向他们表示感谢。最后,为了让幼儿感恩我们身边那些为我们的幸福生活而默默付出的人,开展了相关的社会实践活动，让幼儿以多种艺术创作形式表现自己心中或者身边最伟大的人。比如，把绘画作品送给医护人员（图2-11、图2-12），做核酸时和医护人员说"谢谢"、给医护人员制作一张贺卡等。在这次活动后，家长向我们分享了幼儿将自己的绘画作品送给医护人员，医护人员将作品粘贴在核酸检测站的墙上（图2-13）。本次主题活动让幼儿感受到正是有了这些人默默地付出与奉献，才让我们拥有了幸福、安定的生活，我们应该好好感谢他们，也要向他们学习，学习他们勤劳勇敢、顽强拼搏、无私奉献的优秀品质。

图2-11

图2-12

图2-13

### 活动三　厉害了，我的国

沧桑的岁月已留痕，繁荣的盛世正俱兴，我们伟大的祖国正发生着翻天覆地的变化。为了让孩子们更好地了解祖国，萌发爱国主义情感，激发幼儿作为一名中国娃的自豪感，我园开展了"厉害了，我的国"爱国主义教育活动，让不同年龄组的幼儿分别从不同的角度了解祖国妈妈，并开展了相关的绘画展示活动。

首先，班级的小朋友们和老师们共同了解祖国妈妈和国庆节的故事（图2-14），讨论"国庆节是哪一天""我们为什么要庆祝国庆节"等问题，以此来激发孩子们对国庆节的深入了解和兴趣。孩子们通过讨论了解了国庆节的由来及中国的国旗、国徽、地图等（图2-15），知道了国庆节的意义和重要性。接下来，在教师的引导下，孩子们进一步讨论了"祖国妈妈的名字为什么叫'中国'"，他们积极表达着自己的想法，从甲骨文"中国"两个字感受名字背后的意义和力量，尝试用毛笔写下"我爱我的祖国"的横幅（图2-16）！

图 2 - 14                图 2 - 15                图 2 - 16

在家园共育中，家长和幼儿一起观看了视频《厉害了，我的国》（图 2 - 17），还利用周末开展了"和家人走近天安门"的亲子活动（图 2 - 18）。孩子们再次感知了祖国妈妈自成立以来发生了翻天覆地的变化，变得越来越强大、越来越厉害了。孩子们通过各种活动不断深入地了解祖国妈妈，共同讨论"送给祖国妈妈的礼物"并开展了"厉害了，我的国"小画展活动（图 2 - 19）。孩子们用自己的方式表达了他们眼中祖国妈妈的厉害之处，为"我是一名中国娃"而骄傲、自豪。

图 2 - 17                图 2 - 18                图 2 - 19

## 活动四　爱国故事润我心

我园传承中国人民大学红色基因，以家国情怀为办园特色，发扬红色精神，传承红色记忆，在幼儿心中根植永不褪色的爱党、爱国情怀。为了让幼儿进一步了解中国共产党领导中国革命和建设的伟大成就与艰辛历程，懂得幸福生活来之不易，我们通过幼儿分享经典红色故事、家长来园分享幼儿身边的真实案例等不同的形式，开展了"爱国故事润我心"爱国主义教育活动。

首先，班级教师讲述了一个个经典革命小英雄的红色绘本故事，引导幼儿感受先辈的革命意志和红色革命精神，丰富幼儿对英雄事迹的了解。教师通过提问引导幼儿开展讨论，积极表达对革命小英雄的敬佩之情。

园所诚邀党员家长代表入园，为孩子们讲述了他的大伯参加第一批抗美援朝中国人民志愿军第 50 军的故事（图 2 - 20）。家长助教通过 PPT 图片展示并讲述了抗美援朝的战士们生活艰苦，吃不饱、穿不暖，喝的是从石头缝儿里流下来的水，冬天吃的是一把雪加一把炒面，参加了一场又一场随时准备牺牲的战斗，保卫祖国，保卫家乡。然后，家长助教提出"小朋友们现在喝的水是怎么来的""你们现在每天的生活和大伯有什么不同"等问题，引导幼儿思考幸福生活来之不易。最后，家长助教为孩子们展示了抗美援朝时大伯参军的相册（图2-21），有的小朋友禁不住对着军人爷爷的照片敬礼、向他致敬。

图2-20　　　　　　　　　　　　　图2-21

孩子们在倾听故事的过程中，总会情不自禁地发出感叹的声音："军人爷爷太厉害了，太辛苦了！""长大以后，我也要像他一样保护我们的祖国。"一个个红色爱国故事浸润着孩子们纯真、善良的心。

## 活动五　绘制中国梦

我园通过丰富多彩、主题鲜明的活动，让孩子们在欢乐、自由、祥和的氛围中，感受着建党百年波澜壮阔的历程，热情表达着对党、对国家的无限热爱和崇高敬意，开展了"绘制中国梦"的手工制作活动。

教师先是引导不同年龄班的幼儿学习、讨论关于祖国妈妈飞速发展的典型案例，如大班组幼儿通过缅怀袁隆平爷爷，了解了杂交水稻种植技术的研发解决了千千万万个中国人的温饱问题。孩子们觉得袁爷爷非常厉害，让我们每天都有香喷喷的米饭可以吃，孩子们感受到袁爷爷为祖国、为大家做了一件非常了不起的事情，是他们心中的榜样。中班组幼儿在学习了中国航空航天科技小知识的同时，了解了祖国的航天梦，看到宇航员叔叔、阿姨们非常勇敢，为祖国妈妈争光。最后，我们开展了家园共育亲子手工制作活动"绘制中国梦"。孩子们和自己的爸爸、妈妈用绘本、模型等多种形式展示亲子手工作品，展现了建党以来祖国的发展和变化，以及孩子们创想的未来中国梦（图2-22、图2-23）。

图 2 - 22

图 2 - 23

孩子们在参观与分享的过程中，不断踊跃地表达着自己的设计理念，讨论着谁的中国梦更厉害。每一个小小中国娃的中国梦都是中国未来发展的无限可能！

## 活动六 歌唱祖国，童心咏唱

在孩子们满满的期待和祝福声中，我们迎来了祖国妈妈的生日。为了让幼儿更好地了解祖国，萌发爱国主义情感，激发幼儿作为一名中国娃的自豪感，我园组织中、大班幼儿开展了"歌唱祖国，童心咏唱"的活动。孩子们用最美的歌声祝福祖国妈妈的繁荣与富强，祝愿我们的生活越来越美好。

在本次活动中，大班幼儿以比赛的形式开展了歌曲连唱，有的班进行了动感十足的打击乐表演《大中国》（图 2 - 24），有的班用手势舞演唱《歌唱祖国》的歌曲（图 2 - 25）。从孩子们的歌声里，师幼共同感受着旋律的豪迈与奔放，表达着对祖国的热爱与深情。中班幼儿手拿国旗、戴着红色五角星的军帽，热情地歌唱着不同的爱国歌曲，如《我爱北京天安门》《童心向党》《我是中国娃》等。

图 2 - 24

图 2 - 25

本次活动提升了幼儿对祖国的了解和认知，在他们幼小的心灵里撒下了一颗颗爱国的种子。每一首歌曲都唱响了孩子们对祖国的热爱，也唱出了"我是中国娃"的自豪。值此祖国妈妈生日之际，孩子们纷纷表示："我想成为一名消防员，长大以后，保护祖国妈妈。""我要好好学习，希望祖国妈妈越来越强大。"一面国旗、一首歌、一个动作、一个笑容、一句"祖国妈妈我爱你"……埋下了一颗颗爱国的种子。今日之少年，他日之栋梁。少年富则国富，少年强则国强！让我们时刻铭记孩子们的这份爱国之情。

## 活动七　"我爱你，中国"诗歌朗诵

在红旗飘飘、举国欢庆的日子里，我们迎来了祖国的生日。为了庆祝祖国妈妈的第 73 个生日、弘扬爱国主义精神，培育孩子们的民族自豪感和文化自信心，我园开展了"我爱你，中国"的主题系列活动，全园师幼用多种形式的诗歌朗诵表达了对祖国妈妈由衷的热爱和真挚的祝福。

在本次活动中，大班幼儿在教师的带领下了解国旗、国徽及国庆节的由来，并分角色深情地朗诵着爱国的诗歌。"如果信仰有颜色，那一定是中国红，长在红旗下，生在春风里……"大班幼儿心情激动地大声朗诵着诗歌《如果信仰有颜色》，表达着对祖国的热爱（图 2-26、图 2-27）。中班幼儿和教师一起朗诵着《祖国、祖国，我爱你》，孩子们用动作和表情表达着对祖国的祝福。小班教师通过手势舞引导幼儿学习诗歌《我爱祖国》。孩子们跟着教师，你一句、我一句地朗诵着诗歌。

图 2-26

图 2-27

本次活动中，不同年龄班的幼儿将语言与艺术相结合，用诗歌朗诵的形式表达着对祖国的热爱。他们参与活动的积极性很高，从朗诵中也能感受到孩子们的热情和激动澎湃的心情，他们共同感受着祖国的美好，从小萌生了爱国之情。

## 活动八　我是宣传小使者

红色文化具有重要的教育价值。红色文化中有许多生动、感人的故事。我们从幼儿的年龄特点及发展水平出发，注重引导幼儿在生活中体验红色文化，在幼儿的心灵里播下红色基因的种子。大班幼儿变身小记者，他们走进社区，进行采访（图2-28、图2-29），和大家一起分享关于祖国妈妈的小知识，向他人传递着对祖国妈妈的热爱。

图2-28

图2-29

在开展活动前，教师和大班幼儿进行了交谈，引导幼儿根据谈话内容梳理了很多的采访技巧，如"跟采访对象打招呼时，应该怎么说""说话的时候，声音不能太小，否则别人听不见""作为小记者，我们一定要有礼貌。采访别人时，要先问好"等。同时，也总结了一些采访时可以提问的内容，如"我们中国有多少个民族""我们中国有多少个省、自治区和直辖市""中国最长的河叫什么"等，孩子们找到了很多问题的答案，想要和他人分享。之后，孩子们在社区开展了小记者采访活动。他们走进社区，有礼貌地和路人打招呼、问好，并询问对方是否有时间，可以接受采访吗……

在本次活动中，大班幼儿自由分组，共同讨论了采访中可能遇到的问题及解决方案。同时，也和教师们一起在黑板上总结了到社区应该问哪些问题。大班幼儿在实践中体验了分工、合作与交流，通过采访活动提高了语言表达能力和倾听理解能力，成了名副其实的小记者。

## 活动九　五十六个民族

我园在厚植爱国情怀的大背景下，恰逢建园75周年，为了让孩子们初步了解中国国情，为自己是中国人而自豪，我们以"五十六个民族"为主题，展开了丰富的讨论、认知和表演展示活动。

首先，教师带领孩子们了解"我们是一个有着五十六个民族的多民族国家"，并讨论"你是哪个民族的""你还知道有哪些民族""不同民族有什么特点"等问题,激发幼儿了解五十六个民族的兴趣。其次,在孩子们讨论之后,教师又选取幼儿感兴趣的民族服饰,进一步引导幼儿了解、感受民族服饰之美。为了让孩子们更好地体会五十六个民族的融合,教师又引导幼儿学唱歌曲《五十六个民族五十六朵花》(图2-30),感受"五十六个民族兄弟姐妹是一家""五十六种语言汇成一句'爱我中华'",共同感受民族大团结。最后,开展了歌曲表演《五十六个民族五十六朵花》(图2-31),孩子们穿上不同的民族服饰,欢快地演唱了歌曲,在表演中感受多民族融合,在展示美丽的民族服饰中体验同伴间的友好、团结,从而萌生"我是中国人,我骄傲"的情感。

图2-30

图2-31

在幼儿了解民族服饰的过程中,总会听到"哇!好漂亮的衣服啊"的赞美声;在幼儿表演、展示民族服饰的过程中,孩子们穿上漂亮的民族服饰,自信、大方地展示自我,有的小朋友会说:"我们的民族真厉害!""老师,我们好幸福啊!"从孩子们清澈的眼神和赞美声中,我们能感受到孩子们为自己是中国人而骄傲与自豪。

## 活动十 "童心迎国庆·畅想中国梦"大型活动

国庆节前夕,街上热闹的场景、马路旁高高升起的彩旗、迎风飘扬的五星红旗等,自然而然地让幼儿置身于国庆节喜庆、热闹的气氛中。孩子们对国庆节的好奇与期盼、在节日里的所见所闻都成了开展节日活动的自然切入点。同时,结合家园共育,让孩子们更深入地感受节日的气氛。

为了落实"立德树人"的根本任务,弘扬爱党、爱国、爱家的情怀,我园结合本园实际情况和文化特色,围绕国庆节开展了"童心迎国庆·畅想中国梦"的大型活动,帮助幼儿了解十月一日是国庆节,是我们祖国妈妈的生日,明白五星红旗是我国的国旗,中国国歌雄壮、有力。教师根据每个年龄段幼儿的年龄特点,通过说说、唱唱、画画、做做、玩玩等方式引导幼儿认识、了解我们伟大的祖国,感受国庆节的欢乐气氛,加深对国庆节的认识。

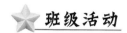 **班级活动**

活动一 我想对祖国妈妈说（小班）

教师：韩 思

★ **活动目标：**

1. 知道"十月一日"是祖国妈妈的生日。
2. 愿意在同伴面前大胆地表达对祖国妈妈的爱。
3. 通过故事讲述，萌生热爱祖国的情感。

★ **活动重点：**

知道国庆节是祖国妈妈的生日，能大胆地表达对祖国妈妈的爱。

★ **活动难点：**

能用自己的语言表达对祖国妈妈的祝福。

★ **活动准备：**

1. 经验准备：活动前去过天安门，知道天安门广场。
2. 物质准备：国庆节时的天安门广场图片、视频《国庆节的故事》。

★ **活动过程：**

（一）谈话导入，引起幼儿兴趣

1. 教师出示国庆节时的天安门广场图片，引导幼儿细致观察和讨论。

师：小朋友们，你们看，这张天安门广场的照片是不是很热闹呀？你们知道这是为什么吗？

幼：因为国庆节快到了。

2. 通过思考，了解为什么国庆节时天安门广场会比较热闹。

师：为什么国庆节的时候，天安门广场比平时热闹呢？

幼：因为国庆节是我们祖国妈妈的生日，大家都在天安门广场给祖国妈妈过生日呢！

（二）观看视频，初步了解国庆节

1. 教师播放视频《国庆节的故事》，引导幼儿初步了解国庆节。

师：刚才的故事讲了什么内容？

小结：故事里讲了每年的"十月一日"是国庆节，国庆节是我们祖国妈妈的生日，我们会一起给祖国妈妈庆祝生日。

师：你从视频里都看到了什么？

幼：有五星红旗、天安门广场、军人叔叔和阿姨，还有很多小朋友和大人。

2. 引导幼儿用自己的方式给祖国妈妈庆祝生日。

师：故事里的人是怎么给祖国妈妈过生日的？

幼：有的人给祖国妈妈画了一幅画，有的人给祖国妈妈唱歌、跳舞，还有的人对祖国妈妈说"我爱您"。

师：小朋友们可以用什么方式给祖国妈妈送祝福呢？

幼：我们可以和祖国妈妈说"我爱您""谢谢您""祝您生日快乐"。

（三）录制祝福视频

师幼共同录制幼儿想对祖国妈妈说的祝福语。

师：小朋友们想对祖国妈妈说哪些祝福的话呢？咱们可以把它录下来，献给祖国妈妈。

幼：祖国妈妈，您好呀！

幼：祖国妈妈，我爱您！

幼：祝祖国妈妈生日快乐！

幼：祖国妈妈，谢谢您！

幼：我爱你，祖国妈妈。我想送您一个蛋糕！

幼：祝祖国妈妈越来越美丽！

幼：祖国妈妈，我永远爱您！

（四）分享与交流

教师播放录制的视频《祝福祖国妈妈》，引导幼儿分享并交流。

师：刚才，小朋友们都说了自己对祖国妈妈的祝福。让我们一起看看，小朋友们都对祖国妈妈说了哪些祝福的话吧！

★ **活动延伸：**

教师引导家长带领幼儿在十月一日国庆节当天去天安门广场观看解放军叔叔升国旗，拍照留念。等国庆节过后，幼儿来园时，可以和教师、其他幼儿分享。

★ **活动反思：**

本次活动中，幼儿在教师的引导下，初步了解了祖国妈妈的生日是十月一日，通过观看国庆节时天安门广场的图片，感受给祖国妈妈庆祝生日时的热闹和喜悦，通过录制视频的方式在同伴和教师面前大胆地表达自己对祖国妈妈的爱和祝福，最后，观看其他小朋友对祖国妈妈的祝福，增强了幼儿对祖国妈妈的热爱之情。

## 活动二　红旗飘飘（小班）
### 教师：田　静

⭐ **活动目标：**

1. 初步了解国旗的特征及含义。
2. 知道要尊重国旗、爱护国旗。
3. 通过活动初步萌生爱国主义情感。

⭐ **活动重点：**

萌生爱国主义情感，知道要尊重国旗、爱护国旗。

⭐ **活动难点：**

通过教师的介绍了解国旗的特征及含义。

⭐ **活动准备：**

1. 经验准备：幼儿见过国旗，参加过升旗仪式。
2. 物质准备：音频《义勇军进行曲》、多国国旗组图、中国国旗图片、红旗飘飘组图、视频《天安门升旗仪式》。

⭐ **活动过程：**

（一）听国歌，导入活动主题

教师播放音频《义勇军进行曲》，导入活动主题。

师：刚才，你们听到的歌曲叫什么？你在哪里听到过这首歌呢？为什么幼儿园每周一都会播放这首歌呢？

（二）看图认国旗

1. 教师引导幼儿从各国国旗中找到中国的国旗，激发幼儿参与活动的兴趣。

师：你们快看，大屏幕上有许多国家的国旗。你能从这些国旗中找出咱们中国的国旗吗（图2-32）？

2. 教师出示中国国旗图片，引导幼儿观察国旗的颜色、形状和图案。

图 2-32

师：国旗是什么颜色的？国旗是什么形状的？国旗上有什么图案呢？有几颗五角星？大五角星有几颗？小五角星有几颗？五角星是什么颜色的？

小结：中国的国旗是五星红旗，底色是红色的，国旗的形状是长方形。国旗上一共有五颗黄色的五角星，其中有一颗大五角星和四颗小五角星。黄色代表着我们中国人是黄种人。

（三）了解国旗的含义

1. 教师出示红旗飘飘组图，引导幼儿讨论在哪里见过国旗。

师：你们在哪里见过五星红旗呢？

师：你们知道国旗代表着什么吗？

小结：在天安门广场、幼儿园、学校的旗杆上都飘扬着国旗。在国庆节时，小区、商铺的门口也会挂国旗。参加国际比赛活动的运动员们，他们的衣服上也有国旗。国旗是国家的象征，五星红旗就代表着中国。

2. 师幼交流。

师：国旗是我们国家的象征。我们应该怎样尊重国旗、爱护国旗呢？

小结：在升国旗的时候，我们要站得直直的，保持安静，眼睛看着国旗，行注目礼。不能弄脏、损毁国旗，要保持国旗的干净和整洁。

（四）看升旗仪式视频，行注目礼

教师播放视频《天安门升旗仪式》，和幼儿共同感受升旗仪式庄严、肃穆的气氛，知道升国旗时应该行注目礼。

★ 活动延伸：

家园共育：请家长利用节假日或周末休息时间，带领幼儿去天安门广场观看升旗仪式，亲身感受升旗仪式的庄严与肃穆，进一步激发幼儿的爱国主义情感。

⭐ **活动反思：**

在国庆节即将到来之际，教师结合我园"家国情怀"的园所文化，激发幼儿的爱国主义情怀，设计并组织开展了这一社会领域的教学活动。在导入环节，教师巧妙地利用歌曲《义勇军进行曲》进行导入，引导幼儿尝试运用多种感官进行感知，大大地激发了幼儿对国歌、国旗的探究兴趣。在引导幼儿观察国旗的环节，教师在活动前进行了充分的准备工作，利用出示多个国家国旗组图，引导幼儿通过"寻找国旗"的游戏来完成教学目标。但是，在师幼讨论与交流的环节，由于时间关系，没有面向全体幼儿展开讨论，使一部分幼儿失去了互动、交流的机会，下次再开展类似的活动时，可以进行分组讨论，以小组代表发言的形式为幼儿提供更多表达与交流的机会。

## 活动三　厉害了，我的国（中班）
### 教师：孟庆贺

⭐ **活动目标：**

1. 通过活动感受祖国的发展与变化。
2. 利用各种美工材料大胆创作，表达对祖国强大的赞美之情。
3. 增强民族自豪感，培养爱国之心。

⭐ **活动重点：**

利用各种美工材料大胆创作，表达对祖国强大的赞美之情。

⭐ **活动难点：**

增强民族自豪感，培养爱国之心。

⭐ **活动准备：**

1. 经验准备：幼儿已初步了解祖国发展的历程与故事。
2. 物质准备：国旗图片、各种美工材料、视频《中国的发展与变化》。

⭐ **活动过程：**

**（一）看国旗图片**

教师出示国旗图片，引导幼儿通过观察了解国旗的基本特征（图 2-33）。

图 2-33

师：小朋友们，你们看到的国旗是什么颜色的？

师：上面都有什么图案？

小结：国旗是红色的，左上角由一颗大五角星和四颗小五角星组成。在世界的东方有一个古老的国度，她美丽而宽广，她就是我们的祖国——中国。在世界的东方有一个伟大的民族，她勤劳而坚强，她就是我们的民族——中华民族。

（二）看视频，对比感受祖国的发展与变化

教师播放视频《中国的发展与变化》，通过前后对比，让幼儿更深刻地感受到现在祖国的强大。

师：小朋友们看了这段视频，有什么感受？

小结：伟大的祖国历经风雨，走得艰辛，走得精彩。祖国的大江南北日新月异，沧海桑田。成长在新时期的我们沐浴着改革的阳光，享受着改革的成果，对比过去，现在的祖国在科技、交通、军事等方面越来越强大。

（三）自由创作

幼儿通过各种方式大胆地创作，表达对祖国强大的赞美之情。

师：请小朋友们利用手中的材料大胆地创作，把你认为祖国最强大的地方画出来。

（1）教师介绍各种美工材料及其使用方法。

（2）幼儿自由创作，教师巡回指导。

（四）分享与交流

幼儿跟同伴分享作品，大家共同欣赏。

小结：小朋友们画得都特别棒！让我们一起向伟大的祖国致敬吧！

★ 活动延伸：

1. 请家长带领幼儿观看纪录片《厉害了，我的国》，进一步了解我国更多的发展与变化。

2. 美工区：投放各种美工材料，引导幼儿继续创作祖国的强大之处。

⭐ **活动反思：**

在国庆节来临之际，为了增强幼儿的民族自豪感和爱国之心，教师设计了本次美术活动。在本次活动中，教师先让幼儿观察国旗图片，激发幼儿想要了解祖国的好奇心，再引导幼儿观看祖国发展与变化的视频，让幼儿直观地感受祖国越来越强盛，进一步引导幼儿进行美术创作。幼儿能够有目的、有计划地选择自己喜欢的美工材料，积极、大胆地表现祖国的强盛之处。教师在巡回指导时发现幼儿的表现形式略显单一，可以为幼儿多提供一些图片，开阔幼儿创作思路，或者在创作前请幼儿说一说自己的想法，起到互相借鉴、抛砖引玉的作用。

## 活动四 《祖国、祖国，我们爱你》（中班）
### 教师：彭晶晶

⭐ **活动目标：**

1. 理解歌词内容，感受歌曲表达的爱国之情。
2. 尝试创编动作并随音乐做动作，能用响亮而自然的声音欢快地演唱歌曲。
3. 感受歌曲活泼、欢快的情绪，萌生对祖国的热爱之情。

⭐ **活动重点：**

能够理解歌词内容，感受歌曲表达的爱国之情。

⭐ **活动难点：**

尝试创编动作并随音乐做动作，能用响亮而自然的声音欢快地演唱歌曲。

⭐ **活动准备：**

1. 经验准备：幼儿已初步认识自己的祖国。
2. 物质准备：《中国地图》图片课件、歌曲音频《祖国、祖国，我们爱你》、歌曲伴奏音频《祖国、祖国，我们爱你》、律动视频《祖国、祖国，我们爱你》、图谱《祖国、祖国，我们爱你》。

⭐ **活动过程：**

**（一）看地图，说说我们的祖国**

1. 教师播放《中国地图》图片课件，引导幼儿一起来看看我们的祖国。

2. 教师向幼儿介绍中国地图，请幼儿简单地描述一下看了地图之后有何感想。

师：孩子们，你们看到中国地图有什么感受？请你们简单地形容一下中国地图。

小结：是啊！我们伟大的祖国就像一只昂首啼鸣的公鸡。地图上，绿色的是山川、草原，蓝色的是海洋、湖泊、河流。每个人都爱自己的祖国，让我们一起向祖国敬礼吧！

**（二）欣赏歌曲**

1. 教师播放歌曲音频《祖国、祖国，我们爱你》，幼儿完整地欣赏歌曲，感受歌曲活泼、欢快的情绪。

师：有一个小朋友特别喜欢用蜡笔画画，咱们一起听一听，他用蜡笔画了什么吧！

2. 播放律动视频《祖国、祖国，我们爱你》，引导幼儿感受歌曲活泼、欢快的情绪。

师：小朋友们，你们听完这首歌，心情怎样？

3. 再次播放律动视频，引导幼儿理解歌词内容。

师：歌曲里提到了哪些颜色的蜡笔？歌词是怎么说的？

师：小鸟飞到了什么地方？小草在什么季节长出来了？请小朋友们用歌词说一说，这个小朋友都画了些什么？

**（三）看图谱，学唱歌曲**

1. 出示歌曲图谱，引导幼儿将歌词与图谱对应，鼓励幼儿用欢快而自然的声音学唱歌曲。

师：老师也想唱一唱这首歌，向祖国妈妈表达我对她的爱。

2. 播放歌曲音频，出示图谱，鼓励幼儿跟唱歌曲。

3. 播放歌曲伴奏，出示图谱，鼓励幼儿用响亮而自然的声音欢快地演唱歌曲。

**（四）创编动作，表现歌曲**

1. 教师带领幼儿分句学唱歌曲，鼓励幼儿通过创编动作表现歌曲内容。

师：我们一起把小朋友的画用动作表现出来吧！

师：小鸟是怎么在蓝天上飞的？长在春天里的小草会是什么样儿的呢？试着用动作来表现吧！

幼：双手上下挥动翅膀，表现小鸟在蓝天上飞；双手合拢，再张开，往上举，表现小草在春天里生长。

师：太阳、国旗可以用什么动作来表现呢？

幼：太阳可以用两个手臂抱成一个圆圈来表现（图 2-34）。国旗可以用敬礼的动作来表现（图2-35）。

图2-34                    图2-35

师：我们可以用什么动作来表达对祖国妈妈的爱呢？

幼：双手举过头顶，比画一个大大的爱心。

师：××小朋友的小鸟飞得真好，我们一起来学一学吧！

2. 播放歌曲音频，鼓励幼儿跟随完整的音乐进行表演。

师：小朋友们听着歌曲，把刚才创编的动作连起来做一做吧！

### （五）边唱歌曲边表演

教师播放《祖国、祖国，我们爱你》歌曲伴奏，鼓励幼儿边唱边做动作，表达对祖国妈妈的爱。

师：祖国妈妈的生日快要到了！我们一起用这首歌向祖国妈妈表达我们的爱吧！

### ★ 活动延伸：

音乐区：投放歌曲伴奏《祖国、祖国，我们爱你》，鼓励幼儿边跟唱歌曲边做动作进行表演。

### ★ 活动反思：

国庆节就要到了，孩子们知道这个节日是祖国妈妈的生日，对这个节日充满了期待。中班幼儿爱唱、爱跳，根据孩子们的这个特点，教师设计并开展了音乐活动学唱歌曲《祖国、祖国，我们爱你》，以一种幼儿乐于接受的方式自然地渗透爱国主义情感的教育。教师先是出示《中国地图》，引导幼儿感知"祖国"的概念，再欣赏歌曲《祖国、祖国，我们爱你》，引导幼儿借助歌词说出祖国的美丽和强盛，并用歌声唱出对祖国妈妈的爱。接下来，教师鼓励幼儿尝试根据歌词内容创编动作，用生动、形象的肢体语言来表演歌曲。在这次音乐活动中，幼儿的爱国主义情感在音乐的感染下被激发了。

## 活动五　万里长城永不倒（大班）

### 教师：黄译萱

⭐ **活动目标：**

1. 通过观看图片，感受长城的雄伟，了解长城是中国的象征。
2. 通过设计、绘画长城，表现长城蜿蜒、雄伟的建筑特点。
3. 感受作为中国人的自豪感。

⭐ **活动重点：**

通过观看图片，感受长城的雄伟，了解长城是中国的象征。

⭐ **活动难点：**

通过绘画长城，进一步感受长城雄伟的建筑特点。

⭐ **活动准备：**

1. 经验准备：
（1）家长带领幼儿查阅有关长城的资料，丰富幼儿相关知识。
（2）幼儿收集有关长城的历史故事。
2. 物质准备：通过卫星拍摄的地球照片、长城图片（远景和近景）、长长的白纸、胶棒、水彩笔、轻音乐等。

⭐ **活动过程：**

**（一）看地球图片**

教师出示通过卫星拍摄的地球照片，激发幼儿兴趣。

师：今天，我带来了一张通过卫星拍摄的地球照片。你们看看，这是什么？

师：从这张照片中，我们可以看到这里有一条长长的线，你们觉得会是什么呢？

师：为什么在遥远的太空通过卫星能拍摄到长城呢？这说明了什么？

小结：长城是通过卫星拍摄可以看到的人工建筑，这充分说明了中国的长城非常雄伟、壮观。

**（二）看长城图片**

1. 出示长城远景图片，引导幼儿了解长城的整体特征。

师：图片上的长城是什么样儿的？它建造在哪里？

幼：长城建在山上，像一条巨龙卧在群山之间。

师：长城有多长？它还有一个名字叫什么？

幼：长城特别长，也叫"万里长城"。

2. 出示长城近景图片，引导幼儿了解长城的细节部分。

师：古代，人们为什么要建造长城呢？

小结：为了抵御北方游牧民族的入侵，保卫家乡的老百姓，秦国、赵国、魏国、燕国等国都修建了很长的城墙。后来，这些城墙连在了一起，就叫"长城"。

师：仔细观看图片，长城是由哪几个部分组成的？

小结：长城是由关隘、城墙、烽火台三个部分组成的。

师：烽火台有什么作用？

小结：万里长城是我们古代劳动人民建造的，它可以用来抵抗敌人的侵略。长城上有烽火台，是用来传递重要情报的高台。每当敌人来侵犯的时候，值班的哨兵就在一座座烽火台上点起烟或火传递重要消息，并拿起武器，击退敌人的进攻。

**（三）分享长城小故事**

教师引导幼儿将收集的长城小故事与同伴分享，通过故事讲述，引导幼儿了解长城修建的历史。

师：我知道大家都收集了很多关于长城的小故事，谁愿意上来给大家讲一讲？

小结：刚才，我们听了小朋友们讲述的故事，知道了古代在修建长城的过程中，很多人因为劳累而死去，可以说长城是人们用勤劳的双手修建起来的。能建造这么长的长城是我们中国人的骄傲。长城和天安门一样，都是我们中国的象征。

**（四）画长城**

1. 幼儿自由分组。教师按组为幼儿分发绘画材料。

2. 幼儿以小组的形式自由设计、绘画长城（图2-36），进一步感受万里长城的雄伟。

3. 幼儿创作画作，教师巡回指导。

**（五）作品展示与分享**

幼儿展示绘画作品（图2-37），与同伴分享画作，讲述自己创作画作的感受与意图。

图2-36

图2-37

⭐ **活动延伸**：

教师将幼儿绘画作品集中投放在作品展示区，鼓励幼儿利用区域活动时间与同伴分享自己的创作灵感和意图。教师引导幼儿家长带领幼儿参观长城并拍照、留念。幼儿来园后，与教师、同伴分享。

⭐ **活动反思**：

本次活动中，教师通过图片展示直观地引导幼儿了解长城的建筑风格和特点，又通过故事分享、幼儿绘画、作品展示等一系列活动，让幼儿进一步感受长城的雄伟、观察长城的整体和细节特征、表达对长城的喜爱之情。教师在活动中与幼儿互动，提出了许多关于长城的问题。孩子们积极地表达了自己的想法，并分享了自己知道的有关长城的知识。教师通过绘画活动进一步激发了幼儿对万里长城的探究兴趣，为中国的长城感到骄傲、自豪。

## 第三节　国旗飘扬，伴我成长

　　升旗仪式是幼儿园每周一固定开展的活动，它不同于一般性教育活动，具有持续教育的功能。幼儿园升旗仪式是园所利用红色文化资源传承红色基因的重要途径。升旗仪式中，鲜艳的国旗、特定的场地、排着整齐队伍护送国旗的护旗手、嘹亮的国歌、庄严而神圣的气氛，这些对于孩子们来说，都有着不可抗拒的吸引力，是培育幼儿爱国主义情感的重要途径。

　　爱国主义教育应贯穿育人全过程。升旗仪式是爱国主义教育的重要形式之一。爱国主义教育应结合幼儿认知特点，采用幼儿容易接受的方式进行，在幼儿心中种下一颗爱国的种子，萌生浓浓的爱国情怀。

　　我园立足园所文化，将红色文化、英雄故事、国家发展重大事件、杰出人物事迹等红色教育内容渗透在升旗仪式活动中，并以幼儿为主体，不断发挥幼儿的主动性，通过升旗仪式的前期准备、宣讲展示、延伸活动等主要环节开展主题式系列实践体验，推进红色文化教育，引导幼儿萌生对祖国的热爱和敬仰之情。

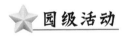

### 园级活动

#### 活动一　飘扬的五星红旗

　　国庆节快要到了。为了让幼儿更好地了解我们国家的国旗，我园开展了集体教学活动"飘扬的五星红旗"。在活动中，教师引导幼儿通过观察国旗、认识国旗，了解国旗的图案及意义，知道祖国妈妈的生日是十月一日国庆节。孩子们对这个节日有了初步的认识。对于大班幼儿来说，他们渴望了解更多有关国庆节的知识。教师在日常与幼儿的交流中发现，他们常常会问："为什么要过国庆节？国旗上为什么会有五颗星？"（图2-38）师幼积极互动，通过提问、讨论等方式，让幼儿进一步了解了大五角星代表什么，旁边的四颗小五角星又代表什么（图2-39），以及五颗星互相连缀、疏密相间又代表什么等。这些再次引发幼儿积极思考，知道了国旗是国家的标志。我们要培养幼儿的爱国主义情感，可以从具有象征意义的国旗开始，让他们认识和了解国旗。比如，在每周一的升旗仪式上，教师引导幼儿学会尊重国旗，知道五星红旗是我们中国的国旗，为自己是中国人而感到骄傲与自豪。

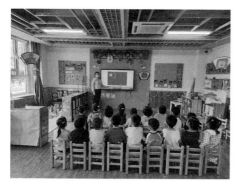
图 2-38

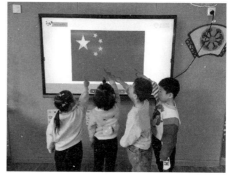
图 2-39

孩子们积极与同伴互动，表达着自己对祖国、对国旗的热爱之情，加深了对国旗的认知，也初步了解了国庆节的日期、意义，再次激发了幼儿浓浓的爱国主义情怀和从小爱祖国的情感。

## 活动二　争当小小升旗手

孩子们通过升旗仪式树立了爱护国旗的意识，增强了民族自豪感和自信心。教师结合升旗仪式上的演讲活动，引导幼儿围绕传统节日、传统文化及国家大事等准备演讲的内容。在班里，孩子们演讲后，再次讨论升旗手、护旗手人数及站位等，并通过投票选举出升旗手和护旗手（图 2-40）。教师提出"小朋友有没有去过天安门广场看升旗""你看到的国旗护卫队是什么样子的""他们是怎么升国旗的"等问题，引发幼儿思考并初步了解升旗手及护旗手的职责。选出的升旗手和护旗手先在班里练习，其余幼儿作为观众，对他们的表现提出意见和建议（图 2-41）。然后，教师组织幼儿到操场列队，举行升旗仪式。最后，教师引导幼儿说说自己当小旗手的感受。活动结束后，孩子们都积极争当"小小升旗手"，他们体会到了作为升旗手和护旗手的光荣，同时，也完全了解了升国旗的基本程序，懂得升旗时要对国旗行注目礼，有尊重和爱护国旗的意识，萌生强烈的民族自豪感和自信心。

图 2-40　　　　　　　　　　　　　图 2-41

## 活动三　国旗下的讲话

在每周一举行的升旗仪式上，鲜艳的五星红旗伴随着庄严的国歌，冉冉升起。孩子们表情严肃，面向国旗，行注目礼。庄严而隆重的升旗仪式大大激发了孩子们的爱国之情。每当他们看到教师和哥哥、姐姐们在主席台上进行演讲（图 2-42），都想参与其中，也了解到在国旗下讲话是非常有意义的活动。

活动过程中，我们采用集体讨论的方式，和幼儿一起讨论了"为什么要在国旗下讲话？在国旗下讲话有哪些作用呢？可以讲些什么内容"等问题并引发了幼儿的思考。幼儿自由分组，利用绘画气泡图（图 2-43）的方式讨论并罗列了国旗下的讲话内容，再通过集体投票的方式，确定不同的讲话内容。孩子们还积极报名，想要成为在国旗下讲话的人。最终，他们决定让报名的幼儿逐一进行自我介绍，从中选出合适的人选。

图 2-42　　　　　　　　　　　　　图 2-43

幼儿任何能力的提升与发展都离不开一次次活动中的反复尝试与练习。通过本次活动，孩子们不再单纯地想要在国旗下讲话，而是明确了为什么要在国旗下讲话，可以讲些什么内容，了解了国旗下讲话的重要性和神圣，同时，也加强了升旗活动的仪式感。

## 活动四　国旗护卫队

天安门国旗护卫队是每天在天安门广场上从事升降国旗和升旗台警卫工作的中国人民解放军战士。国旗护卫队主要以护卫国旗为使命，以弘扬爱国主义精神为己任，以展现当代人民团结进取、积极向上的精神风貌为目标。父母可以利用假期带着孩子去天安门广场观看仪仗队护旗和升旗仪式，了解护旗手和升旗手的职责和风貌。这些场景会深深地印刻在孩子们的脑海里，同时，爱国的种子也会在他们的心底悄悄地生根、发芽。

幼儿园每周一举行升旗活动（图2-44）。升旗手们伴随着国歌，将五星红旗冉冉升起。全体师生行注目礼。幼儿通过观看升旗仪式或承担升旗、护旗任务，也逐渐地意识到成为国旗护卫队的一员是非常光荣而神圣的，也是维护国家尊严和荣誉的一件事情。机缘巧合之下，我们有幸邀请曾是武警国宾护卫队的队长——君策小朋友的爸爸来到幼儿园，与孩子们共同分享了国宾护卫队的故事（图2-45），以及他们是如何默默无闻地保卫祖国的。君策的爸爸也向小朋友们提出了希望，希望每一个小朋友们都能努力、勇敢，最终成为祖国的有用之才。

图2-44　　　　　　　　　　　　　　图2-45

活动中，孩子们通过国宾护卫队队长的分享及亲身感受护旗时的光荣，加深了对国旗护卫队的认识，萌发了爱国主义情感。一抹抹鲜亮的中国红是每个中国人的光荣底色，也代表着中国人的信念、力量与希望，激发了幼儿作为一名中国娃的强烈自豪感。

## 活动五　传递国旗

2022年北京冬季奥林匹克运动会的开幕式增加了以往没有的传递国旗的

环节。国旗是由 12 名儿童护送入场。之后，由来自全国各行各业的优秀代表及 56 个民族代表，传递给护旗手，再送至升旗手。整个国旗传递的过程是神圣而庄严的，充满了仪式感。在此背景下，为了增强幼儿的民族自豪感，让他们亲身感受传递国旗仪式的庄严，我们在幼儿园里也开展了相关的讨论和体验活动。

首先，教师引导幼儿观看了北京冬季奥林匹克运动会开幕式中传递国旗的视频（图 2-46），引导幼儿进一步讨论"传递国旗的都有谁""为什么要传递国旗""传递国旗时，应该怎么做"等问题，并引发幼儿思考与探索，让幼儿知道传递国旗的人民群众代表着人民是国家的主人，而传递国旗的环节体现了我国是坚持人民至上、以人民为中心的治国理念和思想。之后，在每周一的升旗活动中，我们增加了传递国旗的环节（图 2-47），让幼儿亲身体验与感受传递国旗时的庄严与神圣，以此来增强幼儿的国家认同感和民族自豪感，培养幼儿热爱祖国的情感。

图 2-46                                           图 2-47

观看传递国旗的视频时，有的小朋友不由得发出感叹："他们好厉害啊！"而在体验传递国旗的过程中，孩子们的表情十分认真，没有了平时的嬉闹，而是神情专注地盯着国旗，知道这是一件很庄严的事情。从幼儿的行为和言语中，可以看出幼儿的民族自信心与自豪感油然而生。

## 活动六　唱响国歌

中华人民共和国国歌是《义勇军进行曲》，它表达了中国人民对帝国主义侵略的强烈愤慨和反抗精神，体现了伟大的中华民族在敌人面前勇往直前、团结一心、共御外敌的英雄气概。我园积极开展"唱响国歌"的活动，通过组织幼儿听国歌、唱国歌，了解国歌诞生的历史背景，让幼儿在雄壮、激昂、铿锵有力的旋律和鼓舞人心的歌词中感受中华民族源源不断的精神伟力，帮助幼儿树立浓厚的家国情怀，提升民族自豪感、自尊心和自信心。

首先，教师带领幼儿了解国歌是中华人民共和国的象征和标志，一切公民和组织都应当尊重国歌、维护国歌的尊严，通过"国歌是怎么来的""国歌的歌词都有哪些内容""在什么情境下会奏国歌"等问题，进一步激发幼儿对国歌的探究兴趣并积极参与讨论。其次，教师引导幼儿观看视频，让他们初步了解国歌诞生的历史背景，加深幼儿对祖国的认识（图 2-48）。最后，教师结合幼儿园的升旗仪式活动（图 2-49），引导幼儿讨论国歌中都唱了什么，让幼儿进一步熟悉国歌旋律与歌词内容，实现从"唱国歌"到"懂国歌"的转变。在这个转变过程中，重点引导幼儿体验唱国歌时，情感与旋律产生共鸣，借助恢宏、激昂的音乐旋律，让幼儿产生骄傲、自豪等情感。最后，教师引导幼儿有感情地演唱国歌。

图 2-48

图 2-49

在"唱响国歌"的活动中，有的幼儿说："大家很团结，一起打跑坏人。我们以后也要团结起来，让我们的祖国更强大！""在奥运会上，我们国家得金牌的时候会放国歌！"在讨论中，幼儿不同程度地表现了他们对国歌的认识，言谈举止间能感受到孩子们为自己是中国人而骄傲、自豪，进一步萌发了爱祖国的情感。

 **班级活动**

### 活动一　国旗出现的地方（小班）

教师：董丽荣

⭐ **活动目标：**

1. 知道国旗是国家的标志。
2. 理解国旗出现在不同地方的意义。

3. 当国旗冉冉升起时，萌发热爱祖国的情感。

⭐ **活动重点：**

知道国旗是祖国的标志，代表国家的尊严。

⭐ **活动难点：**

初步培养尊重国旗、热爱祖国的情感。

⭐ **活动准备：**

1. 经验准备：参与过升旗仪式。
2. 物质准备：国旗图片，PPT 课件《天安门升国旗》《中国运动员为国争光》。

⭐ **活动过程：**

**(一) 通过国旗图片导入活动**

教师出示国旗图片，引导幼儿观看。

师：大家看看，这是什么（图 2 - 50）？

图 2 - 50

教师引导幼儿说出"国旗""红旗"或"五星红旗"都可以。

师：这面国旗是哪个国家的？

小结：这面国旗是我们中国的国旗。"中国"是简称，完整的名称叫作"中华人民共和国"。

**(二) 了解国旗**

1. 国旗的形状与颜色。

（1）师：国旗是什么形状的？

（2）师：国旗是什么颜色的？

（3）师：国旗为什么是红色的呢？

小结：在过去，我们的国家很穷，人民生活很艰苦，并没有发展得像现在这么繁荣、昌盛。那时，有许多外国列强侵略我们的国家，烧了我们很多的文化遗产，杀害了好多中国老百姓，还抢走了大量原本属于我们国家的财产和文物。那时，有很多的英雄站起来，反抗侵略者。他们不怕流血、牺牲，把这些敌人赶出了中国，才有了我们现在和平、幸福的生活。为了能够永远地纪念那些因反抗侵略者而牺牲的烈士们，国旗的颜色定为红色，象征着现在的和平年代是先烈们用鲜血换来的。

2. 国旗的图案及意义。

教师播放 PPT 课件《天安门升国旗》。

（1）师：国旗上有几颗五角星？

（2）师：有几颗大的五角星？几颗小的五角星？它们分别代表着什么？

（3）师：它们的位置是怎么摆放的？

（4）师：国旗代表着什么？

小结：国旗上有四颗小五角星，它们各有一个角正对着国旗上大五角星的中心点。大五角星代表着中国共产党，四颗小五角星代表着中国五十六个民族的各族人民。四颗小五角星围绕着一颗大五角星，象征着全国各族人民紧紧团结在中国共产党的周围，紧跟着中国共产党建设我们的祖国。又因为我们的国旗是红色的，所以我们的国旗叫作"红旗"或者"五星红旗"。国旗代表着一个国家，是国家的标志和象征。

3. 理解国旗出现在不同地方的不同意义。

（1）观看 PPT 课件《天安门升国旗》。

小结：小朋友们观看了《天安门升国旗》的课件，知道了 1949 年 10 月 1 日在天安门广场升起了我们中国的第一面国旗，毛主席在天安门庄严宣告："中华人民共和国成立了！中华人民共和国从此站起来了！"从此以后，天安门广场每天都要举行升旗仪式，让我们的国旗与太阳同时冉冉升起。

（2）观看 PPT 课件《中国运动员为国争光》。

师：你们看到了什么？

师：看到运动员上台领奖时，你的心情是怎样的？

小结：看到运动员上台领奖、为国争光时，我们会感到无比的骄傲与自豪，心情也很激动。相信你们长大以后，也会像运动员们那样，为国争光，尊重国旗，热爱我们的祖国。

4. 升旗仪式。

（1）师：升国旗时，我们要唱哪首歌曲？

（2）师：升旗时应该怎么做？

（3）师：升旗时，解放军叔叔应该行什么礼？

（4）师：升旗时，我们小朋友应该怎么做？

小结：升国旗时，先由四个小朋友作为护旗手，将国旗护送到旗杆处（图2-51），再由升旗手升国旗。不管在什么时候、什么地方，只要听到奏国歌、升国旗时，我们都应该站在原地不动，在庄严而神圣的升旗仪式中，不能打闹、嬉笑，要认真、严肃地对待升旗仪式，立正站好，眼睛看着国旗慢慢升起，行注目礼。我们要像爱护生命一样爱护我们的国旗，因为国旗是我们国家的象征，它神圣而不可侵犯。

图2-51

5. 重温升旗仪式。

师：现在，让我们重温一下这庄严而神圣的一刻吧！全体起立，看课件举行升旗仪式。

6. 活动小结。

小结：我们从小要热爱祖国，不用印有国旗的纸包东西或折纸飞机。爱护国旗就是热爱祖国的表现，希望小朋友们都能成为祖国的骄傲。

⭐ **活动延伸：**

家园共育：教师引导家长利用周末带领幼儿去天安门广场观看升旗仪式，萌发爱国主义情感。

⭐ **活动反思：**

本次活动是一次爱国主义集体教育活动。活动前，幼儿参与过升旗仪式，有一定的经验。在活动过程中，教师利用PPT课件引导幼儿观察国旗，了解五颗五星的位置是在国旗的左上角，一颗大的五角星在左上角，四颗小的五角星在大五角星的周围。教师通过提问引导幼儿思考在哪些地方见过国旗，了解国旗出现在不同地方的意义。不管在什么时候、什么地方，只要听到国歌、升国旗时，我们都应该原地不动，向国旗行注目礼。

## 活动二　争当小小升旗手（中班）
### 教师：何佳欣

⭐ **活动目标：**

1. 知道五星红旗代表的意义及其重要性。
2. 升旗时，保持立正姿势站好，行注目礼，掌握升旗的基本礼仪及流程。
3. 争当小小升旗手，有爱护国旗的意识，增强民族自豪感。

⭐ **活动重点：**

懂得升旗的基本礼仪，知道升国旗时要对国旗行注目礼。

⭐ **活动难点：**

树立爱护国旗的意识，升国旗时，有强烈的民族自豪感。

⭐ **活动准备：**

1. 经验准备：已经认识国旗、听过国歌，对国旗和国歌的由来和象征有一定的了解。
2. 物质准备：天安门升国旗的视频、国歌等。

⭐ **活动过程：**

**（一）讨论天安门广场的升旗仪式。**

师：小朋友们有没有去天安门广场看过升旗仪式？

师：你们猜猜，每天在天安门广场护送国旗、让国旗随着国歌缓缓升起的人是谁？

师：你看到的国旗护卫队是什么样子的？他们是怎么升国旗的？

小结：国旗护卫队的叔叔们排着整齐的队伍，步伐一致地正步走到天安门广场的旗杆前，每个人都站得笔直，表情严肃、认真。

**（二）学习升旗礼仪**

师：国旗护卫队的叔叔们在升国旗的时候是怎么行礼的？

小结：在升国旗的时候，国旗护卫队的叔叔们非常认真，眼睛一直看着国旗，身体站得笔直，对着国旗行军礼。

师：小朋友们在升国旗的时候，应该行什么礼呢？

小结：在升国旗的时候，我们的眼睛要一直看着国旗，行注目礼。

师：幼儿园是怎么升国旗的？

小结：升国旗的时候，需要两位升旗手。两人互相配合，一个人往下拉绳子，一个人往上送绳子。当听到国歌响起，开始升国旗，要让国旗随着国歌的音乐节奏慢慢地升到旗杆的顶端，同时，国歌结束。升旗时，要学习国旗护卫队叔叔认真和严肃的态度，身体站得笔直。

**（三）争当"小小升旗手"**

教师组织幼儿列队，到操场举行升旗仪式。教师播放国歌，引导护旗手和升旗手完成相应的升旗任务（图 2-52、图 2-53），提醒其他幼儿行注目礼。

图 2-52                    图 2-53

请护旗手和升旗手逐一站在台前，分享自己当旗手的感受。

幼：我在拉着国旗的一角、走向旗杆的过程中，手紧紧地抓着国旗，不让国旗掉在地上。

幼：升旗的时候，我都没有笑，眼睛很认真地看着国旗。

⭐ **活动延伸：**

在幼儿园举行升旗仪式时，每个小朋友都有机会当小小升旗手。孩子们都认为能当上小小升旗手可真光荣。幼儿在体验过升旗手之后，回到家里，可以和父母分享自己当升旗手时的感受以及需要怎么做。

⭐ **活动反思：**

本次活动通过幼儿的讨论与分享及亲身感受升旗仪式，了解升旗仪式中的注意事项，认识到升国旗是一件十分庄严的事情。升国旗时，升旗手要以严肃、认真的态度、笔直的身姿，让五星红旗随着国歌冉冉升起。幼儿通过亲身体验进一步加深了对升国旗的认知，萌生了从小热爱祖国的情感。

在本次活动中，孩子们能够积极表达自己对如何当好升旗手、护旗手的看法，并愿意为弟弟、妹妹们做一个好榜样，认为自己能成为升旗手是一件值得骄傲与自豪的事情，同时，加深了爱国主义情感。

## 活动三　国旗背后的意义（大班）

教师：姜　珊

⭐ **活动目标：**

1. 了解国旗背后的意义，知道制作国旗的标准。
2. 知道五星红旗图案布局及相关意义。
3. 敢于大胆讲述自己对国旗的见解，萌发热爱祖国、尊重国旗的情感。

⭐ **活动重点：**

了解国旗背后的意义，知道制作国旗的标准。

⭐ **活动难点：**

知道五星红旗上面的图案代表着全国各族人民紧紧围绕在中国共产党的周围及民族大团结的意义。

⭐ **活动准备：**

1. 经验准备：活动前，幼儿参加过升旗仪式，对国旗有了初步的了解和认知。
2. 物质准备：PPT 课件《国旗背后的意义》、绘本故事《我们的国旗》、历史纪录视频《关于中国国旗背后的故事》。

⭐ **活动过程：**

**（一）谈话导入**

师：我们每周一都会举行升旗仪式。小朋友们有没有细致地观察过国旗？国旗是什么样子的？

教师播放 PPT 课件《国旗背后的意义》，出示国旗图片，以颜色、形状及五颗五角星的大小、摆放的位置、方向为切入点，引导幼儿仔细观察国旗。

师：哪个小朋友知道我们国家的国旗为什么要这样设计？这个图案的背后有哪些意义吗？

小结：国旗的形状是长方形的。国旗的底色是鲜艳的红色，它的左上角有五颗黄色的五角星，是由一颗大的五角星和四颗小的五角星组成的。

（二）分享绘本故事

1. 教师为幼儿讲述绘本故事《我们的国旗》。

师：绘本讲述了什么内容？

小结：绘本告诉我们，五星红旗是中华人民共和国的国旗，它是中国的标志和象征。我们的国歌是《义勇军进行曲》。我们在日常生活中看到升旗、听到国歌时，要立正、站好，面向国旗，行注目礼。

2. 了解国旗的设计者是谁。

师：国旗的设计者是谁？

小结：国旗的设计者是曾联松。五星红旗不仅仅是一面旗帜，它是我们国家的标志。我们身边许多地方都有五星红旗，比如，我们的幼儿园里、天安门广场上等，它是我们国家的象征，也是我们中国人的骄傲。

（三）观看视频

1. 教师播放历史纪录视频《关于中国国旗背后的故事》，让幼儿了解从选拔国旗设计图到最终确定国旗设计图的过程及国旗背后的故事有哪些。

2. 师：国旗的底色是什么颜色的？它是什么形状的？五颗星星是怎样摆放的？

小结：国旗的底色是红色的，它是长方形的，左上角有五颗黄色的五角星，一颗五角星大一些，四颗五角星小一些，围绕着大五角星。

3. 师：五星红旗代表着什么？它有什么意义呢？

小结：我们国家的国旗图案是从近三千幅设计图中选出来的。国旗的旗面是红色的，象征着中国共产党通过革命取得了政权。黄色的五角星表示在红色的大地上五颗星星放光明，同时，也象征着中国人是黄种人，其中四颗小五角星分别代表着工人、农民、知识分子和民族资产阶级，左上角的大五角星代表着中国共产党。四颗小五角星各有一个角的尖儿正对着大五角星的中心点，表示紧紧围绕在中国共产党的周围，象征着在中国共产党领导下的革命人民大团结。

⭐ **活动延伸：**

教师充分利用家长资源，邀请到曾是武警国宾护卫队队长——君策小朋友的爸爸跟小朋友们分享了国宾护卫队的故事，以及他们是如何默默无闻地保卫着我们的祖国。这位家长对孩子们提出了希望，希望每个小朋友都能努力学习，长大了成为国家的有用之才。

⭐ **活动反思：**

国旗对于我们来说是有深刻意义的，它是中华人民共和国的象征和标志。

本次活动中，幼儿通过观看 PPT 课件、绘本故事《我们的国旗》及历史纪录视频《关于中国国旗背后的故事》，了解了国旗的图案布局及意义，以及国旗背后的故事，从而萌生热爱国旗、尊重国旗的情感。家长可以利用假期，带领幼儿去天安门广场观看升旗仪式，引导幼儿为自己是中国人而感到骄傲与自豪。

## 活动四　我设计的升旗仪式（大班）
### 教师：吴　榛

⭐ **活动目标：**

1. 了解升旗仪式过程中应该遵守的行为规则。
2. 通过参与设计升旗仪式活动，引发爱祖国的情感，为自己是中国人而自豪。
3. 能倾听同伴的不同想法，能与同伴协商制订升旗仪式的活动规则，并遵守该规则。

⭐ **活动重点：**

通过参与设计升旗仪式活动，引发爱祖国的情感，为自己是中国人而自豪。

⭐ **活动难点：**

能倾听同伴的不同想法，能与同伴协商制订升旗仪式的活动规则，并遵守该规则。

⭐ **活动准备：**

1. 经验准备：幼儿已了解国旗背后的故事；有参与升旗仪式的相关经历。
2. 物质准备：升旗仪式的视频、国旗、国歌伴奏音乐、升旗手的服装。

⭐ **活动过程：**

**（一）谈话导入**

1. 教师与幼儿分享国庆节假期去参加天安门升旗仪式的感受，导入升旗仪式的话题，请有经验的幼儿与大家分享。
2. 教师播放升旗仪式的视频，请幼儿观看并互动、讨论。

师：请小朋友们说一说，你在升旗仪式的视频里看到了什么？

小结：有的小朋友看到了护送国旗时走队列的解放军叔叔，还有国旗，有吹奏音乐的解放军叔叔。通过小朋友们的分享，我们一起感受到了升旗仪式的庄严与肃穆。

### （二）介绍升旗仪式

1. 师：在升旗仪式中，你都看到了哪些人？
2. 师：他们都在做什么？升旗手在做什么？护旗手在做什么？
3. 师：请小朋友们模仿并体验仪仗队里不同叔叔的动作。
4. 师：他们是怎么走路的？和我们平时走路的姿势一样吗？
5. 师：国旗要在什么时候升到旗杆的顶端？升旗的时候，要注意些什么？
6. 师：我们应该怎么做，才能像他们一样？
7. 师：观看升旗的人们又在做什么？

小结：我们发现升旗仪式是由穿着军装的解放军叔叔们进行的。护旗手在前面护旗，走路的时候是正步走，能听到步伐一致的脚步声。升国旗时，升旗手要先将旗子抛出去，再立正、站好，听到国歌响起时，开始升国旗。国旗要在国歌结束的时候刚好升到旗杆的顶端。观看升旗的人们是安静的，大家都在行注目礼。

### （三）设计升旗仪式

幼儿自由分组，一起设计幼儿园的升旗仪式，讨论并分享。

师：在幼儿园里，应该在什么时候举行升旗仪式？

师：升国旗的时候，都有谁参加？护旗手应该怎么做？升旗手应该怎么做？护旗手们从哪里开始走？怎么拿国旗？这些人分别站在哪里？升旗手怎么把国旗升上去呢？其他小朋友应该站在哪里？怎么做？

教师带领全体幼儿梳理并总结幼儿讨论的结果，分享整个升旗仪式的设计结果。

小结：升旗仪式应该在每周一上午举行，幼儿园所有的人都要参加。护旗手穿着统一的服装，要在前面像军人叔叔那样，排成整齐的队列跟随音乐走向旗杆的位置。到达升旗地点后，四名护旗手有序地将旗子叠好。由一名护旗手双手托着叠好的国旗，将它递给升旗手。升旗手应双手接过国旗，将它挂在旗杆的绳子上，然后一手拿着国旗的下端，一手拉好绳子，立正、站好。当国歌响起时，有节奏地升旗。当国歌结束时，升旗手刚好将国旗升至旗杆的顶端，升旗结束。其他的小朋友站成一排一排的方阵。升国旗时，行注目礼。还要有国旗下讲话的小朋友，让他告诉大家一些道理。

### （四）再次观看升旗仪式视频

教师再次播放升旗仪式的视频，引导幼儿观看并分享自己的感受。

师：当再次看到视频里的升旗仪式时，你的心情是怎样的？

幼：升旗时，我们感到很骄傲、很自豪。

小结：升旗仪式是庄严的事情，我们要立正、站好，不要随意打闹、嬉笑，要认真听国歌。如果自己负责升旗，也要努力做到最好。

⭐ **活动延伸：**

美工区：引导幼儿设计升旗仪式申请表，请幼儿自主选择升旗角色，用绘画的形式设计升旗仪式站位提示图等。

⭐ **活动反思：**

在本次活动中，幼儿能积极地表达自己的想法，比如，如何当好升旗手、护旗手，怎样在国旗下讲话。同时，也知道在别人发言时，要认真倾听别人讲话，不要随意打断别人，等别人说完，再分享自己的想法。幼儿也深知自己或其他小朋友升旗时，幼儿园的小朋友们和老师们都会看着他们。他们能够代表班级护旗、升旗，会觉得很骄傲、很自豪，会努力做好，给弟弟、妹妹们做一个好榜样。

# 第四节　浓浓家乡情

党的十八大以来，在以习近平同志为核心的党中央坚强领导下，全党、全国各族人民更加团结奋进，爱党、爱国、爱社会主义成为时代的主旋律。

爱国主义是永恒的话题。习近平总书记发表有关爱国的重要论述："爱国，是人世间最深层、最持久的情感，是一个人立德之源、立功之本。"少年强，则国强。我们应该帮助广大青少年树立正确的理想、信念、人生观、价值观，这也是促进中华民族伟大复兴的一项重要工作。

人像树一样，都有一个根，这个根就是家乡。无论你身在何方，总有根牵绊着你。苏轼在《元修菜》中表达了钟情于巢菜的情感，巢菜寄托了他的思乡之情。余光中在《乡愁》中将乡愁具体化，讲述了诗人的成长经历，流露出诗人深沉的爱国、思乡情感。唐代诗人贺知章的《回乡偶书》描写了久客回乡的真情实感。家乡是每个人心中念念不忘的最美心灵家园，家乡的位置、美食、名胜古迹、传统文化等都让我们记忆深刻。放眼家乡的秀美景色、人文历史、风土人情、地方美食、精神风貌等，无不浸润着浓浓的乡情、乡味、乡音、乡韵。

北京是我们的家乡，作为中国的首都，它的历史、文化积淀令人惊叹。北京是有着三千多年历史、文化的名城，在历史上曾为六朝古都，如今是中华人民共和国的首都、直辖市之一、国家中心城市，国务院批复确定的中国政治中心、文化中心、国际交往中心、科技创新中心，中国历史、文化名城和古都之一。北京市下辖 16 个区，总面积 16 410.54 平方千米，开国大典、奥运盛会、国庆阅兵等都在北京隆重举行。北京无不彰显着国家的强盛和民族精神。

《指南》中特别指出：要培养幼儿"具有初步的归属感""知道自己的民族，知道中国是一个多民族的大家庭""爱祖国，为自己是中国人感到自豪"。我们在教学活动中也能感受到爱国教育在幼儿成长的道路上具有不可或缺的作用。升国旗时，幼儿像小士兵一样地站着，向国旗行注目礼。他们在介绍自己的家乡——北京时，那种自豪感油然而生。从小培养和渗透幼儿的归属感对幼儿身心和谐、健康发展尤为重要。因此，我们要通过爱国主义教育活动增强幼儿爱家乡、爱祖国的情感。

 **园级活动**

### 活动一　我的家乡在哪里

对于家乡，孩子们是既熟悉又陌生。提起家乡，每个孩子似乎都有说不完的话，家乡总能带给他们无限的欢喜。"什么是家乡呢？""我觉得家乡就是老家。""家乡是爷爷、奶奶家。""小朋友们，你们知道自己的家乡在哪儿吗？""我的家乡就在北京！""我的家乡在山东！""我的家乡在黑龙江！"为了帮助孩子们了解自己的家乡在哪里，我们开展了"我的家乡大调查"活动。活动追随幼儿的兴趣、认知需要及年龄特点，结合他们的关键经验，引发他们想要寻找自己家乡的欲望。听完大家的分享，孩子们了解到每个人都来自不同的地方。虽然大家的家乡各不相同，但是我们相聚在人大幼儿园，共同生活在这个温暖的大家庭里。

在寻找自己家乡的同时，孩子们也发现了中国地图的奥秘，并展开了相应的探索。"中国地图像什么呢？""我觉得像公鸡。""我觉得更像飞机，有人翅膀。"孩子们纷纷提出了自己的看法。对于幼儿来说，他们有关家乡的意识正在逐渐形成。后来，我们又开展了"我的家乡在哪里"这一活动，幼儿通过活动不仅了解了自己的家乡在哪里，更了解了同伴的家乡在哪里，同时也认识了中国地图，知道了南、北方生活环境和习俗的差异，激发了幼儿热爱祖国、热爱家乡的情感。孩子们在活动中主动探究、实践操作、感悟分享自己对家乡的认知，逐渐萌发了热爱家乡的情感，初步建立起归属感，有了一颗懂得感恩的心。

### 活动二　家乡美食知多少

每个人都有一个充满亲情的地方——家，也都有一个带有不同地域风俗与文化的家乡。世界再美、再精彩，家乡的味道依旧是我们难以割舍的牵挂。家乡是幼儿既熟悉又陌生的地方，从幼儿出生之日起，他们就和自己的家乡建立了特殊的情感。为了让孩子们了解各个地方的特色美食，激发幼儿爱家乡的情感，我们开展了"家乡的美食"这一活动。"孩子们，你们觉得什么样的食物是美食呢？""美食闻起来香香的、甜甜的。""我喜欢吃的食物就是美食。"说起自己喜欢吃的食物，孩子们滔滔不绝。家乡的特色美食都有哪些呢？孩子们从爸爸、妈妈的口中了解到很多家乡的美食。家乡的美食在哪里呢？孩子们从妈妈端上饭桌的菜里找到了美食，他们还发现家乡的美食也会出现在爷爷、奶奶的手上。孩子们找到了家乡的味道，立刻品尝起来。这些美食虽然平淡无奇，却令人回味无穷。

在寻找家乡美食的过程中，孩子们在直接感知、亲身体验、实际品尝与制作中，对于家乡的味道有了进一步的了解，对家乡有了更加美好的感受，萌发了热爱家乡的情感，初步建立了归属感。本次活动让幼儿了解了更多的家乡美食。幼儿能大胆地向同伴介绍自己家乡的美食，为自己家乡有很多美食而感到自豪。同时，幼儿通过同伴的介绍，也激发了对其他地方特色美食的兴趣。

## 活动三　家乡的名胜古迹

最近一段时间，在过渡环节，经常会听到有的幼儿说自己去哪儿玩了、看到了什么、和谁一起去的，其他的幼儿也会附和着，说自己也去过这几个地方。对于名胜古迹，幼儿总会有一些好奇心和探究欲望，想知道这个名胜古迹的来历，想知道关于名胜古迹的故事等。因此，教师结合幼儿的兴趣点，在班里开展了"北京的名胜古迹"这一活动。

《纲要》指出：幼儿园应"充分利用社会资源，引导幼儿实际感受祖国文化的丰富与优秀，感受家乡的变化和发展，激发幼儿爱家乡，爱祖国的情感"。在各领域幼儿发展目标中也提出要引导幼儿学会主动参与、探索并解决问题，能用适当的方式表达、交流探索的过程和结果。教师通过活动引导幼儿了解北京的名胜古迹，让他们知道这些名胜古迹里蕴含着丰富的历史文化和现代文明。活动开始阶段，教师抓住了幼儿的兴趣点，为他们提供了多种多样的操作材料，通过游戏的方式如拼图等进入活动情境，利用名胜古迹的照片引导幼儿回忆起和爸爸、妈妈一起参观时的场景，引发幼儿兴趣。幼儿能根据教师介绍和细致观察图片说出名胜古迹的名称，运用这种视、听相结合的方式参与到活动中来，感受北京的美丽和历史、文化。活动结束环节，教师通过"击鼓传花"的游戏方式，利用大鼓、鼓槌和花等道具，吸引幼儿的注意力，引导幼儿大胆地在同伴和教师面前说出自己认识的名胜古迹，积极地与同伴交流自己的所见、所闻，让幼儿对名胜古迹有更深层次的认知和理解，初步培养幼儿热爱家乡的美好情感。

## 活动四　我为家乡代言

为了满足幼儿的探究欲望，教师从幼儿的兴趣点出发，结合幼儿已有经验，鼓励幼儿了解自己家乡的文化、建筑、饮食等特点，引导幼儿萌发热爱自己家乡的情感，开展了"我为家乡代言"的活动。

首先，教师运用调查问卷的方式引发幼儿回忆并提问："小朋友们在上周的问卷中发现了自己家乡的哪些建筑、文化和饮食特点？你的家乡有什么好玩的、好吃的？"幼儿兴致高涨，积极发言："我的家乡有高高的鼓楼。""我的家乡有糖葫芦，吃起来甜甜的。""我的家乡有板面，软软的，里边还有蔬菜。"

这些进一步激发了幼儿的兴趣。其次，教师通过集体教学活动、区域活动等鼓励幼儿通过说一说、做一做家乡美食，促进幼儿语言表达能力发展的同时，提高幼儿欣赏美、感受美、创造美的能力。本次活动激发了幼儿对家乡的喜爱之情。他们能大胆地讲述自己家乡的特色，为自己的家乡而自豪。

## 活动五　传统戏剧

京剧脸谱是中华民族艺术中的瑰宝。虽然它不是孩子们生活中的常见事物，但它浓烈的色彩、鲜明的艺术风格很容易吸引幼儿，符合幼儿对色彩敏感的心理特点。

幼儿园开展美术活动的目的在于让幼儿具有初步的审美意识，挖掘和发挥幼儿感受、体验和创造艺术的能力。教师把中国传统艺术——京剧脸谱作为欣赏对象，旨在引导幼儿了解传统的戏剧文化，激发幼儿热爱京剧、了解国粹、热爱中国传统艺术的美好情感。教师在引导幼儿欣赏京剧脸谱的基础上，了解京剧脸谱的表现形式和特点，让他们对"对称""夸张"的美术表现形式有所了解，进而尝试自主创作京剧脸谱。

在本次活动中，幼儿首先欣赏了京剧视频片段，对京剧产生了探究兴趣。其次，幼儿通过欣赏和观察京剧脸谱，感受其夸张、对称、色彩鲜明的特点。最后，幼儿在充分感知的基础上，尝试绘制特点鲜明的京剧脸谱。在此过程中，幼儿了解了中国传统文化，也萌发了热爱中国传统艺术的美好情感。

## 活动六　小脚丫走北京

北京作为中国的首都，它的文化、历史和建筑令人叹为观止。活动前，孩子们通过欣赏北京城的建筑图片萌生了探究兴趣，想要了解北京城的悠久历史。因此，教师从幼儿的兴趣出发，以讲述绘本故事《北京：中轴线上的城市》的方式引导幼儿了解北京中轴线上的建筑。教师初次讲述绘本故事让幼儿了解了故事内容；第二次完整讲述故事时，引导幼儿说出中轴线上的建筑，先是永定门，永定门是中轴线的起点；再就是正阳门，正阳门前春节时非常热闹；还有棋盘街，也就是天安门；然后是北京城中轴线上的中心建筑——故宫，红砖黄瓦，是世界上现存规模最大、保存最为完整的木质结构古建筑群之一。当教师提问北京的中轴线上都有哪些建筑时，孩子们争先恐后地说出自己看到的建筑，如永定门、天安门、故宫、鼓楼和钟楼等。

教师除了在集体教学活动中通过故事的形式引导幼儿感受北京中轴线上的建筑，在家园共育方面，还引导家长带领幼儿实地感受北京的古建筑，了解其建筑特征，感受北京建筑的魅力，增强了幼儿对北京城的喜爱之情，通过"小脚丫走北京"的活动，让幼儿了解了北京悠久的文化和历史。

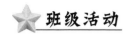 **班级活动**

### 活动一　认识家乡（中班）
教师：刘佳敏

⭐ **活动目标：**

1. 会看地图，了解地图上的简单标记。
2. 了解地图上自己家乡所在省份的位置，萌发热爱家乡的情感。
3. 通过查找家乡的地理位置，提高观察能力及对空间方位的认知。

⭐ **活动重点：**

通过看地图，知道自己的家乡在地图上的具体位置。

⭐ **活动难点：**

初步了解中国地图上有不同的省和直辖市。

⭐ **活动准备：**

1. 经验准备：知道自己家乡所在的省份。
2. 物质准备：一张《中国地图》、《中国地图》拼图（每人一份）、小旗子若干。

⭐ **活动过程：**

（一）谜语导入，引出地图

教师通过猜谜语游戏导入，激发幼儿对地图的探究兴趣。

师：我请小朋友们猜一个谜语。有城没有街和房，有山没有峰和岗，有河没有水和鱼，有路不见车来往。打一个物品。

师：谜底是地图。

（二）认识《中国地图》

教师出示《中国地图》，引导幼儿细致观察，了解地图上不同的颜色及形状所代表的意义。

师：地图有什么用呢（图2-54）？

师：地图上，这些不同颜色的小块儿代表什么呢？

师：它的形状像什么？是什么颜色的？

师：应该怎么看地图呢？

小结：中国的地图长得像一只雄赳赳、气昂昂的大公鸡。平时外出时，我们可以通过查看地图去我们想去的地方。地图是将真实地面的大小和位置，用科学的方法缩小，并画在纸上的图。通过地图，我们能看到一个很大的地方是什么样子的，都有什么，可以怎么到达那里。通过《中国地图》，我们能看到整个中国的样子。看地图时，首先要明确地图的方向。

**（三）找找我的家乡**

教师带领幼儿在地图上探索自己的家乡，了解地图上自己家乡的具体位置。

师：你的家乡在哪里？在地图上找一找你的家乡（图 2-55）。

图 2-54                                    图 2-55

师：你家乡所在的省份或直辖市是什么形状的？

师：找一找，它的邻居都有谁？

小结：我们的家乡都有它独特的形状，不同的省份或直辖市有不同的形状。北京像嘟着嘴的大猩猩，山西省像一个菱形，黑龙江省像一只小恐龙。北京的邻居是河北省和天津市。

**（四）拼图游戏**

1. 教师和幼儿一起拼《中国地图》。教师说出一个省的名称，幼儿找到相应的省，拼出地图。

2. 幼儿自由分组，进行拼图游戏。拼完后，找到自己的家乡，在那里插上一面小旗子。

小结：我们的祖国非常大。我们的家乡在不同的省、直辖市。每个人的家乡都有着独特的美景。有机会，我们一定要走遍祖国的山河湖海，领略不同的风景！

⭐ **活动延伸：**

教师鼓励幼儿回家后，和家人一起认识《中国地图》，玩拼地图的游戏。

⭐ **活动反思：**

教师通过猜谜语引起幼儿对地图的兴趣。在活动中，教师出示了一张《中国地图》，引导幼儿在上面寻找自己家乡的位置，激发他们想要介绍自己家乡的热情和欲望。教师通过玩拼地图的游戏，引导幼儿寻找自己家乡所在的位置，找到后在那里插上一面小旗子，借此激发孩子们对祖国、对家乡的热爱之情，增强他们的学习与探究兴趣。

## 活动二　听我说家乡（中班）
### 教师：刘小翠

⭐ **活动目标：**

1. 了解自己家乡的建筑、饮食、文化。
2. 利用语言、肢体动作的方式大胆地介绍自己的家乡。
3. 热爱自己的家乡，愿意向同伴介绍自己的家乡。

⭐ **活动重点：**

了解、熟悉并能介绍自己的家乡。

⭐ **活动难点：**

能用流利、连贯的语言讲述自己家乡的特点。

⭐ **活动准备：**

1. 经验准备：幼儿初步了解自己家乡的特点，活动前做过有关家乡的调查问卷。
2. 物质准备：PPT课件《我的家乡》（包括北京天安门图片、新疆羊肉串图片、上海东方明珠广播电视塔图片）、介绍人奖章五枚、麦克风、图片（包括阳澄湖大闸蟹、上海东方明珠广播电视塔、河南少林寺、兰州拉面等）。

⭐ **活动过程：**

**（一）调查问卷，了解家乡**

教师通过提问调查问卷的方式引发幼儿回忆自己的家乡。

师：小朋友们在上周的调查问卷中发现了自己家乡的哪些建筑、文化、饮食？

师：你的家乡有什么好玩的、好吃的？

幼：我的家乡有高高的鼓楼。

幼：我的家乡有糖葫芦，吃起来甜甜的。

幼：我的家乡有板面，软软的，里面还有蔬菜。

**（二）借助天安门图片，鼓励幼儿积极表达**

1. 教师播放 PPT 课件《我的家乡》，出示北京天安门的图片，鼓励幼儿积极表达。

师：这张图片是哪里？这里有什么？

小结：这张图片是咱们北京的天安门。图片上有天安门城楼，还有毛主席像。北京是中国的首都。

2. 教师出示上海东方明珠广播电视塔图片（图 2-56）。

师：这张图是哪里？这是谁的家乡？

小结：这里是月月的家乡，图片上有高高的电视塔。人们可以乘坐观光电梯，到达电视塔的顶端，站在那里可以观看周围的风景。

3. 教师出示新疆羊肉串图片（图 2-57）。

图 2-56                         图 2-57

师：这张图片里的美食是什么？这是什么地方的特色美食？

小结：这是羊肉串，是新疆最有名、最好吃的特色美食。

**（三）分组讨论**

1. 幼儿自由分组并讨论自己的家乡和个人喜好。

师：你的家乡和你现在生活的地方有什么不同？

幼：我的家乡房子很低，这里有很多的高楼。

幼：我的家乡有羊和鸡，这里没有。

师：你在自己的家乡最喜欢做什么事情？

幼：我喜欢喂小动物。

幼：我喜欢和姥姥一起拔菜。

幼：我喜欢玩沙子。

2. 幼儿分组，向同伴介绍自己的家乡。

师：每个组的桌面上有很多小朋友们家乡的图片。小朋友们可以向同伴介绍自己的家乡。

**(四) 每组代表介绍家乡**

每组幼儿选出一名代表，到前面向大家介绍自己的家乡。

师：哪组的小朋友先来介绍自己的家乡？你的家乡在哪里？

幼：我的家乡是云南，那里有很多的花，每天都能看到各种各样的花。

幼：我的家乡在河北，那里有狼牙山。

幼：我的家乡在内蒙，那里有大大的草原，还有很多牛和羊。

小结：今天，我们了解了自己的家乡，发现每个小朋友的家乡都不一样，有的有著名的建筑，有的有很多的美食。小朋友们也向同伴介绍了自己的家乡。

⭐ **活动延伸：**

语言区：将有关家乡的图片投放到语言区，引导幼儿根据图片内容自由讲述。

⭐ **活动反思：**

本次活动的目标是激发幼儿想要了解自己家乡的意愿。《指南》中的目标要求幼儿"能说出自己家所在地的省、市、县（区）名称，知道当地有代表性的物产或景观"。因此，在活动的开始部分，教师通过提问调查问卷的方式引发幼儿对家乡的回忆，让幼儿轻松、主动地说出自己之前调查的内容，鼓励幼儿大声表达，利用图片启发幼儿讲述自己家乡的文化、建筑、美食等。之后，教师根据幼儿的年龄特点，为幼儿提供分组尝试表达的机会，引导幼儿选择自己家乡的图片，向小组的其他成员介绍，再通过组内评比的方式选出每组的代表，最后，由小组代表向全班幼儿介绍自己的家乡。本次活动让幼儿萌发了对家乡的喜爱之情，他们能根据图片内容大胆地讲述自己的家乡，为自己的家乡感到自豪。

## 活动三 舌尖上的家乡美食（中班）

### 教师：郑 植

⭐ **活动目标：**

1. 了解家乡美食，萌发爱家乡的情感。

2. 知道家乡有丰富的美食，为自己的家乡感到自豪。

3. 能展开丰富的想象力，大胆、自信地向同伴介绍自己的家乡美食。

⭐ **活动重点：**

了解家乡美食，能大胆地向同伴介绍自己家乡的美食。

⭐ **活动难点：**

了解不同地方的特色美食。

⭐ **活动准备：**

1. 经验准备：幼儿了解自己家乡的特色美食及美食背后的故事。

2. 物质准备：PPT 课件《家乡美食》（包括北京烤鸭、天津煎饼果子、河南烩面、四川火锅、南京鸭血粉丝汤、云南过桥米线、山西臊子面、上海生煎包、东北乱炖等美食图片）。

⭐ **活动过程：**

**（一）情景导入，评选"小导游"**

师：小朋友们，有一名外国的小朋友听说中国是一个拥有许多美食的国家。下周，他要带着自己的父母来中国旅行，需要咱们班的小朋友们来当小导游，介绍咱们中国的美食，你们愿意吗？

**（二）提问引出家乡美食**

教师通过提问幼儿，引导幼儿讲述自己吃过的家乡美食。

师：你吃过哪些家乡美食呢？

师：家乡美食是什么味道的？

师：你在哪里吃到的美食？

小结：小朋友们的家乡美食有酸有甜，有咸有辣，味道各不相同。

**（三）介绍家乡美食**

1. 教师出示 PPT 课件《家乡美食》中的图片，让幼儿介绍自己的家乡美食。

师：图片上的美食是什么？你吃过吗？它是什么味道的？是你家乡的美食吗？

幼：这是北京烤鸭，是我的家乡——北京的美食。它吃起来香香的，鸭皮又酥又脆，鸭肉鲜嫩，有一种果木烤制的香味。将鸭肉蘸上甜面酱，和葱丝、黄瓜条一起，卷在鸭饼里吃，很好吃（图 2 - 58）。

幼：这是煎饼果子，是我的家乡——天津的美食。它吃起来香香的，煎饼皮有鸡蛋的香味儿，中间夹着果子，酥酥脆脆的，还有脆脆的萝卜干，中间刷了一层咸咸香香的酱料，撒上了黑芝麻、葱花和香菜，好吃极了！

2. 幼儿介绍自己吃过的家乡美食。

幼：我的老家在上海，我吃过那里的生煎包。生煎包皮儿薄、馅儿大，下面煎得脆脆的，像锅巴一样好吃，上面还撒了一层葱花和芝麻，香喷喷的，咬一口，还有汤汁流出来，特别好吃（图2-59）！

图2-58                          图2-59

3. 介绍家乡美食背后的故事。

幼：我老家的美食是南京鸭血粉丝汤。传说以前有个穷人，在宰鸭子的时候，想用碗接住鸭血，但是一不小心把粉丝掉进碗里，弄脏了。没办法，他只好把鸭血和粉丝一起煮了，煮好后的汤香气四溢，格外好吃，引来了许多人的围观和品尝。当地一位有钱人也听说了这件事，就把穷人请到家里当厨师，专门制作鸭血粉丝汤。后来，这道鸭血粉丝汤便流传开来。

小结：小朋友们的家乡有这么多美食，并且每个人的家乡美食都不一样。我们要为自己家乡拥有这么多美食而感到自豪。

（四）游戏"我是小导游"

教师先带领幼儿熟悉小导游的介绍语，然后通过PPT大转盘的形式点名，点到名的幼儿跟着教师说出小导游的介绍语。

小导游：美丽的××是我的家乡。远方的朋友，请你来做客，我来当你的小导游，带你吃遍家乡的美食。

所有幼儿：家乡的美食有什么？

小导游：带你们去吃×××。

所有幼儿：不错，不错，真不错！

小结：每个人的家乡美食都很独特，希望每个小朋友都有机会尝一尝不同地方的特色美食！

★ **活动延伸：**

家园共育：幼儿回家后，和爸爸、妈妈一起研究并制作一道家乡美食，共同品尝美味。

★ **活动反思：**

本次活动运用了评选"小导游"的方式进行导入，激发了幼儿对活动的兴趣。在活动前，教师让幼儿收集了关于自己家乡的美食信息。在活动中，幼儿能根据教师提供的美食图片认出是自己家乡的特色美食，并且大胆地向同伴介绍自己的家乡美食，让幼儿对自己家乡拥有特色美食而感到自豪。在活动结束环节，教师引导幼儿以"小导游"的身份说出介绍语，再次介绍家乡美食，与活动导入部分相呼应。通过本次活动，幼儿不仅了解了自己家乡都有哪些美食，而且经过不同幼儿的介绍，也了解了中国其他地区的特色美食，激发了幼儿对自己家乡的喜爱之情，也引起了他们对其他地区美食的兴趣。

## 活动四　童眼看首都（大班）
### 教师：周　玮

### ★ 活动目标：

1. 了解北京的名胜古迹。
2. 能根据图片内容，大胆地说出名胜古迹的名称。
3. 了解北京名胜古迹的特征，萌发热爱家乡的美好情感。

### ★ 活动重点：

通过活动了解北京的名胜古迹，能在同伴面前大胆地说出名胜古迹的名称。

### ★ 活动难点：

通过了解北京悠久的历史及名胜古迹，萌发爱家乡的美好情感。

### ★ 活动准备：

1. 经验准备：幼儿与家人去过一些北京的名胜古迹，对部分景点有所了解。
2. 物质准备：PPT课件《北京的名胜古迹》（包括北京的名胜古迹图片、幼儿与家人在名胜古迹前的合影）；大鼓，花朵，关于北京名胜古迹的拼图六份（分别是故宫博物院、颐和园、八达岭长城、天坛公园、北海公园、十三陵）。

### ★ 活动过程：

**(一) 分组拼图，激发兴趣**

幼儿自愿分为六组，每组一份北京名胜古迹的拼图，每组幼儿为同一个名胜古迹的拼图。

**(二) 拼图是哪里**

师：请每组的小朋友分别说一说，拼图上的图案是哪里？这个地方叫什么？你们去过这个地方吗？

幼：这是长城，是八达岭长城，我和爸爸、妈妈一起去过。

小结：小朋友们，每组的拼图都是不一样的，有故宫博物院、颐和园、八达岭长城、天坛公园、北海公园、十三陵这六张拼图。这六个地方都是北京的名胜古迹，它们历史悠久，风景优美，有着丰富的文化底蕴。

**（三）介绍名胜古迹**

教师出示 PPT 课件《北京的名胜古迹》，引导幼儿介绍自己知道的名胜古迹。

师：你知道北京有哪些名胜古迹吗？你去过哪里（图 2 - 60）？

图 2 - 60

幼：我去过长城，是跟爸爸、妈妈一起去的。长城很高、很长，我们爬了很长时间。

幼：我去过颐和园，去颐和园划船了。

小结：这些名胜古迹都是我国历史悠久的人文建筑和历史建筑。我国地域辽阔，在祖国的各个城市或地区，或者大河、山川，都有名胜古迹，记载了当地的历史文化。

**（四）游戏"击鼓传花"**

1. 游戏玩法：全班幼儿坐成一圈，听鼓声，传递手中的花。当鼓声停止时，花落在谁的手里，就由谁抽取一张名胜古迹的图片，并说一说这是什么地方、是什么名胜古迹。

2. 配班教师背对着全班幼儿，开始敲鼓。全班幼儿围坐一圈，将花按照顺时针的方向进行传递。当鼓声停止时，花落在某一幼儿的手里，由其到主班教师那里抽取一张名胜古迹的图片，并大声地说出名胜古迹所在地区和相应的名称，如抽到长城的图片，则大声说出"北京，长城"。

**（五）如何保护名胜古迹**

师：名胜古迹是我们国家的历史文物，非常宝贵。我们应该怎样保护名胜古迹呢？

幼：不在建筑上乱涂、乱画。

幼：为了能让一些文物保存的时间长一些，不能对着文物拍照。

幼：拍照时不能用闪光灯。

幼：在游览名胜古迹时，不乱扔垃圾。

幼：要听从工作人员的安排，有些地方不让带水和食物进入，不能摸，只能看看。

幼：不随便爬上、爬下。

小结：刚才，大家说得都特别好！小朋友们要爱护文物，不乱涂、乱画，不乱扔垃圾，听从工作人员的安排，遵循参观要求和行走路线，不随意攀爬古建筑。因为名胜古迹有着悠久的历史，蕴含着浓厚的中国传统思想和文化内涵，所以我们要爱护文物，让它们保存得更久远，让更多的人看到它。

## ★ 活动延伸：

家园共育：

1. 爸爸、妈妈可以利用空闲时间，带领幼儿一起参观没有去过的北京名胜古迹。

2. 了解爸爸、妈妈的老家有没有其他的名胜古迹，可以通过网络搜索进行了解或利用假期去实地考察。

## ★ 活动反思：

本次活动的导入环节，教师引导幼儿分组进行拼图，激发幼儿兴趣并了解了故宫博物院、颐和园、八达岭长城、天坛公园、北海公园、十三陵六处北京的名胜古迹。幼儿通过细致观察名胜古迹，加深了对北京名胜古迹的了解。整个活动以观察图片的形式贯穿始终，让幼儿直观地了解了北京名胜古迹的风景。教师通过"击鼓传花"的游戏引导幼儿参与活动，并能在同伴面前大胆地说出名胜古迹所在地区及相应的名称。活动结束环节，教师通过提问"如何保护名胜古迹"，引导幼儿积极回答，懂得遵守参观名胜古迹时的行为规范。本次活动中的不足之处在于幼儿的分享环节，大部分幼儿还需要教师的提示和指导，才能进一步表达自己的看法。

## 活动五 京剧脸谱（大班）
### 教师：张晨丽

## ★ 活动目标：

1. 通过欣赏各种各样的京剧脸谱，了解京剧脸谱色彩鲜艳、形象夸张的特点。

2. 知道京剧脸谱的图案是对称的，初步尝试绘制京剧脸谱。

3. 感受中国京剧戏曲的魅力，愿意了解京剧，热爱中国传统艺术和文化。

⭐ **活动重点：**

通过欣赏各种各样的京剧脸谱，了解京剧脸谱色彩鲜艳、形象夸张的特点。

⭐ **活动难点：**

能够在了解京剧脸谱特点的基础上，绘制出色彩鲜艳、形象夸张、左右对称的京剧脸谱。

⭐ **活动准备：**

1. 经验准备：幼儿认识且初步了解京剧脸谱。

2. 物质准备：京剧《穆桂英挂帅》视频片段、《京剧脸谱》多媒体课件、空白脸谱、水彩笔等。

⭐ **活动过程：**

**（一）看京剧视频片段，激发幼儿兴趣**

教师播放京剧《穆桂英挂帅》视频片段，引导幼儿认真听一听、看一看、学一学。

师：小朋友们听一听，这是什么曲子？你听过这样的曲子吗？舞台上的演员在干什么？他做了什么动作？我们一起来学一学吧（图 2 - 61、图 2 - 62）！

图 2 - 61　　　　　　　　　　　　　　图 2 - 62

小结：这就是京剧。京剧是我们中国的传统艺术，是我们的国粹，和国宝大熊猫一样珍贵。

### (二)欣赏脸谱，发现特点

教师出示多媒体课件《京剧脸谱》中的图片，引导幼儿认真观察京剧脸谱，鼓励幼儿大胆表达自己的发现。

师：京剧演员的脸是什么样子的？这种五颜六色的脸，我们把它叫作"脸谱"。你喜欢哪个京剧脸谱？它是什么样子的？上面有什么图案？是什么颜色的？

师：请你们仔细看一看，脸谱左右两边的图案是怎样的？一样还是不一样？想象一下，如果把脸谱竖着从中间对折，会怎样？

师：脸谱上的五官是什么样子的？和我们的五官一样吗？为什么要把五官画成这样？

小结：通过观察，我们发现脸谱色彩鲜艳，主要有红色、黑色、白色、黄色和蓝色，还有金色和银色。红色代表忠诚；黑色代表性格刚直；白色代表坏人；蓝色代表勇士；金色和银色代表神话里的人物。脸谱左边和右边的图案是一样的，是以鼻子为中心线，左右对称的。脸谱的眉毛、眼睛、鼻子画得这么粗大、夸张，是为了让观众能清楚地看到台上的人物是谁。

### (三)绘制脸谱

教师给每个幼儿发一张空白的脸谱，引导幼儿初步尝试设计、绘制京剧脸谱。教师巡回观察并进行个别指导，重点引导幼儿大胆运用色彩和线条，设计出图案对称、形象夸张的脸谱。

### (四)分享与交流

教师鼓励幼儿向同伴介绍自己设计的脸谱，引导幼儿重点说一说脸谱的图案、颜色和含义，以及脸谱的特点。

小结：今天，小朋友们通过欣赏各种各样的京剧脸谱，了解了京剧脸谱图案对称、颜色鲜艳、五官夸张的特点，还自己设计了好看的脸谱。有的小朋友在设计的时候，表现出了脸谱的特点。有的小朋友在介绍的时候，讲述得非常清晰、有条理。我们可以拿着自己绘制的脸谱，在表演区和同伴一起进行京剧表演。

### ★ 活动延伸：

表演区：幼儿在表演区利用自制京剧脸谱与同伴一起游戏。

### ★ 活动反思：

本次活动中，幼儿通过欣赏各种各样的京剧脸谱丰富了相关经验，了解了京剧脸谱图案对称、颜色鲜艳、五官夸张的特点。在此基础上，幼儿初步尝试绘制京剧脸谱，基本达成教学目标。只是由于幼儿此次是初步尝试绘制脸谱，在表现脸谱特点方面还有欠缺，有较大的提升空间。教师将相关材料投放到美工区，鼓励幼儿利用区域游戏环节继续绘制脸谱，引导幼儿表现其特点，使幼儿的新经验在巩固中不断提升。

## 活动六　《北京：中轴线上的城市》（大班）

### 教师：孟思源

⭐ **活动目标：**

1. 通过阅读绘本故事《北京：中轴线上的城市》，知道北京城中轴线的意义。

2. 能说出北京中轴线上的古建筑名称。

3. 通过欣赏北京中轴线上的古建筑，增强对北京的喜爱之情。

⭐ **活动重点：**

理解故事内容，感受北京中轴线上古建筑的美好。

⭐ **活动难点：**

通过故事讲述，能说出图片里古建筑的名称。

⭐ **活动准备：**

1. 经验准备：幼儿知道自己生活的城市是北京。

2. 物质准备：PPT 课件及绘本故事《北京：中轴线上的城市》。

⭐ **活动过程：**

（一）认识北京城的中轴线

教师播放 PPT 课件《北京：中轴线上的城市》，出示图片"北京中轴线上的古建筑"，激发幼儿参与活动的兴趣。

师：小朋友们，什么是北京城的中轴线？

小结：北京的中轴线是北京自元大都、明清两朝作为京城以来，贯穿北京城南北的一条中轴线，它将北京城的建筑分为东西两部分。

（二）第一遍讲述故事，了解中轴线

教师初次讲述绘本故事《北京：中轴线上的城市》，引导幼儿了解故事内容。

师：请你们看一看，北京中轴线的两边都有什么？这是什么建筑？

小结：中轴线贯穿北京城的南北，北京城有很多建筑都位于这条中轴线上，永定门、棋盘街、前门箭楼、天安门、午门、太和殿、景山等都在这条中轴线上。

### （三）第二遍讲述故事，了解中轴线上的建筑

教师再次完整讲述故事，引导幼儿说出中轴线上的建筑。

师：北京的中轴线上有很多的建筑，具体都有哪些建筑呢？让我们一起来看一看吧！

师：这是哪里？我们先到了什么地方？它是中轴线的起点。

师：这是永定门，是北京城的南大门，也是中轴线的起点。

师：前面好热闹啊！你们知道到哪里了吗？他们穿的衣服和我们现在穿的衣服有什么不一样？他们都在干什么？棋盘街又是哪里？皇城南大门在哪儿？

师：这幅画中的人穿着清朝的服饰，他们在正阳门前欢度春节。当时的正阳门是老北京城最热闹的地方。正阳门内是内城，再往北有一条街，因为形状很像棋盘，因此，叫"棋盘街"。棋盘街就是现在的天安门广场，它的北边是大清门和千步廊。大清门就是现在毛主席纪念堂的位置，天安门广场的中间是"御路"，是一条只有皇帝、皇后才能走的通道。天安门是明、清两代的重要建筑，位于外金水桥的北侧。

师：画面上展现的是什么门呢？门的两边是什么？

师：这是端门，在它的两侧是太庙和社稷坛。太庙是用来祭祖的，现在的太庙在劳动人民文化宫内。还有社稷坛，是祭祀土地、五谷的，社稷坛在中山公园内。

师：紫禁城的正门叫什么？是干什么用的？

师：过了端门是紫禁城的正门，是一个"凹"字形的午门，是古代举行重要典礼、仪式的场所。

师：老北京中轴线上的中心建筑在哪里？

师：跨过内金水桥，走过太和门，就看见三大殿了。它们庄严恢弘、红墙黄瓦。这里是皇帝登殿、主持朝政的外朝中心，位于北京中轴线的中心——故宫。北京故宫是中国明、清两代的皇家宫殿，以前叫作"紫禁城"，是世界上现存规模最大、保存最为完整的木质结构古建筑群之一。

师：故宫给你留下了怎样的印象？让你印象最深刻的地方是哪里？

师：请你说一说，北京的中轴线上都有哪些建筑？起点是哪里？哪里是北京城最热闹的地方？这张图片上的建筑在哪里？

### （四）第三遍讲述故事

师：说一说你眼中的北京，你还知道北京有哪些建筑？

师：听了这个绘本故事，你有什么感受？你的心情是怎样的？

小结：北京作为中国的首都，它的历史、文化建筑令人叹为观止。今天，我们一起了解了北京中轴线上的建筑。我们先是到了永定门，中轴线之旅就开始啦！然后是正阳门，那里的人们在欢度春节，非常热闹，还有棋盘街，接下来是天安门，然后是北京城中轴线上的中心建筑——故宫，红砖黄瓦，是世界上现存规模最大、保存最为完整的木质结构古建筑群之一。我们一起欣赏了中轴线周围的古建筑，感受到了北京古建筑的历史风光和魅力。

⭐ **活动延伸：**

家园共育：家长可以利用周末或节假日，带领幼儿感受北京中轴线上的古建筑。

⭐ **活动反思：**

本次活动，教师从幼儿的兴趣出发，运用绘本故事图片展示及提问引导的方式，让幼儿了解了北京城中轴线上的建筑，欣赏了北京古建筑的风光和特色，并能大胆地说出中轴线上的建筑名称，增强了幼儿对北京的喜爱之情。

# 第五节　我是人大娃

　　人生百年，立于幼学。幼儿期是人一生发展的奠基阶段。作为幼儿教师，我们应为幼儿的发展培根铸魂。从幼儿心理发展的特点来看，幼儿的爱总是始于家庭，推及朋友，再扩大到一乡、一市、一省、一国……

　　人大幼儿园是中国人民大学基础教育体系的重要组成部分，传承、发扬着"人民、人文、人本"的办学理念与精神。在教育、教学活动中，我们遵从"人仁"的园本文化，尊重幼儿的年龄特点和个体差异，通过丰富且有层次性的活动设计，塑造幼儿健全的人格。我们坚信，人大幼儿园的孩子是热爱生活、懂得感恩、与人为善、明礼诚信的，更是社会主义核心价值观的小小践行者。

　　对幼儿而言，家是孩子们最熟悉、最亲切、最温暖的地方。我们致力于营造一个温馨、和谐的精神氛围，让人大幼儿园成为每个孩子的"家"。在丰富多彩的活动中，让幼儿形成对幼儿园的美好印象，激发他们对身边群体的认同感和归属感。我们深知，教育的根本目的是促进人的发展。在所有活动设计中，我们坚持以幼儿为活动主体，引导幼儿在活动中获得能力的发展，养成良好的生活、学习、行为习惯。

　★　**园级活动**

### 活动一　我眼中的人大

　　中国人民大学是我们党创办的第一所新型正规大学，在我国人文社会科学领域独树一帜。在中国人民大学校内，有着孩子们感到神秘又亲切的"校史馆"。校史馆里有校史介绍，还有定期的主题展览（图 2 - 63）。比如，"始终奋进在时代前列"80 周年校庆主题展览，它着力展现了党办高等教育的红色传统，以丰富、详实的图片和文字资料为基础，配合大量实物展品，系统地再现了中国人民大学从陕北公学的星星之火、到华北联合大学的抗战之剑、到华北大学的数校之母、再到现如今成为人文社会科学领域一面旗帜的综合性大学的发展过程，展现了中国人民大学的主要建设成果，以及与党和国家、与中华民族同呼吸、共命运、始终奋进在时代前列的历史与成就。中国人民大学从战火中走来，在发展中前进。幼儿园组织党员同志和新入职教职工认真地参观了校史馆，通过讲解员绘声绘色的讲解，回顾了中国人民大学的峥嵘岁月，重温了陕北公学、华北联合大学、华北大学、中国人民大学四个不同时期的发展历程，学习了老一辈杰出学者的先进事迹。

图 2 - 63                          图 2 - 64

　　幼儿园通过组织幼儿及教师参观校史馆（图 2 - 64），加深了他们对中国人民大学历史文化的了解，增强了归属感、使命感和责任感，更深入地领会了"人民、人本、人文"的文化内涵。全体教师将继续不忘初心、牢记使命，传承人大精神，以饱满的精神状态坚守岗位、爱国爱园、立足工作、团结奋进、继往开来，在习近平新时代中国特色社会主义道路上阔步前进。

## 活动二　听爸爸、妈妈讲人大

　　幼儿园会定期组织家长们开展介绍人大的历史与文化活动。比如，2022 年 8 月，幼儿园邀请大二班旗旗小朋友的妈妈对"实事求是"的校训进行介绍。

　　家长通过分享中国人民大学的小故事，让孩子们了解到"实事求是"这个词是古为今用的一个典型词语，可以理解为在客观事物中追求真理。简单地说，就是我们要追求事实本来的面貌，对的就是对的，错的就是错的，我们不能把对的说成是错的，也不能把错的说成是对的。在我们成长、成才的过程中，必须坚持"实事求是"的原则，以"脚踏实地"的精神学习和生活，做真理的朋友。

## 活动三　园史大家看

　　幼儿作为小导游，向来园教师或家长们介绍人大幼儿园的历史，讲述幼儿园的发展历程和值得回味的教育故事。

　　教师创设了"师幼会客厅"，请老教师、已经毕业的小朋友们来到幼儿园，讲一讲当年的幼儿园是什么样子的。说一说跟现在的幼儿园有什么不同，幼儿园大班的小朋友给老教师讲讲我们的幼儿园（图 2 - 65）。

幼儿园的大多数小朋友很难对幼儿园的历史有深刻的感受。为此，我们邀请孩子们参观园史展览，一起看一看老照片，了解和回味过去的故事。

　　孩子们在教师的带领下，参观建园 70 年的文化墙（图 2 - 66），展览以"积淀传承——走过七十年冬""绽放新芽——走过七十年春""勤勉耕耘——走过七十年夏""硕果流金——走过七十年秋"为主题，通过生动、形象的画面，清晰地展现了我们在办园历史中踔厉奋发、艰苦奋斗的历程，让孩子们在体会和感悟中加深了对幼儿园的了解。

图 2 - 65　　　　　　　　　　　　　　图 2 - 66

　　孩子们认真地看完了四面文化墙，对幼儿园的历史有了一定的了解，好奇的他们纷纷议论起来。有的小朋友惊奇地叫道："哇，以前幼儿园的小朋友是这样刷牙的呀！"有的小朋友得意地说："以前的小朋友都没有滑梯和攀登架。我们现在的玩具真多啊！"

　　为了加深孩子们对园史的了解，我们还特意邀请老教师走进班级（图 2 - 67），让孩子们在与老教师的交流中感受幼儿园的历史发展。

图 2 - 67

　　活动后，孩子们纷纷拿起画笔，表达了自己对幼儿园历史的感悟。一幅幅色彩斑斓的美丽图画描绘出多面的人大幼儿园。孩子们敏锐的感受力和非凡的创造力，让我们深刻地感受到幼儿园历史的积淀与传承。

## 活动四　幼儿园的味道

每个人大幼儿园的孩子，在园三年时间里，大约要在幼儿园吃两千多餐。这两千多餐的背后，是由一个庞大的食谱库在支撑。而这个食谱库又是由1947年建园至今点滴积累起来的，是许多代人在平凡岗位上耕耘的结果。

"四方食事，不过一碗人间烟火。"幼儿在味蕾初开之时，遇到了人大幼儿园的美味食物，这里不仅有简单的白米粥、肉龙、番茄菜花等，还有制作工艺较为复杂的蛋糕、披萨、蛋挞等。幼儿园在园级美食活动设计中，注重激发幼儿积极的情绪体验，适时调整材料的支持，关注重要的时间节点，分别开展了清明（图2-68）、中秋等特色美食的主题活动。

图2-68

## 活动五　我是小主人

在幼儿园里，教师重视幼儿的情绪、情感体验，让幼儿做值日生、小帮手、播报员，为幼儿提供主动、积极地为集体做事的机会。除了营造良好的互动环境外，在幼儿为他人、为集体提供服务后，教师还对其表示感谢与评价，借此加深幼儿的自我认同感。教师还会监督和接纳幼儿的意见，让他们感到自己对班级发展的贡献作用，促进幼儿担当意识、责任意识的形成与建立。只有发自内心的感谢，才能加强幼儿为他人、为集体提供服务的成就感和幸福感，让幼儿体会到自我的价值感。教师在教育幼儿的过程中，为幼儿自我价值感的发展提供了积极的共情回应。

在教育、教学活动中，教师增加了游戏环节、生活迁移等小活动，让幼儿时时刻刻体会被关注的情绪、情感。教师把教育、教学活动迁移到实践中，让幼儿对为他人、为集体做事有了更加深刻的理解。从幼儿的言谈中，教师可以听到"我自己来""我还可以做得更好"这样的语言表达。教师在促进幼儿情绪、情感发展的同时，也会关注幼儿能否用正确的方式表达自己的情感，为他们提供宽松、愉快的教育氛围和环境。

每个班级都有一个幼儿宣泄和表达情绪的空间，叫作"共情角"。在共情角里，幼儿是主人。这个环境处于相对僻静的、温馨的、舒适的地方，能让幼儿把自己的情绪、情感释放出来，让自己激动的心情平复下来，让自己无法控制的情绪爆发出来。

教师每天面对幼儿多说一些"请""谢谢你""需要帮助吗""你某一点做得很棒""我们彼此关爱"等，使用这些正向的语言跟幼儿交流，会取得意想不到的好效果。幼儿在感同身受后，会用正确的语言心平气和地与朋友沟通"你能借我玩玩吗""我们再想个办法吧""这样做，你同意吗"，幼儿在教师的精心引导下，掌握了与朋友交往的第一步——心平气和的沟通。每个孩子都能在良好的师幼互动氛围中，找到自己的闪光点，真正成为幼儿园的小主人。

### 活动六　唱响园歌

时值人大幼儿园 70 周年园庆之际，幼儿园组织了系列园庆关键元素的设计活动，邀请幼儿、教师、家长参与园庆关键元素设计活动，如制作纪念徽章、吉祥物等。孩子们提到特别想把幼儿园唱进歌里，拥有一首属于我们自己的幼儿园之歌——《点亮梦想》（图 2 - 69）。

图 2 - 69

人大幼儿园的园歌应该是什么样子的？漫步在幼儿园里细细观察，每一面墙、每一道门、每一扇窗，甚至每一个角落的布置，都仿佛施过魔法一般，具有十足的童心与童趣。孩子们为此展开了激烈的讨论——歌曲应该有童心。已经毕业的孩子们也来参与，他们想到的是幼儿园最初的模样，"我们的家园"这句歌词应运而生。孩子们提出，一想到人大幼儿园，就联想到"人"这个核心词，人大幼儿园的歌曲应该与"人"密切相关。经过讨论，人大幼儿园园歌慢慢地初具雏形。

## ★ 班级活动

### 活动一 爱园活动（小班）
教师：朱 莉

#### ★ 活动目标：

1. 知道自己是幼儿园的一分子，愿意为幼儿园服务。
2. 学习拧抹布的基本方法。
3. 乐于为集体服务，萌发为幼儿园做事的自豪感。

#### ★ 活动重点：

知道自己是幼儿园的一分子，愿意为幼儿园服务。

#### ★ 活动难点：

乐于为集体服务，学习拧抹布的基本方法。

#### ★ 活动准备：

1. 经验准备：幼儿有清洁、打扫的劳动经验。
2. 物质准备：中、大班幼儿劳动视频，抹布，水，盆，户外玩具。

#### ★ 活动过程：

**（一）榜样的力量**
教师播放中、大班幼儿劳动视频，导入活动主题。
师：刚才，小朋友们在视频里看到哥哥、姐姐们在做什么呀？
幼：他们在打扫卫生、擦玩具。
师：他们在擦哪里的玩具？
幼：在擦我们幼儿园操场上的玩具。

师：为什么要擦操场上的玩具呢？

幼：因为玩具都脏了，我们要爱护玩具。

### (二) 激发幼儿爱园的热情

教师跟幼儿继续讨论，激发幼儿爱园的情感。

师：视频里的哥哥、姐姐们都在为幼儿园服务。为什么要为幼儿园服务呢？

幼：因为这是我们自己的幼儿园。

师：对，这是我们自己的幼儿园。小朋友们是幼儿园的小主人，要爱我们的幼儿园，就像爱我们的家一样。玩具脏了，也要擦干净。

### (三) 爱园，我可以做什么

师：小朋友们做什么，才能表达自己对幼儿园的爱呢？

幼：我们可以向哥哥、姐姐学习，擦玩具。

师：除了可以擦玩具，还可以做什么呢？

幼：不要破坏幼儿园的玩具。

师：小朋友们说得对。我们要爱护玩具。玩具脏了，要把它擦干净。怎么擦，才能把玩具擦干净呢？

幼：要用抹布擦，才能擦干净。

师：用什么样的抹布擦呢？

教师拿出两块抹布，一块抹布是干的，一块是湿的，引导幼儿尝试一下，分别用两块抹布擦桌面。幼儿经过尝试，大多数幼儿都会说"抹布必须是湿的，才可以"。

### (四) 学习拧抹布的方法

师：小朋友们都知道要用湿抹布擦，才能擦干净。如果抹布放进水里，直接拿出来，可以擦吗？为什么？

幼：不能，要将抹布拧干才行。不然，水会弄得到处都是。

师：怎样才能拧干抹布上的水呢？

幼：要用很大的力气才行。

师：除了要用力，还应该注意什么？

教师示范如何拧干抹布，请幼儿观察。

师：说一说，你看到拧抹布时，两只手是怎么做的？

幼：我看到两只手一个向前拧、一个向后拧，方向是不一样的。

师：对了，我们在拧抹布的过程中，不仅要用力，两只手还要配合好，一只手往前拧，一只手往后拧，一起拧才行。

教师出示水盆和抹布，引导幼儿进行尝试和练习。

### (五) 爱园活动进行时

师：今天，大班的哥哥、姐姐们想要带着我们一起走出班级，为幼儿园服务。我们出去之前，要准备什么呢？

幼：要带着抹布、水盆。

师：对了，我们要准备好劳动工具，把我们幼儿园的玩具都擦得干干净净的。

在教师的带领下，幼儿每人拿着一块抹布，来到操场上，开始劳动了。

师：小朋友们都是怎么做的呢？

师：大班的哥哥、姐姐们会指导你们怎样把玩具擦干净（图2-70）。

师：小朋友要先将抹布放进水里，浸湿，再拿出来拧干，用湿抹布擦玩具（图2-71）。

图2-70

图2-71

### （六）分享与交流劳动感受

活动结束后，教师引导幼儿分享与交流劳动感受。

师：小朋友们在今天的活动中有什么感受？

幼：我觉得特别开心！

师：为什么开心呢？

幼：因为我把玩具都擦干净了，幼儿园变得更加漂亮了。

小结：小朋友们通过劳动把幼儿园的玩具擦得干干净净的。看到干净、整洁的玩具，我们也会感到快乐。每个人都喜欢干净、整洁的环境。小朋友们爱幼儿园，就先从爱护幼儿园的玩具开始吧！

### ★ 活动延伸：

将"爱园日"的清洁活动延伸至班级，鼓励幼儿尝试擦一擦自己的小桌子、小椅子及班级的储物柜等。

## ⭐ 活动反思：

刚入园的小班幼儿对于爱幼儿园有着朦胧的意识。小班幼儿学习的方式以模仿为主。教师通过给幼儿观看中、大班哥哥、姐姐们为幼儿园服务的视频，让幼儿模仿哥哥、姐姐劳动的场景，体验劳动带给他们的快乐。在劳动过程中，让幼儿知道自己是幼儿园的小主人，有义务为幼儿园服务，通过自己的劳动能把幼儿园变得更加干净、整洁，借此增强幼儿的自信心和归属感。

## 活动二　帮厨行动（中班）
### 教师：周明慧　李　楠

## ⭐ 活动目标：

1. 尝试剥豌豆，体验劳动的快乐。
2. 能够帮助厨房师傅们做力所能及的事情。
3. 感受厨房师傅们的辛勤付出，体验劳动的快乐。

## ⭐ 活动重点：

尝试剥豌豆，体验劳动的成就感。

## ⭐ 活动难点：

能完整地剥开豌豆，并按要求分类摆放豌豆粒和豌豆皮。

## ⭐ 活动准备：

1. 经验准备：幼儿有自己剥带皮水果的经验。
2. 物质准备：活动前与厨房联系，安排好相关事宜；每组幼儿一盒豆荚、两个托盘。

## ⭐ 活动过程：

### （一）谈话导入，激发幼儿帮厨意愿
教师谈话导入，讲述本次活动的原因，激发幼儿的帮厨意愿。

师：厨房的叔叔、阿姨们每天都在为小朋友们辛苦地准备有营养的食物。今天中午，小朋友们的午餐是炒豌豆。豌豆又多又不好剥，快要到中午了，时间有点儿紧，你们想不想帮助叔叔、阿姨们剥豌豆呀？

幼：想。

**（二）讨论怎样剥豌豆**

1. 组织幼儿讨论"怎样剥豌豆"。

师：你们知道怎么剥豆子吗？请会剥或剥得好的小朋友做一下示范。

小结：我们用小手轻轻地捏开豆荚，打开豆荚后，把小豆子从里面一个一个地取出来。

2. 讨论：怎样才能剥得又快又好，并保持地面和桌面的干净与整洁呢？

小结：捏开豆荚后，将小豆子直接放进一个托盘里，将豌豆皮统一放进另一个托盘里。注意手不要抬得太高，避免小豆子掉到地上。这样，我们就能保持桌面和地面的整洁啦！

3. 集体剥豌豆。

幼儿练习剥豆荚。每个幼儿从盒子里取出一个豆荚，剥开后，取出豆子，把豆子放在一个托盘里，剩下的豌豆皮放在另一个托盘里（图2-72、图2-73）。

图2-72                    图2-73

教师引导幼儿观察豌豆的形状、颜色，比较豌豆荚里豆子数量的多少，鼓励幼儿剥豌豆荚时要细心、耐心。同时，注意帮助有困难的幼儿，表扬剥得又快又好的幼儿。

**（三）做好最后的收尾工作**

剥完豌豆后，教师鼓励幼儿收拾桌面。幼儿打扫桌面，把剥好的豆子送到厨房，体会劳动带来的快乐。

小结：小朋友们，咱们把剥好的豌豆送给厨房的叔叔、阿姨们吧！你们帮助他们做事，他们一定很高兴。午餐时，大家就可以品尝自己剥的豆子啦！

⭐ **活动延伸：**

鼓励幼儿在家里帮助家人做力所能及的事情，如扫地、擦桌子、清洗玩具等。

⭐ **活动反思：**

活动过程中，幼儿参与剥豌豆的兴致很高。每个幼儿都认真地尝试剥豌豆。在开始剥豌豆之前，教师给幼儿讲解了注意事项。但在剥豌豆的过程中，还是有个别幼儿不小心把豆子掉在了地上。后来，幼儿总结剥豆经验，发现将手肘放在桌子上会降低掉落豆子的概率。幼儿通过本次活动不仅锻炼了手部小肌肉的灵活性与协调性，在练习剥豆的过程中获得了相关经验，也在集体劳动中感受到了快乐，体验到了为大人做事的自豪感和成就感。

## 活动三　我是班级小主人（中班）
### 教师：周明慧

⭐ **活动目标：**

1. 知道自己是班级的一员，要爱护班级环境，为集体服务。
2. 学会整理物品的简单方法。
3. 初步感受为班级服务的乐趣和意义。

⭐ **活动重点：**

知道自己是班级的一员，要爱护班级环境，为集体服务。

⭐ **活动难点：**

学会用简单的方法来整理物品，找到当班级小主人的感觉。

⭐ **活动准备：**

1. 经验准备：幼儿做过值日生，有为大家服务的经验。
2. 物质准备：提前引导幼儿排练情景剧《小椅子倒了》。内容大致为几名幼儿看到小椅子倒在地上的不同表现，有的视而不见，有的告诉老师，有的把小椅子扶起来；教室环境杂乱的图片若干。

⭐ **活动过程：**

**（一）情景剧表演**

教师组织幼儿观看情景剧表演《小椅子倒了》。

情景剧内容：几个小朋友都看到小椅子倒了。有的小朋友去告诉老师，有的小朋友视而不见，有的小朋友把小椅子扶起来。

### （二）表演后，共同讨论

1. 师幼共同讨论。

师：看了这个情景剧，谁来说说它讲了一件什么事？

师：从这件事情看，你认为哪个行为是对的？哪个行为是错的？为什么？

师：作为班级的一分子，如果你遇到这种情况，会怎么做？

小结：当我们看到班级的物品掉在地上或者倒了，我们要主动捡起来或者扶好。因为我们每个人都是班级的小主人，我们有责任、有义务让我们的班级环境保持干净、整洁。

2. 幼儿讨论。

教师组织幼儿讨论"我们平时可以为班级做些什么"，让幼儿明白自己是班级的小主人，初步树立班级主人翁的责任意识。

师：你平时是怎么为大家服务的？如果你自己遇到这种事情时，应该怎么做呢？

小结：班里的每件物品都属于中二班。作为中二班的小朋友，我们有义务去爱护它们。如果看到椅子倒了，要及时地扶起来。你们真棒！

### （三）改编情景表演内容

幼儿按照图片提示的场景进行表演（图2-74、图2-75），亲身体验与感受作为班级小主人，应该怎么做。同时，教师结合图片，引导幼儿交流并讨论。

图2-74　　　　　　　　　　　　图2-75

师：请小朋友们想一想，说一说，应该怎么爱护我们的活动室？平时，可以为我们的活动室做些什么？

幼：当看到地上有垃圾时，要及时捡起来，扔进垃圾桶。

幼：当桌面或地面有散落的玩具时，要及时收起来，放回玩具筐里，方便下次玩。

··········

小结：通过这个情景表演，老师看到小朋友们都知道自己是班级的小主人，要爱护班级的物品，保持班级环境的干净与整洁。这样，你们才能成为最棒的小主人。

⭐ **活动延伸：**

将"我是班级小主人"的活动延伸至区域活动，当看到区域游戏材料掉到地上时，鼓励幼儿发扬小主人的精神，及时将地上的材料捡起来，归类收好。

⭐ **活动反思：**

幼儿通过观看情景剧表演，讨论和评价哪种做法是对的，帮助幼儿树立班级小主人要爱护班级物品的意识，通过实际行动让幼儿学会如何做班级小主人、如何爱护班级环境，养成为班集体服务的好品质。活动过程中，教师与幼儿一起讨论，大家畅所欲言，各抒己见，纷纷表达了自己的想法。幼儿在教师的鼓励下，体验到了为班级服务的乐趣和意义。

# 活动四　为运动会起名字（中班）
## 教师：朱　莉　李　楠

⭐ **活动目标：**

1. 知道运动会是进行体育项目比赛的活动。
2. 敢于大胆想象，为运动会起名字。
3. 初步树立主人翁的意识。

⭐ **活动重点：**

能与同伴讨论并收集运动会的名字。

⭐ **活动难点：**

能大胆想象，为运动会起名字，初步树立主人翁的意识。

⭐ **活动准备：**

1. 经验准备：幼儿参加过运动会。
2. 物质准备：幼儿园往年运动会照片，黑板四块，贴纸每人一张。

⭐ **活动过程：**

**（一）谈话导入，引出主题**

教师与幼儿谈话，引出幼儿园运动会的概念。

师：小朋友们，你们知道什么是幼儿园运动会吗？

幼：幼儿园运动会就是小朋友们一起进行体育比赛。

**（二）观察往年幼儿园运动会的照片，了解运动会**

教师出示往年幼儿园运动会的照片，引导幼儿仔细观察并为即将举行的运动会起名字。

师：请小朋友们说一说，你从以前的运动会照片中看到了什么？

幼：游戏、玩具、奖牌、名字……

师：我们幼儿园马上就要举行今年的运动会啦！小朋友们都是咱们幼儿园的小主人。老师想请你们为咱们的运动会起一个好听的名字。

**（三）为幼儿园运动会起名字**

幼儿集思广益，为运动会起名字。教师进行记录，组织幼儿投票表决，确定运动会名称。

幼：彩虹运动会。

幼：闪电运动会。

幼：人仁运动会。

幼：兔子春天运动。

幼：钻石运动会。

教师进行记录（图 2 - 76）。

师：请小朋友们说一说，你为什么要给运动会起这个名字？

师：现在，我们来进行一场投票活动。请小朋友们为你们喜欢的运动会名字举手投票。我们将选出票数最高的两个运动会名字（图 2 - 77），再参加中班组的命名投票。

图 2 - 76　　　　　　　　　　　　　　图 2 - 77

### （四）中班组投票活动

1. 教师带领幼儿来到活动室，将各班选出的运动会名称以图文并茂的形式展示在黑板上。教师逐一解说，请幼儿各自选出自己最喜欢的运动会名称，将自己宝贵的一票贴纸贴在名称的下面（图2-78）。

2. 教师和幼儿一起清点票数，票数最高的将作为本次运动会的名称（图2-79）。

图2-78                                图2-79

### （五）分享成功的喜悦

教师带领幼儿回到班里，请幼儿说一说运动会起名结束后的心情和感受。

⭐ **活动延伸：**

美工区：区域活动时，请幼儿将运动会名称用图画的形式画出来。

⭐ **活动反思：**

幼儿通过本次活动不仅了解了运动会的内容，还积极参与到给运动会起名的活动中。幼儿集思广益，大胆地讲述自己对运动会的想法，教师给予幼儿物质层面的支持，并放手将运动会的主导权交给幼儿，鼓励幼儿积极发挥主人翁的精神，为运动会起名字，最终选出大家喜欢的运动会名称。

## 活动五　我为运动会设计会徽（大班）
### 教师：郭小敏

⭐ **活动目标：**

1. 知道设计运动会会徽需要有独特的设计理念。
2. 能根据园标、运动项目及自己的设计理念设计运动会会徽。

3. 愿意参与运动会会徽设计活动，能大胆地分享自己的设计思路。

⭐ **活动重点：**

能大胆地想象与设计，完成会徽的设计工作。

⭐ **活动难点：**

能根据园标、运动项目及自己的设计理念设计运动会会徽。

⭐ **活动准备：**

1. 经验准备：活动前，对幼儿园园标的组成、颜色、意义已有所了解。

2. 物质准备：北京冬季奥林匹克运动会（以下简称"北京冬奥会"）会徽图片，幼儿园园标图片及特色景致图片，彩色纸、水彩笔。

⭐ **活动过程：**

**（一）观察北京冬奥会会徽，了解会徽设计理念**

教师出示北京冬奥会会徽图片，引导幼儿细致观察，激发幼儿参与设计会徽活动的兴趣。

师：你们看过北京的冬奥会吗？北京冬奥会的会徽是什么样儿的？北京冬奥会会徽设计的理念是什么（图2-80）？

图 2 - 80

小结：北京冬奥会的会徽展现了冬季运动的活力与激情，更传递出中国文化的独特魅力。原来会徽设计要突显国家独有的特点，还要体现运动元素。

**（二）观察幼儿园园标及园所特色图片**

教师出示幼儿园园标和幼儿园特色景致图片，引发幼儿思考。

师：如果让你从幼儿园选一个你喜欢的地方或事物设计到运动会的会徽里，你想选什么？为什么？你打算怎么设计？为什么？你想用哪些主要颜色来表现？为什么？

小结：有的小朋友选择将咱们幼儿园的两棵玉兰树设计到会徽里，因为他觉得这两棵玉兰树很漂亮。有的小朋友想把咱们幼儿园的大龙设计到会徽里，他觉得大龙是咱们幼儿园的一个标志。他们的想法都是把幼儿园特有的事物设计到会徽里。

### （三）讨论喜欢的运动项目

幼儿自由讨论自己喜欢的幼儿园运动项目。

师：如果让你选一个你喜欢的幼儿园运动项目设计到会徽里，你想选哪个运动项目？为什么？你打算怎么设计？为什么？

小结：小朋友们在设计运动会会徽的过程中，可以结合幼儿园园标、园内最具代表性的地方和事物、幼儿园运动项目等，把这些元素融入运动会会徽里。

### （四）设计会徽

幼儿自由设计运动会会徽（图2-81），教师巡回指导。

师：刚才，我们了解了幼儿园园标的图案组成及颜色，还了解了幼儿园最具代表性的地方和事物，也了解了你们最喜欢的幼儿园运动项目。接下来，你们可以根据这些元素来设计咱们的运动会会徽。

图2-81

### （五）分享与交流

幼儿分享自己设计的运动会会徽，向同伴介绍会徽的设计理念。

小结：有的小朋友把幼儿园的园标颜色和楼顶花园元素运用到自己的会徽

设计里；有的小朋友将红、黄、蓝三种颜色、幼儿园的"龙"及运动器材设计到会徽里，并分享了自己的设计理念。你们都很棒，都很有创意和想法。

⭐ **活动延伸：**

家园共育：幼儿将自己设计的运动会会徽及设计理念跟自己的家人分享。

⭐ **活动反思：**

幼儿通过本次活动了解了幼儿园园标的图案及颜色组成，了解了幼儿园独具特色的地方和标志性事物，还知道了运动会会徽的设计要有运动元素、主色彩，并要体现幼儿园的特色，还要有一定的含义。幼儿通过设计运动会会徽活动增强了参与运动会的积极性，也更加了解了运动对身体的好处，能积极地参与幼儿园组织的各项活动，增强了主人翁的意识。

# 第三章　个人品德修养

## 第一节　勇　气　篇

### 主题活动一　妈妈，别说我小（小班）
#### 教师：李　萌　佟　妍　王　敬

**（一）主题活动由来**

小班幼儿初入幼儿园，对新的集体环境感到陌生、好奇、害怕、焦虑，又有点儿期待。他们对班级教师和同伴不熟悉，安全感不足，需要尽快熟悉教师、同伴，与教师建立依恋关系，逐步适应幼儿园的集体生活。

《纲要》指出，应"培养幼儿坚强、勇敢、不怕困难的意志品质"。《指南》指出，应培养幼儿"敢于探究和尝试"的良好学习品质。"妈妈，别说我小"这一主题活动是为了缓解幼儿初入幼儿园产生的分离焦虑而设计的。活动过程中，幼儿从最初带着全家福的照片、带着爸爸妈妈给自己的勇气来到幼儿园，对班级环境、教师组织的活动、班里的人越来越熟悉，到能够独立完成自己的事情，又能帮助好朋友，慢慢地与教师、小朋友们亲近起来，并获得接纳幼儿园集体生活的勇气。幼儿积极参与班里的劳动，在熟悉环境的过程中，与其他幼儿、教师积极互动，变得越来越勇敢、自信、乐观，最终与教师、同伴建立了良好的人际关系，体验了快乐的幼儿园集体生活。

## （二）主题活动网络图

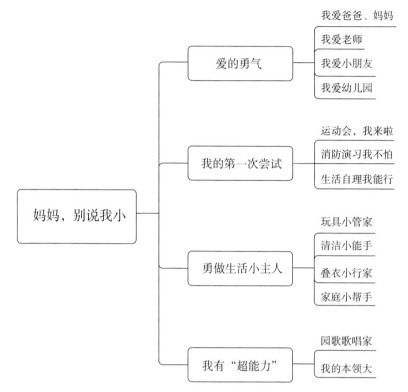

## （三）精选教案

### 活动 1　我爱爸爸、妈妈

⭐ **活动目标：**

（1）能说出家庭成员的称谓，了解家庭成员之间的关系。

（2）能够借助照片，大胆地向同伴介绍自己的爸爸、妈妈。

（3）感受爸爸、妈妈带给自己的勇气，为介绍爸爸、妈妈感到骄傲与自豪。

⭐ **活动重点：**

通过向同伴介绍自己的爸爸、妈妈，感到骄傲与自豪。

⭐ **活动难点：**

能根据全家福照片完整地介绍自己的家庭成员。

⭐ **活动准备**：

(1) 经验准备：幼儿了解自己的爸爸、妈妈。

(2) 物质准备：轻音乐，将幼儿从家里带来的全家福照片按照场景布置在班级教室中。

⭐ **活动过程**：

(1) "全家福展览馆"情景导入。

师：小朋友们，欢迎你们来到小一班的"全家福展览馆"。快来看看，这里都有谁的全家福呢（图3-1）？

(2) 小小讲解员介绍全家福。

①教师介绍自己带来的全家福照片。

师：我找到我的全家福啦！我的全家福里有我的爸爸、妈妈！我们一起去公园拍了这张照片！

②鼓励并引导幼儿介绍自己的全家福照片（图3-2）。

图3-1                                   图3-2

师：还有哪位小朋友愿意变成小小讲解员，介绍一下自己的全家福照片？

(3) 回顾幼儿介绍全家福的情形。

教师带领幼儿回顾幼儿介绍全家福照片的情形，引导幼儿感受全家福照片的温馨与家人带给自己的力量和勇气，增加幼儿的自豪感和自信心。

师：刚才，××小朋友说到了，他和爸爸、妈妈一起在家里拍下了这张全家福。爸爸、妈妈给了这位小朋友很多爱，这真是一张充满爱的照片啊！

师：××小朋友说，这是爸爸、妈妈特意带着他去照相馆拍的全家福。相信爸爸、妈妈一定给了你很多爱和勇气的能量，让你带着满满的能量来到咱们幼儿园，你会越来越棒的！

⭐ **活动延伸：**

娃娃家：请幼儿用自己的照片和全家福照片装饰、布置娃娃家。

⭐ **活动反思：**

在活动目标上，幼儿通过本次活动了解了家庭成员之间的关系，在介绍家庭成员的过程中能感受到家人的爱及赋予自己的勇气和力量。

在活动过程上，本次活动由"全家福展览馆"的情景导入，吸引幼儿观察并发现自己全家福的闪光点，化身小小讲解员，向全班幼儿介绍自己的家庭成员，激发了幼儿介绍自己全家福的欲望和勇气。最后，教师通过总结与回顾，引导幼儿进一步感受来自家庭的爱、力量与勇气，鼓励幼儿带着爸爸、妈妈的爱大胆地融入新环境。

在幼儿发展方面，幼儿通过在集体面前介绍自己的家庭成员，激发幼儿产生家庭自豪感，感受到进入新集体后，爸爸、妈妈带给自己的勇气，能更加大胆地参与集体生活。幼儿在互相介绍全家福的过程中，增进了同伴之间的互相了解，增加了彼此交往与交流的勇气，为幼儿融入新集体、新环境并大胆尝试奠定了基础。

## 活动 2  生活自理我能行

⭐ **活动目标：**

（1）知道幼儿园一日生活中有哪些需要自己做的事情。
（2）大胆地说出自己能做的事情，并在幼儿园一日生活中主动做事。
（3）自己的事情有勇气尝试；遇到困难时，勇于想办法解决。

⭐ **活动重点：**

能大胆地表达与交流幼儿园一日生活中自己要做的事情，愿意迎接挑战。

⭐ **活动难点：**

知道怎样完成自己要做的事情；遇到困难时，勇于想办法解决。

⭐ **活动准备：**

（1）经验准备：幼儿已经在幼儿园生活了一段时间。
（2）物质准备：幼儿在园一日生活中自己做事情的视频，幼儿洗手、用小勺子吃饭、搬椅子等的照片。

⭐ **活动过程：**

（1）观看一日生活视频。

教师播放幼儿在园一日生活中自己做事情的视频，激发幼儿参与活动的兴趣。

师：小朋友们，快来看看，这是谁？他在做什么（图3-3）？

（2）集体讨论"自己能做的事情有哪些"。

①教师依次出示幼儿自己洗手、用小勺吃饭、搬椅子等照片，引发幼儿讨论。

师：小朋友们，这是谁？他在做什么？

幼：这是××小朋友，他在洗手。

幼：这是××小朋友，他在用小勺子吃饭。

幼：这是××小朋友，他在搬椅子。

②鼓励幼儿讨论"哪些事情能自己做"。

师：小朋友们有这么多事情都是自己做的。咱们一起想一想，还有哪些事情可以自己做呢（图3-4）？

图3-3                      图3-4

小结：自己排队用水杯接水喝、把地上的垃圾捡起来等，这些都是我们可以自己做的事情。

（3）鼓励幼儿在生活中大胆尝试自己能做的事情，勇于做生活的小主人。

师：小朋友们说了这么多自己能做的事情，在生活中，一起试一试吧！如果遇到了困难，你可以试着想一想怎么解决，也可以大胆地向老师或其他小朋友寻求帮助！

⭐ **活动延伸：**

娃娃家：将幼儿自己做事情的照片呈现在娃娃家里，增加幼儿敢于尝试自己做事情的勇气。

⭐ **活动反思：**

在活动目标上，幼儿通过本次活动意识到生活中有很多事情需要自己做，知道即使遇到困难也不怕，可以大胆尝试或寻求他人的帮助。

在活动过程中，教师出示幼儿自己做事情的图片，激发幼儿做事情的勇气和自信心，让幼儿体会自己能胜任很多事情，通过集体讨论知道了更多可以自己做的事情。

在幼儿发展方面，幼儿在回顾自己做事情的过程中，增强了自信心与成就感，愿意尝试一日生活各环节中的小任务，克服了畏难情绪，知道遇到问题时，除了可以自己尝试解决，也可以寻求老师和同伴的帮助。

## 活动3　玩具小管家

⭐ **活动目标：**

（1）认识玩具照片标志，知道游戏后要把玩具按照标志放回原位。

（2）在游戏体验中，能够按照标志把玩具送回家；遇到困难时，敢于尝试解决或寻求他人帮助。

（3）愿意参加活动，养成收拾、整理玩具的好习惯。

⭐ **活动重点：**

养成收拾、整理玩具的好习惯，增强自信心。

⭐ **活动难点：**

通过游戏练习，能按照标志把玩具放回原位。

⭐ **活动准备：**

（1）经验准备：幼儿了解班级积木区的积木种类。

（2）物质准备：各种形状的积木、积木柜、积木照片标志。

⭐ **活动过程：**

（1）"帮玩具找家"游戏情景导入。

师（以玩具积木的口吻讲述）：我是一个可爱的积木宝宝。刚才，有人把我拿出来后，就没送我回家。我好难过，谁愿意帮帮我（图3-5）？

（2）出示积木，观察并分类。

①教师按照顺序出示各种形状的积木宝宝并提问，引导幼儿观察并大胆讲述。

师：这是什么形状的积木宝宝？

②教师摆出所有的积木宝宝，提醒幼儿按照形状给积木宝宝分类。

师：这里有很多的积木宝宝，它们有着不同的形状。谁能把相同形状的积木宝宝放在一起？给它们分分类吧！

小结：这些积木宝宝有不同的形状，有的是三角体，有的是正方体，有的是长方体。把它们送回家之前，请小朋友们帮它们分分类，让相同形状的积木宝宝住在一起，帮助它们找到属于自己的家。

（3）出示不同形状的积木照片标志，引导幼儿根据照片标志把积木宝宝送回家。

①了解不同形状的积木照片标志，引导幼儿通过对比观察，找到积木宝宝和哪张积木照片标志一致，让幼儿学会一一对应地给积木分类。

②教师把积木照片标志贴在玩具柜的木板挡板上，让幼儿通过游戏"给积木宝宝找家"，按不同的形状给积木分类并把积木迅速送回家（图3-6）。

图3-5　　　　　　　　　　　　　图3-6

③教师激励幼儿不要畏惧困难，初步尝试自己解决。

师：收拾玩具的时候，如果你遇到困难，应该怎么办呢？

师：小朋友们如果完成不了，可以开口向老师或身边的小朋友寻求帮助。

④游戏重复进行，帮助积木宝宝找到家的幼儿之间互相加油、打气，说一句甜甜的、好听的话。

师：每个积木宝宝都有自己的家。如果它找不到家，就会跟小朋友一样，伤心地哭泣。因此，以后，不管谁什么时候玩了玩具，都要把玩具送回家，把它们收拾、整理好，养成收拾、整理玩具的好习惯，做个被老师和小朋友们夸奖的乖宝宝。

★ 活动延伸：

在区域活动结束时，各区域的幼儿进行比赛，看看哪个区域的幼儿把玩具收拾得又快又整齐。

★ 活动反思：

在活动目标上，幼儿通过本次活动认识了玩具照片标志，知道游戏后要把玩具按照照片标志放回原位，养成收拾、整理玩具的好习惯，同时，增强了幼儿的自信心。

在活动过程中，本次活动由"帮玩具找家"的情景引入，引起幼儿观察、发现、区分玩具种类的兴趣。幼儿化身小小玩具管理员，学习根据玩具照片标志把玩具送回家。最后，教师通过游戏与总结引导幼儿又快又准确地把积木宝宝送回了家。

本次活动符合幼儿的年龄特点及认知特点，以幼儿为主体，通过出示积木宝宝、积木照片标志提升幼儿观察、对比及一一对应的能力，培养了幼儿玩完玩具后主动收拾、整理玩具的好习惯。

## 活动 4　我的本领大

### ★ 活动目标：

（1）知道自己长相的特点和自身的本领。
（2）能够大胆地在集体面前展示自己的本领。
（3）体会自信的魔法，体验在集体面前表演的乐趣。

### ★ 活动重点：

知道自己的本领，萌生自豪感和自信心。

### ★ 活动难点：

能主动承担任务，为自己的成功感到高兴。

### ★ 活动准备：

（1）经验准备：听过或看过绘本故事《我喜欢我自己》。
（2）物质准备：绘本故事《我喜欢我自己》《勇气》及相应的 PPT 课件。

### ★ 活动过程：

（1）回顾绘本故事，引入活动。

师：最近几天，咱们班很多小朋友都在看一本绘本《我喜欢我自己》。书里的小猪很喜欢自己，它喜欢自己卷卷的尾巴、圆圆的肚皮，还喜欢画画、骑车、读书，这些都是小猪的本领。

（2）讨论自己的本领，大胆展示自我。

①讨论自己的特长或本领。

师：小猪喜欢自己卷卷的尾巴、圆圆的肚皮，你们最喜欢自己的哪里呢？

为什么呢？

幼：我喜欢我的长头发，因为可以编漂亮的公主辫子。

幼：我喜欢我的小手，因为可以做很多事情。

②鼓励幼儿展示自我。

师：小猪有那多的本领，请小朋友们一起讨论，你们有哪些不一样的本领呢？

幼：我能跳很高。

幼：中午起床后，我会自己叠被子。

（3）讨论勇气，鼓励更多的幼儿大胆展示自我。

①肯定幼儿大胆地展示自己的勇敢行为。

师：刚才，很多小朋友都大胆地展示了自己的小本领。你们是勇敢的小朋友！

②讨论什么是勇气，激发幼儿大胆地展示自我。

师：什么是勇气呢？

教师借助绘本《勇气》中的部分内容，和幼儿讨论什么是勇气。

师：故事《勇气》中说"当我出发的时候，勇气是一种力量"，还说"勇气是吃蔬菜时不做鬼脸，先尝尝再说"。老师刚刚还说，你们都能大胆地和其他小朋友交朋友，展示自己。你觉得勇气是什么呢？

师：谁愿意做个有勇气的小朋友，到前面来，给大家展示一下你的本领呢？

幼儿在集体面前展示跳得高的本领。

幼：我可以为小朋友们讲故事。

幼：午饭的时候，我可以给小朋友们发餐具。

小结：原来小朋友们会这么多的本领，你们变得越来越棒啦！现在，请你们展示出自己最勇敢的一面，表现出最不一样的自己吧！

## ★ 活动延伸：

表演区：教师将乐器、音箱、话筒、服装等投放到表演区，鼓励幼儿借助这些材料，充分展示自我。

## ★ 活动反思：

在活动目标上，幼儿通过本次活动知道了什么是勇气，明白勇气能带给自己很多的力量，体会到勇气的魔力，能大胆地在集体面前展示不一样的自己，敢于尝试、探究，敢于表现自己、展现自己的勇气。

本次活动由绘本故事导入，幼儿通过绘本阅读理解了勇气的内涵及神奇魔力，感受到勇气带给自己的力量。教师为幼儿提供了展示自己的机会与平台，鼓励幼儿在集体面前大胆地展示自己的本领，通过展示获得集体的欣赏与认可，进一步增强自己在集体中的勇气和自信心。

在幼儿发展方面，幼儿对抽象的"勇气"一词有了更加具体、形象的认知，知道了大胆尝试、探究、表达与表现自己都是勇敢的行为，能够更加自信，也更加信任这个班集体，愿意在集体面前大胆尝试与表现。

# 第二节 自信篇

## 主题活动二 会魔法的小手（小班）

教师：刘 静 汪弘延 王 敬

### （一）主题活动由来

小朋友们在一次聊天时，发现每个人的手都不一样长，提出了各种问题："老师，我们的小手为什么有长、有短？我们的小手都是一样的吗？我们的小手可以玩什么游戏？我们的小手可以做什么呢？"教师发现孩子们对小手产生了探究兴趣。为了满足孩子们的求知欲，教师设计并开展了"会魔法的小手"主题活动。

《指南》中指出："创造条件和机会，促进幼儿手的动作灵活协调。""鼓励幼儿做力所能及的事情，对幼儿的尝试与努力给予肯定，不因做不好或做得慢而包办代替。"小班幼儿处于直观形象思维阶段，喜欢动手直接感知，从而获取经验。教师结合小班幼儿年龄特点及《指南》中的要求开展了一系列有关小手的主题活动。

教师在开展一日活动中，通过游戏、教学活动、讲故事等，让幼儿充分感受小手的本领，从而激发幼儿积极参与活动的兴趣，培养他们从小善于观察和发现的好习惯，引导幼儿提高生活自理能力，愿意帮助成人做一些力所能及的事情，培养他们从小热爱劳动、遇事不怕困难、积极想办法解决的好习惯。

### （二）主题活动网络图

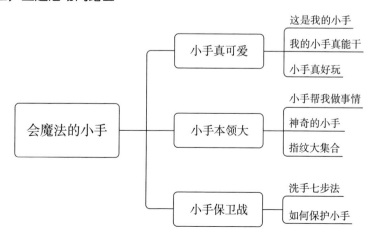

（三）精选教案

## 活动 1  我的小手真能干

⭐ **活动目标：**

（1）认识自己的小手，知道小手的作用。

（2）知道小手能干很多事情，生活上可以自理，还可以用小手帮助别人做事情。

（3）体验活动中自己动手做事情带来的快乐。

⭐ **活动重点：**

认识自己的小手，知道小手的作用。

⭐ **活动难点：**

知道小手能做很多事情。

⭐ **活动准备：**

（1）经验准备：幼儿知道小手可以完成擦嘴、吃饭、穿衣服等动作。

（2）物质准备：PPT 课件《幼儿小手真能干》（包括拍球、搭积木、画画、穿衣服的照片）。

⭐ **活动过程：**

（1）导入环节：手指游戏"小手拍拍"。

教师与幼儿玩手指游戏"小手拍拍"："小手、小手拍拍，小手、小手拍拍，眼睛在哪里？（指眼睛）小手、小手拍拍，小手、小手拍拍，鼻子在哪里？（指鼻子）"教师通过游戏，引发幼儿参与活动的兴趣。

师：孩子们，你们看，老师给你们带来了什么？比一下你的两只小手，两只小手拍一拍，你发现了什么？

（2）小手的作用。

教师播放 PPT 课件《幼儿小手真能干》，出示拍球、玩积木、画画、穿衣服的照片，引导幼儿讨论小手的作用。

师：孩子们，让我们一起来看一下小手能干哪些事情？（拍球、玩积木、画画、穿衣服）

师：小朋友们真棒，知道小手能干很多事情。下面，看老师用手做了什么？

教师用双手拥抱一名幼儿，引导幼儿说出手还能用来拥抱别人。

教师引导幼儿讨论手不能做哪些事情。

师：孩子们，让我们一起来看一下，手不能做哪些事情？

小结：小朋友们说得都很对！我们知道了小手不能用来打人和做危险的事。接下来，我们一起来看看，小手能做哪些事情吧？

（3）游戏"我的小手最最棒"。

教师通过游戏"我的小手最最棒"，让幼儿知道能干的小手有哪些本领。

教师出示准备好的衣服、玩具、笔等，引导幼儿自主选择，自由分组，进行操作（图3-7）。

图3-7

小结：我们的小手可能干啦！它可以做很多事情，玩手影游戏、系扣子、穿衣服、梳头、叠被子、画画等。

⭐ **活动延伸：**

生活区：为幼儿提供系扣子、穿绳子、拉拉链等游戏材料，引导幼儿动手操作，提高生活自理能力。

⭐ **活动反思：**

日常生活中，小手能帮我们做很多的事情。教师在一日生活中多组织幼儿用小手做自己喜欢的事情，也可以帮助别人做一些事情，让幼儿知道小手可以帮助我们做很多事情，是我们的好帮手。

## 活动2　小手帮我做事情

⭐ **活动目标：**

（1）通过观察图片理解儿歌内容。

（2）知道小手能做许多事情，愿意说一说。

（3）能大胆地表达自己的想法。

### ★ 活动重点：

通过看图片，看一看、说一说，理解儿歌的内容。

### ★ 活动难点：

能大声地说儿歌，乐于参与活动。

### ★ 活动准备：

（1）经验准备：幼儿知道小手能穿衣服、整理玩具等。

（2）物质准备：教师提前在自己的手指上画好表情；幼儿用小手做事情的图片。

### ★ 活动过程：

（1）手指表情导入。

教师出示提前画好的手指表情，引起幼儿的兴趣。

师：小朋友们好，我是小手娃娃。我的手能做许多事情，你们的小手会做什么事情呢？

（2）观看幼儿用小手做事情的图片。

出示幼儿搬运幼儿园户外活动器材的图片（图 3 - 8），引导幼儿理解儿歌内容。

图 3 - 8

师：这里有个小朋友，他的小手也很能干。我们来看看，他的小手都做了哪些事情？

①引导幼儿逐一观察图画，说说小手做的事情，能看图片说出儿歌的内容。

②教师完整地朗诵儿歌《小手本领大》，请幼儿欣赏儿歌。

附儿歌：

### 小手本领大

小小手，五根杈，

不长树叶不开花。

会劳动，会画画，

团结合作本领大。

③看图片，学习儿歌。

师：请小朋友们看图片，跟着老师一起念儿歌。

引导幼儿尝试模仿教师的动作进行表演。

（3）出示图片，引导幼儿思考。

出示幼儿用小手做事情的图片（图3-9），激发幼儿创编儿歌并表达的兴趣。

图3-9

师：看看小朋友们的小手还会干什么？你们可以把小手的本领编到儿歌里。

⭐ **活动延伸：**

家园共育：教师引导幼儿回家后，和家长讨论如何保护小手，鼓励幼儿敢于大胆讲述自己的想法。

师：小手可以画画，小手可以穿衣服，小手可以搬东西……生活中的每一件事情都需要我们的小手来帮忙。小手这么重要，我们该怎样保护它呢？请小朋友们回家后，跟爸爸、妈妈说一说吧！

⭐ **活动反思：**

本次活动利用手指表情、图片、儿歌等形式让幼儿了解小手的本领，以及小手可以在生活中帮助我们做很多事情。活动中，幼儿能大声、连贯地说儿歌，通过儿歌增强幼儿自己动手做事情的意识和自信心，并能利用已有经验，大胆地表达自己对小手的认识和了解。幼儿对本次活动非常感兴趣，参与活动的积极性很高。

## 活动 3　神奇的小手

⭐ **活动目标：**

(1) 能自主选择材料，动手进行创作。
(2) 会使用美术工具，掌握粘贴的技能。
(3) 在动手操作中，体验活动带来的乐趣。

⭐ **活动重点：**

能自主选择喜欢的材料，大胆地进行创作。

⭐ **活动难点：**

会使用剪刀、胶棒等工具进行粘贴、制作。

⭐ **活动准备：**

(1) 经验准备：幼儿会使用剪刀，会撕纸、涂色、粘贴等方法。
(2) 物质准备：剪刀、胶棒、白乳胶、各种不同颜色的纸等。

⭐ **活动过程：**

(1) 导入环节：游戏"小手爬爬"。
教师边说儿歌《小手爬爬》边做相应的动作，引导幼儿跟学动作，激发幼儿参与活动的兴趣。
师：小手爬爬，爬呀、爬呀、爬呀、爬呀，爬到鼻子上。小手爬爬，左爬爬、右爬爬，爬到膝盖上。
(2) 创设"森林手工艺术展"情境。
创设情境，鼓励幼儿大胆创作，掌握粘贴技能，体验活动带来的乐趣。

师：森林里的小动物们想开一个"森林手工艺术展"。但是，它们不知道该怎么举办艺术展。它们听说小朋友们的小手可厉害了，想请你们来帮忙，设计并制作一些手工作品，参加艺术展。

师：让我们用神奇的小手，帮小动物们完成一个盛大的手工艺术展吧！请小朋友们自主选择你需要的材料，设计并制作手工作品。

（3）自主制作手工作品。

幼儿自主制作手工作品，教师巡回指导。

师：老师来看一看，你们都帮小动物们制作出什么作品啦？

幼：有小树林、小花、天上的云彩，小鸟在唱歌……（图 3 - 10）

图 3 - 10

（4）分享环节。

展示幼儿手工作品，幼儿之间互相介绍自己给小动物们设计并制作的手工作品。

⭐ **活动延伸：**

美工区：教师把幼儿的手工作品集中摆放在美工区的展台上，进行展览。引导幼儿在美工区活动时，参考其他幼儿的手工作品进行创作，激发创作灵感。

⭐ **活动反思：**

本次活动中，教师借助游戏"小手爬爬"导入活动，激发幼儿参与活动的兴趣。随后，教师创设了"森林手工艺术展"的情境，让幼儿帮助森林里的小动物们设计艺术展、筹备展品。在活动中，孩子们创作的积极性很高。教师准备了丰富、多样的手工材料，供幼儿自由选择，支持幼儿的想法，肯定幼儿选取材料的做法，提高幼儿的想象力和创造力。孩子们通过手工制作活动认识到小手会剪、贴等技能，从而创作出自己喜欢的作品。在此过程中，幼儿也探索了多种创作方法，体验完成手工作品带来的成就感。在活动最后的分享环节，教师可以让幼儿向大家介绍一下自己的手工作品。这样，不仅可以锻炼幼儿的语言表达能力，而且也能让幼儿获得自信。

## 主题活动三　独一无二的我（中班）

### 教师：贾艺鸣　金瑞琪

#### （一）主题活动由来

世界上成千上万的人都是独立的个体，他们来自不同的家庭，有着不同的外貌、不同的性格、不同的兴趣和爱好。中班幼儿正是自我意识形成的重要时期，他们还不能理解"我"就是"我"，并且在这个世界上找不出第二个和"我"一样的人。可以说，"我"是最特别、最与众不同的。《指南》在社会领域目标中指出，幼儿"知道自己的一些优点和长处，并对此感到满意"，幼儿"自己的事情尽量自己做"。幼儿即使做得不够好，教师也应鼓励并给予一定的指导，让幼儿在做事情的过程中增强自尊心和自信心。基于此，教师设计并开展了"独一无二的我"这一主题活动。幼儿通过观察和比较，发现自己与众不同之处。幼儿敢于大胆地表现自己，并为自己感到骄傲，真正地喜欢自己。同时，让幼儿知道在遇到问题时，应该学会自己想办法解决问题。

#### （二）主题活动网络图

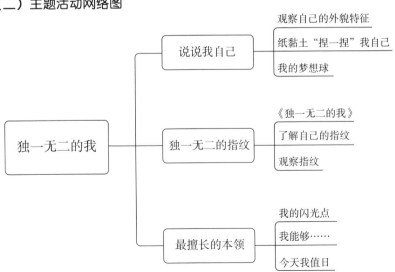

（三）精选教案

## 活动 1　我的梦想球

⭐ **活动目标：**

（1）学习用完整的语言讲述自己的梦想，提高想象力和语言表达能力。
（2）尝试用不同的材料制作自己的梦想球。
（3）体会许下梦想时的喜悦心情，喜欢参与艺术活动。

⭐ **活动准备：**

（1）经验准备：幼儿有参与美术活动的前期经验。
（2）物质准备：绘画工具、纸和笔、剪刀、透明球、彩色纸条、白色羽毛、小筐。

⭐ **活动重点：**

能用清楚的语言表达自己的梦想。

⭐ **活动难点：**

选择不同的材料制作梦想球。

⭐ **活动过程：**

（1）导入环节：游戏"开火车"。
教师通过"开火车"的游戏，让全体幼儿分别说一说自己的梦想（图 3-11）。

图 3-11

师：上一次活动，小朋友们跟老师说了许多美丽的梦想。今天，我们就用"开火车"的方式把小朋友们的梦想都装进火车的车厢里。

师：老师做火车头，来接每一个拥有美丽梦想的小朋友。呜——开火车喽！开火车喽！××，请你告诉我们，你的梦想是什么？

幼：我的梦想是去月球。

说完梦想的幼儿会排在教师的身后，拉着教师衣服的下摆，扮作火车的一节车厢，跟随教师前进。

幼：我的梦想是去火星。

幼：我的梦想是像超人一样保护爸爸、妈妈。

全班幼儿跟在教师身后，开着小火车前进。

师：好了，满载梦想的小火车到站了，一起祝愿我们的梦想成真吧！

（2）绘画自己的梦想。

①引导幼儿画一画自己的梦想。

师：小朋友们刚才用语言表达了自己的梦想。大家还有没有其他办法能让别人看到你们的梦想？

幼：可以表演出来呀！

幼：拍照片贴在墙上，就可以让大家都看到。

师：我们可以用绘画的方式表达自己的梦想。我想当解放军，我就把这个梦想在纸上画出来，画出我穿着解放军的军装在站岗。

②幼儿分组制作梦想球。

师：小朋友们先想一想自己的梦想都有哪些，选择一个梦想，再把它画出来。

师：画出来之后，可以用桌子中间的小剪刀把它沿着轮廓剪下来，放进梦想球（透明球代替）里。

师：桌子中间的小筐里还有许多装饰物，可以用彩色纸条或白色羽毛装饰一下你们的梦想球。

幼儿操作，教师巡视并指导。

（3）展示并分享梦想球。

师：小朋友们在制作梦想球的时候都特别认真，选用的装饰材料都不一样。刚才，有的小朋友迫不及待地跟我说了自己的作品。现在，谁能来分享一下呢？

幼：我的梦想球里装了我的梦想——去月球。我还用白色的小羽毛装饰了梦想球。

幼：我的梦想是当老师，我把它画出来后，剪了下来，放进了梦想球里。我还用浅蓝色的小纸条装饰了我的梦想球。

师：小朋友们有这么多有趣的梦想，真棒！老师会把小朋友们做好的梦想球挂在班级的教室里，大家可以一起欣赏（图 3-12）。

图 3-12

⭐ **活动延伸:**

后续活动中,教师可以和幼儿讨论"如何实现自己的梦想",引导幼儿想一想,用什么方法可以让这些美好的梦想变成现实。

⭐ **活动反思:**

本次活动中,教师先通过游戏"开火车",引导幼儿讲述自己的梦想,再让幼儿尝试画出自己的梦想,并大胆地剪下绘画作品的轮廓,把它装进梦想球里,然后,利用一些材料装饰梦想球,培养幼儿对美术活动的兴趣。同时,也让幼儿学会欣赏他人的作品,通过观察自己与他人创作的不同了解他人的优点。对幼儿进行艺术教育的目的在于引导他们认识美、感受美、表现美、创造美,让他们学会运用绘画、剪、粘贴等手工制作方法,完成梦想球的制作,提高对大自然、社会生活、艺术作品等的审美能力。之前的活动都是以绘画形式为主,这次是绘画与手工制作相结合。因此,幼儿参与活动的兴趣很高。

## 活动 2  《独一无二的我》

⭐ **活动目标:**

(1)理解故事中每条小鱼都是不同的,感受自己的独特。
(2)能较为清楚地讲述自己的本领,知道同伴也有特别之处。
(3)敢于在集体面前大胆地表现自己,愿意与同伴交流自己的想法。

⭐ **活动准备:**

(1)经验准备:幼儿有理解故事内容的前期经验。
(2)物质准备:绘本故事《独一无二的我》、班级幼儿照片及录音。

⭐ **活动重点：**

理解故事中每个独立个体的特别之处。

⭐ **活动难点：**

知道自己的本领和同伴的特别之处，并能完整地表达出来。

⭐ **活动过程：**

（1）通过看绘本故事图片，初步理解"独一无二"的含义。

教师出示绘本故事《独一无二的我》，引导幼儿观察绘本封面，激发幼儿参与活动的兴趣。

师：你看到了什么？它们都一样吗？哪里不一样？

小结：大海里有许多五颜六色的石头小鱼，每条小鱼的形状、大小和身上的花纹都不同，每条小鱼都是独一无二的。

（2）理解故事内容，知道自己的"独一无二"之处。

教师引导幼儿完整地欣赏绘本故事《独一无二的我》，初步理解故事内容（图3-13）。

图 3-13

①介绍主人公小鱼丹尼。

②教师完整地讲述一遍绘本故事。

师：这是哪里？都有谁？

师：小鱼丹尼要去学本领了，临走的时候，爸爸、妈妈对它说了什么？

小结：爸爸、妈妈告诉丹尼要学会认识新朋友，要学会安静地倾听，大胆地表达自己，你是独一无二的。

③教师第二次讲述绘本故事，加深幼儿对"独一无二"词语的理解。

师：妈妈为什么说丹尼是独一无二的呢？

小结：原来世界上每个人都是不同的，就好像咱们班里的小朋友，每个人都是不一样的。

（3）游戏"听声音，猜朋友"。

①教师介绍游戏玩法：游戏开始的时候，小朋友们要先闭上小眼睛。然后，请一个小朋友说一句话，其他的小朋友根据他的声音猜一猜他是谁。

师：这是谁在说话呀？每个人说话的声音一样吗？

②一起欣赏其他幼儿的照片。

小结：原来我们每个人都有不同的模样、不同的名字、不同的声音。

（4）说说"独一无二"的自己。

师：刚才，我们讨论了每个人的名字、声音、模样都不一样。现在，为了让大家进一步地了解你，咱们一起说说"独一无二"的自己吧！请小朋友们回答我提出的问题，认真听哦！

师：你喜欢吃什么？你喜欢什么玩具？你的好朋友是谁？你有什么本领？

幼：我喜欢吃苹果和草莓。我喜欢用积木搭建筑。我的好朋友是大钟和糖糖。我跑步跑得很快。

幼：我喜欢吃西瓜。我喜欢做手工。我的好朋友是萱萱。我会讲很多故事。

师：每个小朋友都是特别的。爸爸、妈妈、老师们都很喜欢你们，希望你们能学到更多的本领，交到更多的好朋友，让自己变得更好！

⭐ **活动延伸：**

（1）教师引导幼儿在后续的活动中制作"独一无二"的小鱼，为幼儿提供小鱼的图片和彩纸、胶棒、剪刀等，让幼儿边剪边粘贴小鱼的鱼鳞（图3-14）。

图3-14

（2）美工区：投放相关的美术材料——石头，引导幼儿绘画石头画。

⭐ **活动反思：**

教师在活动中注重激发幼儿的情感体验，让他们通过阅读绘本故事，感受小鱼丹尼的独一无二，从而迁移相关经验，认识到自己的独一无二，为自己感到骄傲，树立自尊心与自信心。其次，教师通过游戏"听声音、猜朋友"，让幼儿感受同伴的与众不同，让每个幼儿在被肯定、接纳、鼓励、信任的环境中健康成长。教师要发自内心地相信每个孩子都是独一无二的个体，并采用适宜的教育方法教育孩子。

## 主题活动四　最棒的我（中班）

教师：朱　莉　王娟娟　张　璐

### （一）主题活动由来

升入中班的幼儿自主性明显提高。《指南》中指出："幼儿自己的事情尽量放手让他自己做，即使做得不够好，也应鼓励并给予一定的指导，让他在做事中树立自尊和自信。"在活动中，教师鼓励幼儿尝试完成有一定难度的任务，并注意调整难度，让幼儿体验经过努力获得成功的感受。为了让幼儿更好地了解自己、认识自己，在活动中体验自己的成长与变化，增强幼儿自信心，教师设计并开展了主题活动"最棒的我"。主题活动中，教师先从引导幼儿观察自己的身体、外貌、情绪等和别人的不同之处开始，让幼儿了解自己，再学习与他人建立朋友关系，在活动中大胆地表达自己的想法，让幼儿体会"我长大了"是一件神奇和令人高兴的事情。幼儿在探索主题的过程中，充分享受表达"我最棒"的愉悦情绪，学会肯定自己的能力，增进对成长的认识，树立自信心。

### （二）主题活动网络图

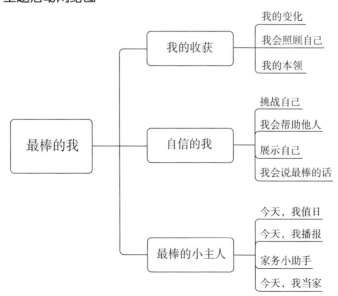

**（三）精选教案**

## 活动1 我的本领

⭐ **活动目标：**

（1）懂得学习新本领需要不断的努力才能成功。
（2）学习制作图书的基本方法，遇到困难时能想办法解决。
（3）体验成功的喜悦，增强自信心。

⭐ **活动重点：**

懂得学习新本领需要不断的努力才能成功。

⭐ **活动难点：**

学习制作图书的基本方法。

⭐ **活动准备：**

（1）经验准备：幼儿已经知道图书的基本结构。
（2）物质准备：一本图书、纸、彩笔、剪刀、胶棒、自制图书一本。

⭐ **活动过程：**

（1）谈话导入。
教师通过谈话的形式让幼儿回忆自己的本领有哪些，激发幼儿学习新本领的欲望。
师：请小朋友们说一说，自己都有哪些本领？
师：今天，小朋友们要学习一个新本领——制作图书。
（2）了解图书结构，猜想制作图书的方法。
教师出示一本图书，引导幼儿观察并了解图书的结构，猜想制作图书的方法。
师：小朋友们看一看，这本书是由哪几个部分组成的（图3-15）？
教师逐一翻阅图书，让幼儿了解书是由封面、内容、封底组成的。
教师一边说出图书的封面、内容、封底，一边指出相应的部分。
师：刚才，小朋友们了解了图书的基本结构，我们要制作一本书应该怎么做呢？
（3）师幼共同制作图书。
①先绘画图书内容，帮助幼儿学习用连续的图画来表现自己创编的故事

内容。

②按照故事发生的先后顺序给画面编上序号。

③教师协助幼儿选择纸张，制作图书的封面和封底。

④将画好的故事按照序号排好顺序并粘在一起，在封面上写上故事名称及作者（教师协助幼儿完成）。一本自制的图书就做好啦！

幼儿在制作图书的过程中会遇到各种问题，教师鼓励幼儿自己想办法解决。如果自己解决不了，也可以寻求他人的帮助。

（4）分享环节。

鼓励幼儿大胆而自信地讲一讲自己制作的故事书内容（图3-16）。

图3-15　　　　　　　　　　　　　图3-16

⭐ **活动延伸：**

（1）语言区：教师将幼儿制作好的图书投放到语言区，引导制作故事书的幼儿向其他幼儿讲述故事。

（2）语言区：投放制作图书的材料，引导幼儿自由创作新的故事书。

⭐ **活动反思：**

本次活动中，教师首先让幼儿说一说自己有哪些本领，激发幼儿的自信心。接着，引出活动内容，让幼儿学习自制图书的新本领。教师讲解自制图书的方法，让幼儿尝试自己动手制作图书，鼓励幼儿创编故事，并将故事内容画出来，制作成图书。幼儿在制作图书的过程中会遇到各种问题。教师鼓励幼儿遇到问题时先尝试自己解决问题，体验成功解决问题的喜悦，学习新本领的同时，增强幼儿的自信心。如果幼儿遇到自己解决不了的问题，也可以寻求他人的帮助。

## 活动 2  挑战自己

⭐ **活动目标:**

(1) 能够大胆地操作长条积木,用长条积木搭高。
(2) 探索把长条积木搭得又高又稳的方法。
(3) 保持愉快的心情,体验游戏带来的乐趣。

⭐ **活动重点:**

能够大胆地操作长条积木,尝试采取不同的方法搭高积木。

⭐ **活动难点:**

能够观察、比较把长条积木搭得更高的方法,并能做出相应的调整。

⭐ **活动准备:**

(1) 经验准备:幼儿有在建筑区玩积木搭高的游戏经验。
(2) 物质准备:PPT 课件、纸杯若干、长条积木若干。

⭐ **活动过程:**

(1) 谈话导入。

师:小朋友们,今天,老师接到大一班老师发来的神秘邀请函,问咱们班的小朋友们敢不敢接受挑战。听说这是一个特别有趣的游戏,还具有一定的挑战性。大家有信心完成这次挑战任务吗?

教师创设情境,激发幼儿兴趣,鼓励幼儿大胆迎接挑战。

(2) 完成游戏挑战,感受自信。

①第一关:教师出示若干个纸杯,吸引幼儿的注意力,引出活动主题。

师:这个游戏共有两关。纸杯是第一关。请小朋友们四人为一组,自由组合。在规定的时间内,看看哪组能快速地将纸杯搭高。

师:刚才,小朋友们分组完成了纸杯搭高的挑战。从每组纸杯的高度来看,恭喜第五组的小朋友们挑战成功,取得了胜利。

师:现在,请第五组的小朋友们说一说你们组搭高纸杯的方法。你们是如何在规定的时间内快速地将纸杯搭得这么高的?

幼:我们四个人相互配合,先搭第一层。然后,两个人分别负责从两边向中间搭高,其他人负责给我们递纸杯。这样,就节省了时间,还可以搭得很高。

②第二关:教师出示长条积木,引导幼儿通过游戏挑战感受自信的力量。

a. 长条积木搭高游戏。

师：小朋友们，现在，每组的桌面上都有相同数量的长条积木。请大家在规定的时间内，想办法把积木搭得又高又稳，还不容易倒。

幼儿分组操作。每组幼儿自己想办法，尽量把长条积木搭得高一些。教师巡回观察并记录。

师：好，现在，请每组小朋友互相观察，看看哪组的长条积木搭得又高又稳，还不容易倒。

投票选出三组幼儿，进行下一轮的计时比赛。

教师引导选出来的三组幼儿，在五分钟的时间内，比一比哪组积木搭得又高又稳。最终，选出获胜的一组。

师：现在，请积木搭得最高的一组来给大家分享一下你们组的搭建方法。

b. 长条积木搭高游戏升级版。

师：刚才的搭高游戏，小朋友们觉得太简单啦！现在，咱们的游戏升级啦！每组小朋友将长条积木搭高后（图 3 - 17），从底层开始抽一根长条积木，看看哪组长条积木抽出的数量最多，还不容易倒。大家开始迎接挑战吧！

图 3 - 17

（3）分享自信。

教师请成功抽出积木数量最多的幼儿说一说自己的感受。

幼：我觉得很开心！

师：在挑战游戏的过程中，你遇到了什么问题？

幼：我搭到一半的时候，积木就倒了。后来，又搭建了一次，又倒了。

师：积木倒了之后，你是怎么做的？

幼：我又重新搭建了。

师：再次搭建的过程中，你是怎么做的？

幼：我是一点一点慢慢地搭，尽量不让积木歪了。

师：最终成功后，你有什么感受？

幼：我觉得特别开心，因为挑战成功了。

小结：小朋友们在搭建积木的过程中要多次尝试。发现问题时，通过观察、分析，想办法解决问题，不轻易放弃，要相信自己可以成功，你就一定会成功。

小结：小朋友们，刚才，大家动手操作，尝试选用两种不同的材料玩搭高游戏。整个活动过程中，大家相互合作，不断地沟通与交流，努力尝试，反复操作。每个人都很认真、投入，都在想办法把积木搭得更高、更稳。老师为你们鼓掌，祝贺你们完成了大一班小朋友们发出的挑战任务。

⭐ **活动延伸：**

科学区：教师将长条积木等材料投放到科学区，引导幼儿观察、测量使用长条积木搭建物体的高度，可以用尺子测量或者用其他参照物自然测量并比较。

⭐ **活动反思：**

本次活动的开展是为了让幼儿更自信、更大胆地去探索生活中自己感兴趣的事物。在生活中，教师经常会听到小朋友说："没有你，我肯定完成不了。""老师，我害怕，我做不好。""老师，我不会，该怎么做？怎么画？"本次搭高游戏，每个幼儿都参与其中。幼儿自己想办法尝试。有的幼儿搭不好，也会观察周围小朋友们搭高的方法，再次尝试。在此过程中，幼儿一次比一次搭得好，自信心也一次次地发生着变化。教师通过本次活动告诉所有幼儿要先学会尝试、努力完成，再做完美、自信的自己。

## 活动 3　今天，我播报

⭐ **活动目标：**

（1）知道自己是值日生，需要在当天播报食谱、天气和新闻等内容。

（2）能大胆而自信地当众讲话，并能完整地说出播报内容。

（3）通过播报活动增强自信心。

⭐ **活动重点：**

能大胆而自信地当众讲话。

⭐ **活动难点：**

能完整地说出播报内容。

⭐ **活动准备：**

（1）经验准备：幼儿提前准备好需要播报的内容。
（2）物质准备：话筒、播报视频、自制播报台。

⭐ **活动过程：**

（1）出示话筒，引出主题。

教师出示话筒，引出主题，激发幼儿参与活动的兴趣。

师：小朋友们，今天，老师发现了一个很特别的话筒。

教师将没装电池的话筒在幼儿面前展示。

（2）示范并引导幼儿尝试用话筒讲话。

教师用话筒做示范，激发幼儿大胆、自信地迎接挑战。

教师假装用话筒说话，结果小朋友们怎么也听不到声音。于是，教师邀请幼儿到前面试一试，看看哪个幼儿的声音最响亮。

师：哇，真神奇！原来这是一个拥有自信魔力的话筒，只要你足够大胆、自信，你就可以用它发出响亮而美妙的声音。

师：今天，我们要进行播报活动，看看哪位小朋友能大胆、自信地表达。

（3）讨论值日生每日播报的内容。

教师引导幼儿回忆值日生每天需要做的事情，跟幼儿一起讨论值日生需要做什么，通过讨论，让幼儿知道值日生每天要播报食谱、天气和新闻等内容。

（4）讨论正确播报的方法。

①如何进行播报。

教师播放播报视频，引导幼儿观看，了解正规播报时播音员是怎么说的。

师：刚才，小朋友们看到了播音员是怎样播报的。请你们说一说，开始环节、中间环节、结尾环节应该怎么说？

幼：开始时要介绍播报的名称，中间可以说内容，最后要说"谢谢大家"。

小结：播报时，首先要进行自我介绍，其次要清楚、完整地说出播报的内容，最后要感谢大家。

教师进行示范，鼓励幼儿在播报时要自信、勇敢，声音洪亮。

②幼儿进行播报（图3-18）。

教师请提前准备好的幼儿进行播报。待幼儿播报结束后，教师及时肯定和鼓励幼儿。

图 3 - 18

师：请小朋友们说一说，你为什么喜欢他的播报？他哪里做得好？

教师进行记录并总结，跟幼儿一起讨论"播报过程中，应该怎么做，才能成为最棒的播音员？"

③小结。

教师将幼儿播报的内容记录下来并总结。

小结：最棒的播音员应该是充满自信地表达。在播报的过程中，声音洪亮，能够将播报内容完整地说出来。

⭐ **活动延伸：**

家园共育：将幼儿在园进行的播报活动视频发到班级微信群里，引导家长观看并了解班级开展的播报活动。家长们可以让幼儿自愿选择自己想要播报的内容，提前进行播报练习，在值日当天进行播报。

⭐ **活动反思：**

本次活动中，幼儿用话筒讲话、观看播报视频、讨论值日生播报内容，了解了值日生应该播报的内容及如何正确播报。幼儿进行了大胆地尝试，刚开始播报时，幼儿表现得不够自信。教师在活动中充分地鼓励和肯定幼儿，增强了幼儿的自信心。同时，教师给予幼儿物质上的支持，为幼儿创设了"播报台"。活动后，教师通过家园共育，将播报活动延伸至家庭，让家长和幼儿共同收集播报内容，通过反复练习，让幼儿更愿意当众讲话，进一步提高了幼儿的自信心和语言表达能力。

## 主题活动五　我们都是好朋友（中班）

### 教师：郝　晨　李增璐

**（一）主题活动由来**

经历了中班上学期的生活后，幼儿有了自己的好朋友，对于"好朋友"的概念也有了比较清晰的认识，拥有更多好朋友的欲望也越发强烈起来，社交能力也有了较明显的提高。同时，《指南》中明确要求幼儿："喜欢和小朋友一起游戏，有经常一起玩的小伙伴。"为了帮助幼儿认识更多的好朋友，对集体产生归属感，我们设计并开展了"我们都是好朋友"的主题活动，希望通过这个主题活动，让幼儿理解"好朋友"的含义，深入了解好朋友不同的性格、脾气和爱好，从而达到互相帮助、共同进步的目的，进一步感受自己与好朋友共同成长的快乐，希望幼儿能在教师的引导下，愿意尝试分享自己的物品及快乐的事情。比如，听从他人的建议，尝试把自己的玩具借给他人玩一会儿；当幼儿与同伴发生矛盾或冲突时，尝试用协商、交换、轮流、合作等方式解决冲突。教师会给幼儿提供更多自由交往和游戏的机会，鼓励他们自主选择、自由结伴游戏。

**（二）主题活动网络图**

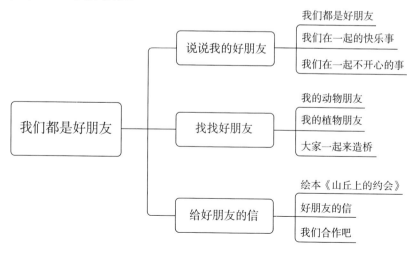

**（三）精选教案**

## 活动 1　我们都是好朋友

⭐ **活动目标：**

（1）能用形象的语言描述好朋友的外貌特征、细致讲述自己与好朋友之间的事情。

（2）理解"好朋友"的含义，知道好朋友之间应该怎样友好相处。

（3）感受好朋友之间互助、友爱的真挚情感，体验与好朋友相互了解、沟通、相亲相爱的快乐与幸福。

⭐ **活动重点：**

能用形象的语言描述好朋友的外貌特征，学会使用与外貌有关的形容词。

⭐ **活动难点：**

理解"好朋友"的含义，知道好朋友之间应该怎样友好相处。

⭐ **活动准备：**

（1）经验准备：幼儿有自己的好朋友。

（2）物质准备：好朋友的照片、介绍好朋友的气泡图。

⭐ **活动过程：**

（1）看照片导入。

教师出示自己和好朋友的照片，引出今天的话题"好朋友"。

师：请大家看看，今天，老师带来了一张谁的照片。

（2）我和好朋友的故事。

①教师通过介绍自己的好朋友，引导幼儿介绍自己好朋友的外貌特征。

师：我的好朋友是个女生。她长着一双大大的眼睛，双眼皮。她喜欢穿黑色的衣服。

师：你的好朋友是谁啊？你能形容一下他的外貌吗？

引导一名幼儿用语言描述自己好朋友的外貌特征，请其他幼儿猜一猜他的好朋友是谁。

幼：我的好朋友留着长头发，穿着粉色的连衣裙。

②教师引导幼儿在感受与讲述的基础上，初步理解"好朋友"的含义，增进与好朋友之间的感情。

教师有感情地讲述与好朋友之间的故事，引导幼儿感受朋友之间要互相关心和照顾。

师：请你讲一讲你和好朋友之间的故事吧！

师：你为什么喜欢和他做好朋友？你和好朋友之间是怎样交流的？

幼：因为她经常让我笑，所以我们经常在一起玩。

师：如果你和好朋友生气、吵架了，怎么办？怎么做，两个人才会成为好朋友？

小结：如果和好朋友吵架、生气了，我会去抱抱他，轻轻地摸摸他，会逗他开心。喜欢在一起、能互相关心、互相帮助、互相谦让的几个人，就会成为好朋友（图3-19）。

（3）介绍好友的爱好，加深印象。

教师出示气泡图，介绍自己好朋友的爱好，引导幼儿介绍自己好朋友的爱好，加深对好朋友的了解（图3-20）。

图3-19　　　　　　　　　　　　　　　图3-20

⭐ **活动延伸：**

家园共育：请幼儿回家后，用准确、形象的形容词向家人介绍自己的好朋友，说说他的外貌特征、性格、爱好、着装、饮食习惯等。

⭐ **活动反思：**

本次活动的教学目标完成得较好，幼儿能积极参与活动，大胆地讲述自己跟好朋友之间的事情，包括快乐的事或者不愉快的事。幼儿能简单地说出自己和好朋友之间的共同之处，比如，都喜欢玩什么，喜欢看什么书，喜欢哪个活动区，找出两个人比较相似的地方。幼儿能说出和好朋友相处时应该使用哪些礼貌用语，如"请""谢谢""对不起"。幼儿与好朋友游戏时，会轮流着玩、交换着玩等。本次活动也让那些暂时没有好朋友的幼儿学会多发现同伴的优点、长处，找到和自己有着相同或相似之处的小朋友，彼此之间建立友谊，促进情感的沟通与交流。

## 活动2　我们合作吧

⭐ **活动目标：**

（1）理解合作的意义，通过合作发展语言表达能力、沟通技巧和解决问题的能力。

（2）与同伴发生矛盾或冲突时，尝试用协商、交换、轮流等方式解决问题。

（3）学会与他人友好相处，体验合作的乐趣。

⭐ **活动重点：**

初步理解合作的意义，通过合作发展幼儿语言表达能力、沟通技巧和解决问题的能力。

⭐ **活动难点：**

与同伴发生矛盾或冲突时，尝试用协商、交换、轮流等方式解决问题。

⭐ **活动准备：**

（1）经验准备：幼儿有合作做事情的经验。

（2）物质准备：放鞭炮的音频、小猴子手偶、《摘桃子》故事课件、球、玩具筐。

⭐ **活动过程：**

（1）听放鞭炮的声音，创设"合作吧"开业的情境。

教师播放放鞭炮的音频，引起幼儿的好奇心，创设"合作吧"开业的游戏情境。

师：小朋友们，你们听，这是什么声音？

师：谁在放鞭炮？你们知道吗？

教师出示小猴子手偶，以小猴子的口吻讲述。

师（小猴子）：是我在放鞭炮，我的"合作吧"开业啦！合作吧里的事情，不是一个人就能完成的，必须两个人或几个人合作才能完成。

师：你为什么要开合作吧呢？

师（小猴子）：因为我经历了一件事情，明白了一个道理。小朋友们，你们想知道是什么事情吗？

（2）观看《摘桃子》故事课件，了解有些事情是需要多人合作完成的。
附故事：

## 摘 桃 子

有一天，小猴子和小鹿一起去郊游，路过一棵桃子树。小猴子想吃桃子，就自己去摘桃了。小鹿也想帮小猴子摘桃子，但是它够不到。它去找小猴子，结果小猴子一蹿，就上树了，根本没听到小鹿讲话。后来，它们吵了起来。最后，它们又和好了，一起去摘桃子了。小猴子在树上摘，小鹿在树下接，它们互相配合，不一会儿，就摘了好多桃子。

①了解合作的意义，激发幼儿的合作意识，学会与同伴相互配合，共同完成一件事。

②继续看故事课件，讨论：小猴子和小鹿去摘桃子，发生了争吵。它们为什么争吵（图3-21）？

图3-21

师：怎样才能摘到桃子呢？开动你聪明的小脑瓜儿，帮它们想个好办法吧！

师：最后，它们成功了吗？它们是怎样摘到桃子的？

师：现在，小猴子和小鹿还吵架吗？如果是你，你会怎样和别人合作呢？你能友好地和别人合作吗？

师（小猴子）：现在，我明白了，有些事情不是一个人能完成的，需要发挥每个人的长处，一起合作，才能完成。但只有不吵架，开开心心地互相帮助，友好地合作，才能把事情做好。你们说，对吗？为了让更多的小朋友明白这个道理，我才开了个合作吧！

（3）游戏"合作运球"。

①师（小猴子）：小朋友们，我从合作吧带来了一样东西。你们看，是什么？

师：小猴子想让咱们动动脑筋，想一想，怎样不用手、不用脚，也不借助任何东西，把球运到那边的玩具筐里？你们可以两个人一起想办法。

②幼儿尝试探索（图3-22）。

图 3 - 22

师：你们谁成功了？说说你用了什么方法。

师（小猴子）：现在，我就请大家到我的合作吧去玩。看看在去"合作吧"的路上，谁是最遵守秩序的小朋友。

⭐ **活动延伸：**

家园共育：教师引导幼儿回家后，想一想可以和家人合作做哪些事情，把它记录下来，来园后和小伙伴分享。

⭐ **活动反思：**

本次活动创设了小猴子开合作吧这一游戏情境，通过播放放鞭炮的音频引出活动。"合作吧"，顾名思义就是需要合作，通过两人或多人合作，齐心协力地完成一件事情。合作就需要孩子们做事情有计划性，了解与同伴交往的方法，比如语言、眼神的交流或者动作。活动中，教师鼓励幼儿尝试用协商、制订计划等方式开展小组合作运球游戏，从而体验与同伴一起合作的快乐与趣味性。教师应对主动寻求合作的幼儿给予肯定，让他为自己的表现感到高兴和自豪。

## 主题活动六　遇见你，真好（大班）
教师：于　阳　郭小敏　宋佳佳

### （一）主题活动由来

大班幼儿自我意识有了一定的发展，他们渴望成功，渴望实现自我。《指南》中指出："幼儿在与成人和同伴交往的过程中，不仅学习如何与人友好相处，也在学习如何看待自己、对待他人，不断发展适应社会生活的能力。""友善"是中华民族的传统美德。生活中，我们要与人为善，宽容、谅解他人，相互谦让。幼儿作为一个独立的个体，教师应引导幼儿正确地认识自我、评价自我，让幼儿对自己充满信心。在幼儿成长的道路上，朋友、家长、教师分别扮演着不同的角色，有了他们的陪伴，幼儿才能更好地成长。大班幼儿即将升入小学，离开幼儿园，去一个新的环境生活。在这即将分别的时刻，他们心里都舍不得离开自己熟悉的朋友、老师和班集体。为了正确引导幼儿直面分别，为迎接小学生活和学习做好充分的心理准备，我们设计并开展了"遇见你，真好"的主题活动。

**（二）主题活动网络图**

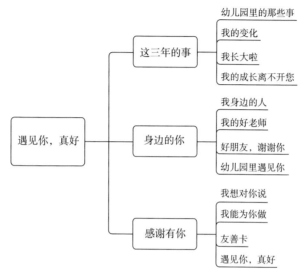

**（三）精选教案**

## 活动 1　幼儿园里遇见你

⭐ **活动目标：**

（1）理解绘本故事内容，懂得尊重和理解别人，知道同伴之间要互相帮助。

（2）在出现矛盾或遇到困难时，尝试协商解决矛盾、克服困难。

（3）愿意参与讨论"幼儿园里遇见你"这一话题。

⭐ **活动重点：**

懂得尊重和理解别人，知道同伴之间要互相帮助。

⭐ **活动难点：**

在出现矛盾或遇到困难时，愿意尝试协商解决问题。

⭐ **活动准备：**

（1）经验准备：幼儿有过与好朋友发生矛盾的情感体验。

（2）物质准备：保安叔叔、食堂阿姨等人的图片，绘本故事《身边的人》PPT 课件。

⭐ **活动过程：**

（1）出示图片，激发兴趣。

教师出示保安叔叔、食堂阿姨等人的图片并提问。

师：小朋友们，你们在幼儿园里每天都会遇到谁？你们会一起做什么事情呢（图 3 - 23）？

小结：小朋友们在幼儿园里会遇到保安叔叔、客人老师、食堂阿姨等，你们每天都会见面，都会互相问候。

（2）观看绘本故事，理解故事内容。

教师播放绘本故事《身边的人》PPT 课件，讲述故事，引导幼儿听故事。

师：看完绘本后，你了解了什么？他们三个是好朋友吗？为什么？

（3）观看 PPT 课件中的绘本故事图片，表达感受。

师：你们看，图片里的他们怎么了？请你来说一说这件事情的经过。

师：当你和身边的人发生矛盾时，你会怎么解决呢？你有什么好办法吗？你愿意尝试绘本中的方法吗？为什么？

小结：刚才，我们从绘本故事中看到了很多好方法。当小朋友遇到开心的事情，我们可以一起分享；当我们之间出现了矛盾，可以尝试解决（图 3 - 44）。

图 3 - 23

图 3 - 24

（4）表示感谢。

教师引导幼儿找到自己想要感谢的人，并向他说出表示感谢的话。

师：现在，请你们快来找一找你想要感谢的人，把你想说的话告诉他吧！

⭐ **活动延伸:**

美工区:引导幼儿在美工区为身边的人或者想要向他表示感谢的人制作神秘的小礼物。

⭐ **活动反思:**

本次活动通过观看绘本故事、谈话、讨论等方式,让幼儿在与身边的人相处时,感受一起生活、学习、游戏是一件令人高兴的事情。当我们与身边的人产生矛盾时,可以尝试协商解决。因为幼儿就要升入小学了,可能会与身边的人分开,希望幼儿珍惜现在的友谊,感谢身边的人为我们的付出,并尝试为身边的人制作一份小礼物。

## 活动 2　友善卡

⭐ **活动目标:**

(1) 知道友善卡是互相沟通、表达情感的一种方式。
(2) 尝试用图案、符号与文字相结合的方式给身边的人制作友善卡。
(3) 愿意用赠送友善卡的方式表达对身边人的美好情感,体验友善卡带来的快乐与感动。

⭐ **活动重点:**

知道友善卡是互相沟通、表达情感的一种方式。

⭐ **活动难点:**

尝试用图案、符号与文字相结合的方式给身边的人制作友善卡。

⭐ **活动准备:**

(1) 经验准备:幼儿初步了解多种表达情感的方式。
(2) 物质准备:PPT 课件《友善卡》、园长妈妈送给毕业班幼儿的贺卡、彩色纸、水彩笔、音乐《友谊地久天长》、舒缓而温馨的音乐。

⭐ **活动过程:**

(1) 谈话导入,激发兴趣。
①教师引导幼儿了解生活中表达友善的方式有很多种,知道赠送友善卡也是其中的一种。

师：你们知道什么是友善卡吗？

②讨论向身边的人表达友善的方式。

师：如果你想和身边的人，如家人、朋友、老师，一起去公园玩，你该怎么联系他们呢？

小结：现在，科技越来越发达，很多人表达爱、表达感谢都会用拥抱、打电话问候、送礼物等方式，赠送友善卡也是表示友好的一种方式。我们可以通过赠送友善卡来表达我们对身边人的感谢。

（2）了解友善卡的格式和内容。

出示园长妈妈送给毕业班幼儿的贺卡（即友善卡），引导幼儿观察、了解友善卡的格式及相关内容，知道可以通过赠送友善卡进行沟通、表达情感。

师：友善卡上有什么？（姓名、感谢或祝福的话）（图3-25）。

教师播放音乐《友谊地久天长》，朗读友善卡上写的内容，引导幼儿通过聆听友善卡的内容，感受友善卡传递的情感。

（3）制作友善卡。

①师：此时此刻，你的心情是怎样的？你想对身边的人说些什么？你打算用什么方式把它记录下来？

②教师播放舒缓而温馨的音乐，引导幼儿回忆与身边人在一起的快乐时光。

③幼儿主动分享与好朋友在一起时记忆最深刻或最受感动的一件事。

④幼儿尝试用简单的图案、符号与文字的记录方式为身边的人绘制友善卡（图3-26）。

图3-25

图3-26

⑤教师帮助幼儿在友善卡上记录幼儿想要说的话。

（4）分享友善卡。

教师引导幼儿将制作好的友善卡送给身边的人，并说一句表示感谢的话，

体验为身边人制作友善卡的快乐与感动。

### ★ 活动延伸：

引导幼儿分享友善卡，把友善卡送给想送的人。

### ★ 活动反思：

本次活动能顺利开展，离不开活动前教师丰富幼儿的前期经验。教师利用园长妈妈送给毕业班幼儿的贺卡，和孩子们一起发现、一起探讨、一起感受，激发了幼儿对小朋友们、老师们及幼儿园的不舍之情。幼儿通过观察友善卡，学会了制作友善卡的方法。最后，用自己喜欢的方式给身边的人制作了友善卡，说出了自己想要说的表示感谢和祝福的话，体验了为身边的人制作友善卡的快乐与感动，也促进了幼儿与身边人之间的情感。

# 第四节　勤奋篇

## 主题活动七　勤奋的我（中班）

教师：程传敏　夏　青　游金鑫

### （一）主题活动由来

在一次晨间谈话过程中，有个小朋友说："老师，你知道吗？我的爸爸每天早晨都去跑步。我觉得爸爸非常努力，每天都在坚持做这件事情。""我的妈妈也是，每天晚上都锻炼身体——练瑜伽，我觉得妈妈很勤奋。""老师，我知道一个成语叫'闻鸡起舞'，它告诉我们做事情要有坚持不懈的精神。"孩子们你一言、我一语，讨论着自己家人每天都在勤奋地坚持做事情。为了传承中华优秀传统文化，感受历史文化底蕴及成语背后的育人道理，教师结合大班幼儿的年龄特点及做好幼小衔接的需要，设计并开展了"勤奋的我"这一主题活动，旨在引导幼儿通过成语故事《闻鸡起舞》了解做事情要有积极向上、勤奋学习、坚持不懈的精神，引导幼儿学习刻苦、勤奋的良好品格，让幼儿在德育活动中潜移默化地接受教育，形成良好的思想品德。

### （二）主题活动网络图

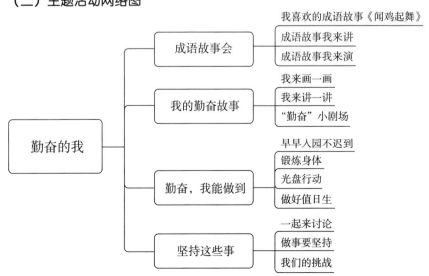

（三）精选教案

### 活动 1　我喜欢的成语故事《闻鸡起舞》

⭐ **活动目标：**

（1）理解《闻鸡起舞》的故事内容，了解成语的含义。
（2）能用较完整的语言大胆地表达自己的想法。
（3）懂得做事要有勤奋的态度和恒心，能在生活中坚持做某件事。

⭐ **活动重点：**

理解成语故事内容及其含义。

⭐ **活动难点：**

能用较完整的语言表达自己的想法。

⭐ **活动准备：**

（1）经验准备：幼儿已有学习成语故事的经验，知道每个成语都蕴含着深刻的意义或道理。
（2）物质准备：《闻鸡起舞》故事封面图片、《闻鸡起舞》故事视频。

⭐ **活动过程：**

（1）出示《闻鸡起舞》故事封面图片，激发兴趣。

师：小朋友们，你们知道吗？古时候，我们的中国就是一个特别爱学习的国家，有很多关于勤奋学习的故事。今天，老师就带来了一个成语故事，故事的名字叫作"闻鸡起舞"，我们一起来看看吧（图 3 - 27）！

图 3 - 27

（2）观看故事视频，理解成语的含义。

教师播放《闻鸡起舞》故事视频，请幼儿带着问题观看。

①师：故事里都有谁？故事讲了一件什么事情？

（3）关键性提问，互动环节。

教师引导幼儿通过讨论更加深刻地理解《闻鸡起舞》的故事内容。

①师：祖逖和刘琨为什么要发奋读书？

幼：因为他们想学到更多的本领，报效自己的祖国。

②师：每天，祖逖听到了什么，就会起床练剑？

幼：他听到了鸡的叫声，就会起床练剑。

③师：最后，祖逖和刘琨分别取得了什么成就？

幼：他们都成了大将军，帮助了自己的祖国。

④师：听了这个故事，你有什么感受？

幼：我们做一件事情时要努力，每天都要坚持去做，才能成功。

幼：我的感受就是我要向祖逖学习，学习他每天一听到鸡叫，就起床去练剑的精神。就像我跳绳一样，虽然我现在不会，但是只要我每天坚持练习、勤奋学习，慢慢地，我就能学会跳绳了。

（4）加深幼儿对故事含义的理解。

小结：小朋友们，你们听得很认真，每个人都发表了自己的看法，知道了《闻鸡起舞》这个成语故事的含义。做事情要勤奋努力、不断地坚持，才能学到本领，取得成功。

（5）联系生活实际，知道"坚持"的含义。

教师引导幼儿联系生活实际，通过讨论加深对"坚持"含义的理解。

①师：什么是坚持？

幼：坚持就是一直做一件事，中间不间断，就是不能放弃的意思。

幼：坚持就是做一件事情时，始终不放弃，要努力。

幼：坚持就是我们要一直做一件事情，一直做下去。

②师：生活中有哪些事情需要我们坚持？

幼：我和妈妈每天晚上坚持读书，我觉得很开心。

幼：每天进区都要写区域活动计划。

幼：上幼儿园不能迟到，要早点儿来幼儿园。

③师：你是怎么坚持做一件事情的？你有什么好方法？

幼：我每天都坚持跳绳。上幼儿园时，在幼儿园里练习跳绳。晚上回到家，也练习跳绳。这样，我就学会连续跳绳了。

④请幼儿分别表达自己的想法，教师帮助幼儿梳理、总结、评价。

幼儿在理解"闻鸡起舞"这一成语的基础上，结合自己的生活经验进行总结、讨论，知道了在生活中有许多事情都需要我们坚持做，要努力完成。在讨论的过程中，幼儿积极参与，兴趣高涨。幼儿非常愿意讲述自己坚持做了哪些事情，也愿意告诉其他小朋友不仅要每天坚持去做，还要勤奋学习，不放弃，才能成功。

（6）理解勤奋好学、努力坚持的意义。

小结：小朋友们，《闻鸡起舞》这个成语故事告诉我们"对待任何事情都要勤奋、努力，要有耐心和恒心，只有不断地坚持和努力，才能成功"。小朋友们要知道一个人如果要成功，光靠想和说是不行的，最重要的是行动和坚持做这件事。我们要学习祖逖和刘琨"闻鸡起舞"的精神，不拖拉，不找借口，在规定的时间内完成该做的事情，做一个勤奋、刻苦、努力的人。我们要发奋图强，坚持不懈，勤奋学习。不管想学什么本领，只要勤学苦练，努力坚持，一定会有很大的收获。就像我们班小朋友学跳绳一样，刚开始，大家都不会跳，后来，小朋友们每天坚持练习、勤奋刻苦，现在都会跳绳了，而且跳得还很棒！老师相信每个小朋友都是最棒的，都能通过勤奋学习学到更多的本领。

⭐ **活动延伸：**

（1）美工区：绘画《闻鸡起舞》成语故事的连环画（图 3-28）。

图 3-28

（2）表演区：教师为幼儿提供表演《闻鸡起舞》情景剧相应的服装、道具，引导幼儿进行表演。

⭐ **活动反思：**

本次活动中，教师从幼儿的兴趣点展开，引导幼儿通过看图片、看视频、讨论等方式参与活动，更深刻地理解《闻鸡起舞》的故事内容。随后，教师又通过关键性提问、联系幼儿生活实际的讨论，引导幼儿大胆表达自己的想法，更深刻地理解了成语"闻鸡起舞"的含义。幼儿体验了大胆表达的快乐，相关的能力和经验都得到了提升，学习了故事中主人公的勤奋好学、坚持不懈的好品质，也为接下来的《闻鸡起舞》情景剧表演进行了充分的准备。

## 活动2 "勤奋"小剧场

### ★ 活动目标：

（1）熟知《我的勤奋故事》的主要内容。
（2）能大胆地用语言和肢体动作等表现故事中的人物角色。
（3）体验和同伴协商、共同表演的乐趣。

### ★ 活动重点：

能用完整、连贯的语言讲述《我的勤奋故事》。

### ★ 活动难点：

能大胆地用语言和肢体动作等表现故事中的人物角色。

### ★ 活动准备：

（1）经验准备：幼儿熟悉《我的勤奋故事》主要内容。
（2）物质准备：《我的勤奋故事》情景图、背景音乐。

### ★ 活动过程：

（1）出示《我的勤奋故事》情景图，激发幼儿兴趣。
①师：小朋友们，这是上次活动中你们和同伴分享过的《我的勤奋故事》。老师觉得每个小朋友都很刻苦、很努力，每天都在坚持做着自己的事情，你们做得都很棒！
②师：为了让小朋友们更加喜欢我们的勤奋故事，那我们该怎样去展示这些事情呢？
（2）回忆故事，创编对话。
引导幼儿回忆《我的勤奋故事》主要内容，创编故事中各个角色之间的对话。
①师：你的勤奋故事主要讲了什么内容（图3-29）？
②师：故事里都有哪些角色？需要我们准备什么？
（3）分角色表演。
①教师对幼儿分角色表演提出要求。
师：你可以找你的好朋友一起表演，两个人或几个人按照故事内容分配好

角色，先创编好相应的对话和动作，再进行表演。

②幼儿自由表演，教师观察并指导（图3-30）。

图3-29                                    图3-30

③教师鼓励幼儿大胆尝试表演，运用一些语言、动作和表情等来表现故事中的相应角色。

（4）交流表演感受。

幼儿交流表演的感受。

①师：你觉得他们演得怎么样？

②师：要怎样表演，才能让同伴看明白，并且喜欢这个故事？你能来试一试吗？

（5）交换角色，再次表演。

请幼儿互相交换角色，再次表演自己的勤奋故事，体验表演的乐趣。

⭐ **活动延伸：**

表演区：将《我的勤奋故事》相关的头饰、服装、道具等材料投放到表演区，供幼儿继续表演。

⭐ **活动反思：**

在本次活动中，幼儿通过讲述自己的勤奋故事，了解到每个小朋友每天都在勤奋学习，坚持做一些事情。幼儿都特别喜欢参与《我的勤奋故事》情景剧表演，愿意和同伴一起商量剧本、分配角色来表演。幼儿首先分配了故事中的角色，又创编了相应的台词和动作。在表演的过程中，孩子们都很兴奋，愿意尝试表演。孩子们在第一次演出后，开始分享自己的感受。他们发现自己对台词不够熟悉，有的会忘记台词或说错台词，有的小演员表情不到位，有时会笑场、怯场等；有的小演员对自己的角色不是很熟悉，都忘记应该做什么动作了。幼儿对这次演出很重视，能及时发现自己的问题，接下来，就是思考解决问题的办法，为下一次活动做好铺垫。

## 活动 3　早早入园不迟到

### ★ 活动目标：

（1）通过讨论懂得只有每天坚持早睡早起，才能按时入园、不迟到。
（2）能够在集体面前用完整的语言大胆地表达自己的想法。
（3）养成不赖床、坚持早起、按时入园的生活习惯。

### ★ 活动重点：

通过讨论懂得只有每天坚持早睡早起，才能按时入园、不迟到。

### ★ 活动难点：

能联系生活实际，与同伴讨论并大胆发表自己的想法。

### ★ 活动准备：

（1）经验准备：幼儿有分组讨论的经验；有用绘画、标记符号等方法进行记录的经验。
（2）物质准备：音乐《上学歌》、记录纸、彩色笔、《签到打卡记录表》。

### ★ 活动过程：

（1）音乐导入，引出谈话话题。
①教师播放音乐《上学歌》，引导幼儿倾听。
师：小朋友们，你们听到这首歌曲有什么感受？
②师：你们上幼儿园的时候，有没有迟到过？
（2）集体讨论迟到的情况。
①师：这么多小朋友都有过来园迟到的情况。那请你说一说，你迟到的原因是什么？
②师：你来幼儿园迟到了，看到其他小朋友都在做什么？
③师：如果迟到了，对自己会有什么不好的影响？
小结：有的小朋友迟到是因为自己起晚了。有的小朋友迟到是因为爸爸、妈妈有事情，耽误送小朋友来园了。有的小朋友迟到是因为自己穿衣服慢了。还有一些小朋友因为各种各样的原因迟到了。小朋友们入园迟到了，可能幼儿园的早饭就凉了，吃了可能肚子会不舒服；也可能因为迟到了，就选不到自己喜欢的区域进行活动了。

（3）分组讨论"怎么做才会不迟到"。

①师：小朋友们应该怎么做，才会不迟到呢？

②幼儿分组进行讨论。每组请两名幼儿记录讨论的结果。

（4）集体分享讨论的结果。

小结：小朋友们想到了这么多能早早入园、不迟到的办法，真是太棒了！希望小朋友们都能尝试一下适合自己的办法，每天坚持早早入睡、早早起床，勤快地做好入园前的准备，每天都能按时来园，做一个不迟到的小朋友。

（5）讲解《签到打卡记录表》。

教师出示并讲解《签到打卡记录表》（图3-31），引导幼儿学会签到、打卡，每天早晨来园后，记录自己的来园时间。

⭐ **活动延伸：**

来园环节：幼儿签到、打卡，每天早晨来园后，在班级签到台记录下自己的姓名及来园时间（图3-32）。

图3-31　　　　　　　　　　　　　　　图3-32

⭐ **活动反思：**

本次语言谈话活动通过歌曲《上学歌》导入活动，引出"来园不迟到"的话题，引起了幼儿极大的讨论兴趣。幼儿根据自己的实际生活经验，紧紧围绕话题，展开了激烈的讨论。在讨论中，幼儿勇敢地表达了自己迟到的原因。有的是起床晚了，有的是穿衣服慢，有的是爸爸、妈妈送晚了，总之，因为各种原因迟到了。接下来，幼儿又开展了分组讨论"怎么做才能不迟到"。很多幼儿都能说出要想不迟到就要每天坚持早睡早起，然后自己快快地穿衣服、洗脸、刷牙，关注时间，做好入园前的准备等。本次活动在大班开展，也可以帮助大班幼儿做好幼小衔接中的生活准备。在本次活动目标达成的同时，幼儿不仅知道了要坚持早睡早起，自己快速穿衣、洗漱，还激发了幼儿做事情要守时、有条理、养成良好生活习惯的意识。

## 主题活动八　足球嘉年华（大班）

教师：郝　晨　彭云清　贾艺鸣

### （一）主题活动由来

幼儿园要组织一场足球比赛。大家都跃跃欲试，想要报名参加足球赛。大班幼儿各种动作发展都有了明显的提升，身体素质及耐力也较中班时有所提高。运动类活动不仅可以促进幼儿大肌肉运动的发展，还可以增强社会性等多方面能力的发展。《指南》中要求大班幼儿做到："理解规则的意义，能与同伴协商制定游戏和活动规则。"因此，教师设计并开展了"足球嘉年华"的主题活动，旨在通过足球活动鼓励幼儿遵守游戏规则、学会自我控制、学会尊重别人的意见、学习关心同伴、互相帮助，在自己或同伴遇到困难时，能立即向成人求助，在足球训练的过程中不怕困难、不怕累，勤奋、刻苦地训练，鼓励幼儿尝试挑战有一定难度的任务，让幼儿感受经过努力获得成功的快乐。

### （二）主题活动网络图

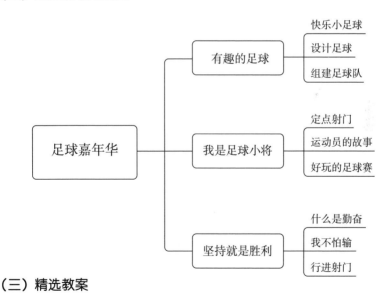

### （三）精选教案

## 活动 1　运动员的故事

### ★ 活动目标：

（1）通过运动员的励志故事，培养刻苦锻炼的意志品质。

（2）具有不怕困难的意志品质，能与同伴友好协商、共同完成任务。

（3）喜欢参加体育活动，养成爱运动、刻苦锻炼的好习惯。

### ⭐ 活动重点：

通过运动员的励志故事，培养刻苦锻炼的意志品质。

### ⭐ 活动难点：

具有不怕困难的意志品质，能与同伴友好协商，共同完成任务。

### ⭐ 活动准备：

（1）经验准备：活动前，教师通过谈话了解幼儿喜欢的体育项目有哪些。

（2）物质准备：《运动员的故事》PPT 课件，奥运会和世界杯足球赛图片，运动员刻苦训练的图片，《运动员能力记录表》、笔、纸。

### ⭐ 活动过程：

（1）谈话导入。

教师通过谈话，初步了解幼儿喜欢哪些体育运动项目。

师：你们最喜欢什么体育运动项目？说说为什么喜欢这项运动。

小结：经常参加体育运动可以增强身体素质，也可以锻炼勤奋刻苦、顽强拼搏的意志力。

师：你们认识哪些运动员？听过他们的故事吗？

小结：运动员从小就有一颗热爱运动的心，他们有自己的理想，并且始终朝着自己的目标前进，经过勤奋、刻苦的练习，最终取得好成绩。

（2）讲述运动员刻苦训练的故事。

①教师出示奥运会和世界杯足球赛图片（图 3-33），引导幼儿观看。

图 3-33

师：你们都看过奥运会和世界杯足球赛吗？

小结：奥运会和世界杯足球赛是世界级顶级赛事，运动员们都想参加世界级的比赛，争取得冠。

师：运动员在参加比赛时，要想成为冠军，需要做哪些准备呢？

小结：运动员们要想在比赛中取得好成绩，平时就要不断地刻苦练习，克服重重困难，战胜自己。

②教师播放《运动员的故事》PPT 课件，引导幼儿认真观看，感受运动员们勤奋、刻苦锻炼的意志品质。

师：你们看到了哪些世界冠军呢？他们有哪些刻苦锻炼的故事，请你来说一说。

小结：邓亚萍从小就喜欢打乒乓球，虽然她的个子不高，但是她刻苦练习，顽强拼搏，有信心取得世界冠军。刘翔在身体不断出现问题的情况下，依然勤奋练习，最终，取得了奥运会百米跨栏的冠军……

（3）填写《运动员能力记录表》。

①教师出示运动员刻苦训练的图片。

师：这些运动员在取得世界冠军之前都经历了什么？

师：取得冠军需要具备哪些能力？请你们分组讨论并记录下来。

②幼儿分组讨论并记录，教师巡视并指导。

③教师引导每组派出一名代表，将本组的讨论结果展示出来，并与大家分享、交流。

⭐ **活动延伸：**

家园共育：教师引导幼儿回家后，跟家人分享运动员刻苦训练的故事，激励全家人一起参与体育运动（图 3-34）。

图 3-34

⭐ **活动反思：**

本次活动通过听故事，引导幼儿感受运动员们为了取得好成绩，不断地刻苦练习，克服困难，如从小就离开家人参加集体训练，努力提升运动技能和身体素质，具有"不拿冠军，誓不罢休"的意志品质，激励幼儿从小要有自己的理想和志向，为着自己的理想而勤奋练习，最终实现自己的理想。接下来，幼儿园要举办园级足球比赛，也希望幼儿通过这次足球比赛，磨炼不怕苦、不怕累的坚强意志，引导幼儿通过平时的刻苦练习完成比赛任务。

## 活动 2　什么是勤奋

⭐ **活动目标：**

（1）了解一些常见的运动项目，体验做运动员的快乐和自豪。
（2）知道运动员要想取得冠军的好成绩，就要勤奋、刻苦地坚持训练。
（3）愿意参与体育游戏，体验在游戏中奔跑、追逐的乐趣。

⭐ **活动重点：**

了解一些常见的运动项目，体验做运动员的快乐和自豪。

⭐ **活动难点：**

知道运动员要想取得冠军的好成绩，就要勤奋、刻苦地坚持训练。

⭐ **活动准备：**

（1）经验准备：幼儿已有参加体育运动的经历。
（2）物质准备：幼儿搜集各种运动项目及运动员代表的图片、PPT 课件《我是运动员》、幼儿运动时的照片。

⭐ **活动过程：**

（1）幼儿介绍自己知道的运动项目及运动员，展示相关图片。

教师出示幼儿搜集各种运动项目及运动员代表的图片，鼓励幼儿用较连贯的语言讲述图片上这些运动员正在进行的运动项目，如"这是跑步运动员，他们每天练习跑步，想让自己跑得更快一些"。

（2）幼儿说一说自己参与体育运动的感受。

①教师出示幼儿运动时的照片，引导幼儿说一说自己在练习什么运动项目。

讨论：你参加体育运动时，有哪些感受？你认为，通过练习，自己在哪些方面进步了？

小结：经常参加体育运动可以锻炼身体，增强肌肉力量和身体的协调性，提高身体素质和免疫力。

②讨论：运动员要想在比赛中取得好成绩，需要做哪些准备？

幼儿讨论，教师做记录。

小结：运动员除了具备一定的运动能力，还要遵守比赛规则。可以采用刻意练习的方法，通过刻苦训练提高身体素质，可以每天给自己定一个目标，然后坚持下去，记录每天训练项目的完成度，争取取得好成绩。

③讨论：小朋友在幼儿园里怎样做到勤奋？

小结：小朋友在幼儿园里要养成良好的作息习惯，制订全面的学习计划，坚持按照学习计划来，不做懒惰的人。每天坚持，每天勤奋，在班里形成勤奋、刻苦学习之风。小朋友可以给自己树立一个奋斗目标，要充分认识自己和同伴的水平，知道自己的不足之处，向比自己强的同伴学习，缩小与同伴的差距，学习他们的优点，让自己变得更加勤奋。

（3）运动员为什么要勤奋？

教师播放 PPT 课件《我是运动员》，请幼儿说一说运动员勤奋训练是为了什么，鼓励幼儿尝试，提醒幼儿运动时，注意安全。

小结：勤能补拙，努力能够创造奇迹。勤奋也会影响运动员的心态。任何一个运动员都应当努力，若仅凭自己的天赋，很快就会被他人超越。一个优秀的运动员应该勤奋、刻苦地练习，挑战自我，突破自身极限，不断地打破历史纪录，进而创造奇迹。

★ 活动延伸：

美工区：教师引导幼儿画一画和同伴一起运动的场景，鼓励幼儿每天坚持参加体育锻炼，勤奋练习，不怕困难，强身健体（图 3 - 35、图 3 - 36）。

图 3 - 35　　　　　　　　　　图 3 - 36

⭐ **活动反思：**

幼儿观看运动员图片时都很兴奋。大部分幼儿能说出图片上的运动员正在进行什么项目的运动，以及该项目所需的运动器械及专用服装。幼儿在展示自己参与的运动项目时，表现积极、踊跃，能说出图片中自己参加的体育项目名称及相应的要求、方法和规则。教师鼓励幼儿积极参与各项体育锻炼，比如，跑步、跳绳、游泳等。教师应在实践活动中，让幼儿懂得只有通过不懈地努力、勤奋地练习，才能取得优异的成绩。

# 第五节 责任篇

## 主题活动九 我服务 我骄傲（中班）
### 教师：赵家婷 徐 澍 李 晨

### （一）主题活动由来

孩子们刚升入中班，参与值日服务的热情高涨。但是，他们在"值日"的过程中遇到了一些问题。一天午餐环节，轮到值日生值日。有个小朋友大声地说道："今天，怎么没人发筷子呀？"这时，孩子们纷纷议论起来："是呀，也没有人看着洗手。洗手池那里弄了一地水，也没人管。""今天，谁值日呀？"

《幼儿园入学准备教育指导要点》的生活准备将参与劳动作为幼小衔接的重要内容，提出"能主动承担并完成分餐、清洁、整理等班级劳动"的目标，这其中建议教师引导幼儿承担适当的劳动任务，鼓励幼儿自主确定任务分工并有计划地完成。在《幼儿园保育教育质量评估指南》中的生活照料部分也提出，教师应"指导幼儿进行餐前准备、餐后清洁、图画书与玩具整理等自我服务，引导幼儿养成劳动习惯"。

如何让劳动教育自然地融入幼儿的一日生活之中？值日就是最好的劳动教育活动。值日是幼儿非常喜欢的活动，也是幼儿为集体服务的一种形式，是劳动教育的重要组成部分，在幼儿全面发展过程中具有重要意义。为了让幼儿参与劳动，培养幼儿自我服务及为他人服务的意识，获得初步的责任感，更好地衔接小学生活，我们从班级出现的值日问题出发，结合幼儿的兴趣点和年龄特点，开展了"我服务 我骄傲"的主题活动。

## （二）主题活动网络图

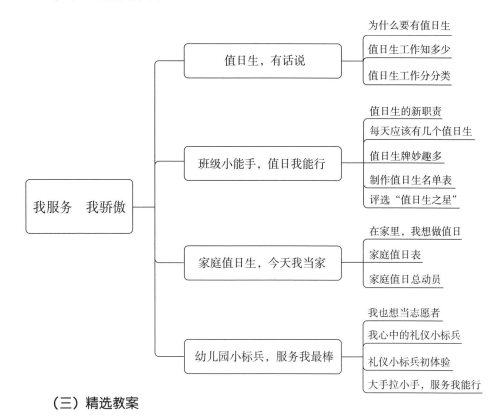

## （三）精选教案

### 活动 1　值日生工作知多少

⭐ **活动目标：**

（1）知道值日生的基本工作内容。

（2）能根据问题进行小组讨论，并用思维导图气泡图记录讨论的结果。

（3）愿意在小组讨论中大胆地讲述自己的想法，在提出问题和建议的过程中获得成功的体验。

⭐ **活动重点：**

在小组讨论中，能积极地参与讨论，并大胆地讲述自己的想法。

⭐ **活动难点：**

能围绕班级现状，在小组内有针对性地讨论值日生的工作内容，并用思维导图气泡图记录讨论的结果。

⭐ **活动准备：**

（1）经验准备：幼儿会画思维导图气泡图；做过值日生的工作。

（2）物质准备：无人值日的图片、白纸、笔、黑板。

⭐ **活动过程：**

（1）出示图片，引发讨论。

幼儿通过观察无人值日的图片（图3-37、图3-38），讨论有关值日的问题。

图3-37

图3-38

师：图片上发生了什么？

师：为什么没人发筷子？洗手池上的水，为什么没人清理？

师：今天，谁是值日生？

小结：刚开学，大家忘记自己哪天值日了，也忘记值日生的工作了。咱们一起来回忆一下值日生的工作内容吧！

（2）集体讨论，共同回忆值日生的工作内容。

根据目前班级存在的值日问题，引导幼儿集体讨论在一日生活活动中值日生有哪些具体工作内容。

师：值日生有哪些工作内容？

师：值日生的工作很多，那我们怎样才能快速地把值日生的工作记录下来呢？

师：值日生的工作内容很多，属于发散思维，可以用气泡图来记录。

小结：值日生的工作内容很多，有发筷子、照看同伴洗手、报菜名、浇花，还有哪些呢？接下来，我们分组讨论吧！

（3）分组讨论，值日生具体的工作内容。

教师引导幼儿分组进行讨论，并用思维导图气泡图的形式记录讨论的结果。

师：大家说了好多有关值日生的工作内容。接下来，我们分小组进行讨论。请你们把讨论的结果用气泡图的形式记录下来。

第一组（图3-39、图3-40）：整理图书、整理蜡笔、给表演区整理服装、发筷子、叠毛巾、照看同伴洗手、浇花、提醒同伴冲厕所、帮助摆椅子、推柜子、提醒同伴排队要安静、播报天气预报、扫地。

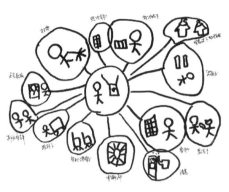

图3-39 图3-40

第二组（图3-41、图3-42）：扫地、发筷子、提醒关灯、擦桌子、照看同伴洗手、摆椅子、叠毛巾、提醒同伴冲厕所。

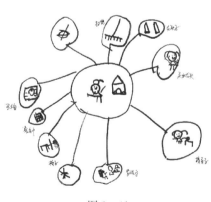

图3-41 图3-42

第三组（图3-43、图3-44）：收拾玩具、叠衣服、提醒同伴冲厕所、擦桌子、搬椅子、发筷子、叠毛巾、洗手、扫地。

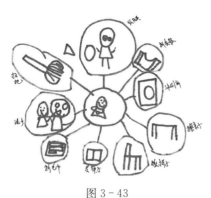

图 3 - 43                                          图 3 - 44

第四组（图 3 - 45、图 3 - 46）：播报天气预报、收拾玩具、提醒同伴冲厕所、照看同伴洗手、摆椅子、叠毛巾、擦桌子、发筷子、摆筷子、浇花、扫地。

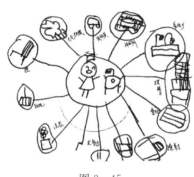

图 3 - 45                                          图 3 - 46

（4）各组代表分享讨论结果。

请各组幼儿代表将思维导图气泡图贴在黑板上。教师引导各组幼儿代表分享讨论结果。

师：请各组小朋友分享你们的讨论结果。你们值日的时候，都做了哪些工作？还有哪些工作需要做？

小结：大家互相分享了各组讨论的值日生工作内容，每组小朋友想到的都不一样。咱们把这些工作内容汇总在一起，就知道值日生有多少项工作内容了。

⭐ **活动延伸：**

美工区：教师引导幼儿去美工区把值日生的工作内容画下来，之后还可以将各组幼儿讨论的结果及最终的值日生工作图贴在值日生墙上，提醒值日生逐项完成值日工作。

⭐ **活动反思**：

当幼儿发现班里的值日出现问题时，教师及时抓住这一教育契机，引导幼儿讨论。教师带领幼儿从值日生服务工作中出现的一系列问题出发，一起讨论解决，由幼儿主动建构知识，培养幼儿的反思能力、高阶思维能力和解决问题的能力，提高幼儿的学习兴趣，采用集体教学与小组教学相结合的方式提升幼儿合作学习的能力，通过思维导图气泡图以直观、形象的方式帮助幼儿联结、拓展思维、复述与组织语言，运用批判性思维方式引导幼儿讨论。通过讨论，让幼儿明确了值日生有哪些具体的工作内容，为接下来的值日生活动奠定了基础。

## 活动 2　值日生工作分分类

⭐ **活动目标**：

1. 会按照某一特征对物体进行分类。
2. 能对之前讨论的值日生工作内容进行分类，并说出分类依据。
3. 通过分类明确各类值日生的职责，做好值日生工作。

⭐ **活动重点**：

能围绕值日生工作内容进行讨论并分类。

⭐ **活动难点**：

通过分类明确各类值日生的职责。

⭐ **活动准备**：

（1）经验准备：幼儿已经了解值日生的工作内容；有分类的经验。
（2）物质准备：纸、笔、黑板、值日生工作气泡图。

⭐ **活动过程**：

（1）与幼儿共同回忆上次活动中有关值日生工作内容的讨论结果。
观察上一次讨论的值日生工作气泡图，发现其中的问题。
师：请小朋友们仔细观察上次各组讨论画出来的气泡图，你们发现了什么？
师：值日生工作的内容太多了。一个值日生做了这项工作，其他的工作就做不了了，该怎么办呢？
师：大家讨论的值日生工作内容太多了，可是没有那么多的值日生怎么办？

（2）讨论值日生的工作内容，引导幼儿对值日生的工作内容进行分类。

①讨论值日生工作内容的相似性，引导幼儿对值日生的工作内容进行分类。

师：你们仔细观察这些气泡图，发现了什么？

幼：发筷子、照看同伴洗手都是在吃饭时要做的事情。

幼：擦桌子、扫地都是让班级教室变得干净、整洁的。

②集体讨论，给值日生的工作分类。

师：你们发现了好多工作都是在同一个时间进行，还有一些工作内容是同一种性质的工作，那我们能不能给值日生的工作分分类？

师：你们认为值日生的工作可以分为哪几类？

③分组讨论，将分类结果画出来。

幼儿分组讨论，把相似的工作内容用同一种颜色的笔圈出来，进行讨论，最终将值日生的工作类别分为四大类，分别是卫生管理员（图3-47）、吃饭管理员（图3-48）、玩具管理员（图3-49）、体育管理员（图3-50）。

图 3-47

图 3-48

图 3-49

图 3-50

（3）与幼儿共同梳理四类管理员的工作职责。

幼儿分享讨论的结果后，说出如此分类的理由，并简单介绍每一类管理员的工作职责。

师：你们把值日生分成了哪几类？

师：为什么这样分？

幼：每天在吃饭的时候，需要有值日生发筷子、照看同伴洗手，做这些工作内容的值日生可以叫"吃饭管理员"。

幼：每天吃完饭后，值日生需要擦桌子、扫地、浇花等，保持班级环境的卫生与整洁。我们组觉得这些工作内容可以归为一类，叫"卫生管理员"。

幼：当区域活动结束时，值日生可以帮忙一起收拾玩具，每天语言区的图书也需要值日生帮忙整理。因为都跟玩具有关，所以可以叫"玩具管理员"。

幼：户外活动时，值日生应该组织大家排队，做操时要带操。之前的值日生没有这几项工作内容。但是，我们觉得很重要，可以有一类值日生做这些事情，叫"体育管理员"。

小结：你们根据值日生工作的时间、性质和内容将值日生分为了四大类，创设了新的值日生管理员。其实，值日生还有许多工作等着你们去分类。接下来，如果发现有更好的分类方法，小朋友们也可以随时提出来，咱们可以重新分类！

⭐ **活动延伸：**

教师将本次值日生分类讨论的结果张贴在值日生主题墙上（图3-51）。由于值日生还有许多工作分类存在争议，因此，教师鼓励幼儿继续发现问题，提出问题，通过商量、讨论加以解决，进一步完善关于值日生的工作分类。

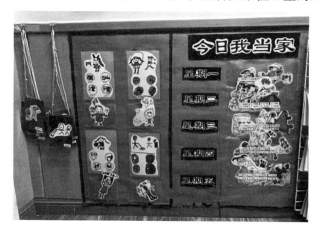

图 3-51

⭐ **活动反思：**

在《幼儿发展评价指南》中科学领域的数学认知部分提到幼儿能发现生活和游戏中的许多问题，可以用分类等数学方法来解决，体验解决问题的乐趣。幼儿按照值日生的工作内容、时间、工作性质等维度，将值日生分为四类，从实际问题出发，运用分类来解决问题。问题解决后，幼儿不仅获得了为值日生分类的经验，而且发展了他们的分类能力，获得了成就感。

## 活动 3　值日生的新职责

⭐ **活动目标：**

（1）在担任值日生时，遇到问题能积极地提出来并讨论、解决。
（2）能根据每类值日生的特征，讨论具体的工作内容。
（3）喜欢在集体讨论中发表自己的意见和想法。

⭐ **活动重点：**

喜欢在集体讨论中发表自己的意见和想法。

⭐ **活动难点：**

能根据每类值日生的特征，讨论具体的工作内容。

⭐ **活动准备：**

（1）经验准备：幼儿有给值日生分类的经验。
（2）物质准备：纸、笔、黑板、值日生分类图。

⭐ **活动过程：**

（1）围绕值日生分类后产生的新问题进行集体讨论。

幼儿给值日生分类后，对每类管理员具体的工作职责还是不太清楚。于是，教师带领幼儿回顾了值日生的分类，并说出目前值日存在的实际问题。师幼共同讨论，进一步明确值日生的工作职责。

师：有的小朋友提出值日生在照看小朋友洗手时，盥洗室里都没人了，也没有请下一组小朋友进来。你们觉得这个值日生除了照看小朋友洗手外，还应该做些什么？

师：以前，我们到户外活动时，没有体育管理员。现在，有了这个体育管理员，那他具体的职责是什么？

小结：我们对值日生进行了分类。现在，大家对值日生的工作有了新的要求，比如，照看同伴洗手的小朋友可以提醒教师请下一组幼儿进盥洗室，体育管理员需要组织小朋友们排队、带操，还要鼓励大家一起做运动。

（2）分组讨论并记录结果。

师：接下来，我们根据四类管理员的工作内容，分成四组，分别讨论。小朋友们可以选择你最熟悉的值日生工作内容进行讨论。每一类值日生都有哪些具体的工作，并用思维导图气泡图的形式记录下你们的讨论结果。

①进餐管理员（图3-52、图3-53）。

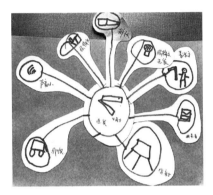

图3-52　　　　　　　　　　　　　　　　　图3-53

A. 给大家发放筷子，播报今天的菜谱。

B. 提醒大家取适量的洗手液，用七步洗手法洗手。洗完手后，提醒小朋友向水池里轻轻地甩三次手，再把手擦干净。

C. 提醒教师换音乐，请下一组幼儿用餐。

D. 提醒大家安静用餐，用餐后擦拭桌面、清扫地面。

E. 提示大家饭后刷牙，带领先吃完饭的幼儿散步。

②体育管理员（图3-54、图3-55）。

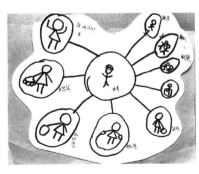

图3-54　　　　　　　　　　　　　　　　　图3-55

A. 组织小朋友们排队，提醒大家按顺序排好队，不要站在队伍外面。

B. 在晨操或间操时，由值日生带领小朋友们做操。

C. 当小队长，带领大家跑步。

D. 教大家跳绳、拍球，做大家的榜样。

E. 积极摆放和收拾体育器械。

③卫生管理员（图 3-56、图 3-57）。

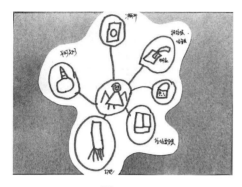

图 3-56                                    图 3-57

A. 提醒大家便后冲厕所、洗手。

B. 看到地面有垃圾时，及时清理。

C. 餐后协助进餐管理员清理桌面、地面。

D. 提醒小朋友要进行垃圾分类，把果皮等扔进厨余垃圾桶里。

E. 进门时，记得开灯。出门时，记得关灯。

④玩具管理员（图 3-58、图 3-59）。

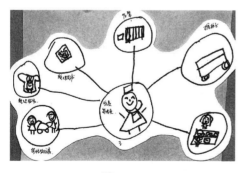

图 3-58                                    图 3-59

A. 区域活动前，将每个区的柜子推出来摆好。

B. 区域活动结束后，检查各区的玩具有没有收好，帮助建筑区的小朋友收好积木。

C. 整理表演区的服装。

D. 帮助美工区收笔、卷桌垫。

E. 提醒大家按标志摆放图书并整理图书。

（4）引导幼儿分享与交流。

幼儿各组之间分享与交流讨论的结果，介绍各类管理员的具体工作内容。

师：你们组讨论的是哪一类管理员？

师：管理员要做哪些具体的工作？为什么？

幼：我们组讨论的是进餐管理员，我们觉得进餐管理员不仅要发筷子、照看同伴洗手、报菜谱，还可以提醒老师请下一组小朋友们进盥洗室洗手，餐后协助卫生管理员清理桌面和地面，提醒餐后的小朋友们刷牙，带领先吃完饭的幼儿散步。

小结：你们每组都商量了值日生的新职责，那么接下来，咱们就按照新的职责要求各类值日生做好值日，行动起来吧（图3-60～图3-65）！

图 3-60

图 3-61

图 3-62

图 3-63

图 3 - 64                        图 3 - 65

⭐ **活动延伸：**

在值日生确定了新职责后，值日生可以根据新的值日生职责来工作。在每天值日的过程中，体验值日生新职责带来的便利和乐趣。

⭐ **活动反思：**

在讨论"值日生的新职责"时，幼儿运用发散思维分小组进行讨论，并用思维导图气泡图进行记录。在这个环节中，当幼儿有了新的问题时，教师鼓励幼儿独立、自主地思考问题，克服依赖心理，自己讨论值日生有哪些新职责。在做值日时，各类值日生能积极、主动地尝试，培养了值日生的责任感。《指南》中提到："幼儿的学习是以直接经验为基础，在游戏和日常生活中进行的。"教师要"满足幼儿通过直接感知、实际操作和亲身体验获取经验的需要"。幼儿通过体验值日生的日常工作，获得了自豪感和归属感。

# 第四章　社会公德培育

## 第一节　互 助 篇

### 主题活动一　帮帮团（中班）

教师：陆羽双　汪弘延

#### （一）主题活动由来

幼儿升入中班以来，服务意识逐渐增强，经常会听到孩子说："我帮助××做了什么。"比如，"我帮助妈妈按了电梯""我在家帮助奶奶扫地""我帮助小朋友把玩具捡了起来""我帮助妈妈洗袜子"。幼儿升入中班，班里设置了值日生这一任务角色，通过值日生能做些什么的活动引出了"帮帮团"的主题活动。

我们强调要"自信、自强"，引导幼儿学会帮助别人，不是为了获取利益，而是获得心灵的快乐和坦然。教师应该教育幼儿愿意帮助他人，做一个乐于助人的好孩子。我们班开展的主题活动为"帮帮团"，旨在帮助幼儿树立主动关心、帮助他人的意识，培养幼儿愿意帮助他人做一些力所能及的事，能注意到别人的困难与需求并主动帮助别人。

#### （二）主题活动网络图

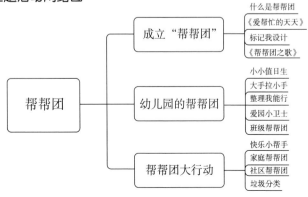

（三）精选教案

## 活动 1　《爱帮忙的天天》

⭐ **活动目标：**

（1）能看懂情景剧表演的主要内容，并尝试讲述故事。
（2）能用完整的句子说出天天帮助了谁、怎么帮助他的。
（3）感受与体验天天助人为乐的情感。

⭐ **活动重点：**

感受与体验天天助人为乐的情感。

⭐ **活动难点：**

能看懂情景剧表演的主要内容，并尝试用完整的句子说出天天帮助了谁及所用的方法。

⭐ **活动准备：**

（1）经验准备：幼儿有帮助别人的经验。
（2）物质准备：兔子、小狗、狮子头饰，故事背景音乐，运动员入场音乐，《爱帮忙的天天》教师情境剧表演视频，蓝牙音箱，柜子，道具小汽车，表演服装，水盆。

⭐ **活动过程：**

（1）谈话导入，引起兴趣。
教师播放故事背景音乐，激发幼儿学习兴趣。
师：今天，有位客人来咱们班了。快来看看，是谁呀？
教师播放运动员入场音乐，兔子天天（由配班教师扮演）从睡眠室里走出来。
师：这是谁呀？
师：咱们一起来听一听、看一看，发生了什么事情？
（2）观看情景剧表演，表达感受。
①教师播放《爱帮忙的天天》教师情景剧表演视频，引导幼儿认真观看，鼓励幼儿大胆、清楚地表达自己的想法和感受，发展幼儿的语言表达能力和思维能力，让幼儿养成注意倾听的好习惯。
②以启发式提问的方式引导幼儿讲述故事的主要情节。

师：天天帮助了谁？（小狗、狮子）

师：它是怎么帮助它们的？

③教师要求幼儿用完整的句子说出自己看到的、听到的及想到的，告诉幼儿也可以用肢体动作、面部表情来表达。

④尝试表演，感受和体验助人为乐的情感。

a. 教师出示兔子、小狗、狮子头饰，激发幼儿表演的兴趣。

师：你喜欢爱帮助人的天天吗？为什么？

师：老师想问一问，你帮助过别人吗？你帮助别人做过什么事情？

b. 教师引导幼儿围绕幼儿园、家庭、社区等来讲述自己曾经帮助别人做过哪些事情。

幼：在幼儿园里，我帮小朋友穿过裤子（图4-1）。

幼：户外活动时，我帮忙拿了运动器械。

（3）帮帮团。

师：上次，我们讨论了成立中班的"帮帮团"。听说小班的弟弟、妹妹们想玩轮胎、平衡器械这些玩具，但是，他们的力气还不够大，搬不动这些玩具。他们想请中班帮帮团的成员们帮他们取一下户外活动材料。有谁愿意帮助他们？

师：哇！这么多小朋友都愿意帮忙呀！那我们去帮助弟弟、妹妹们吧！

⭐ **活动延伸：**

引导幼儿帮助本班需要帮助的小朋友、为小班幼儿准备户外运动材料（图4-2）、清洗户外大型玩具等，让幼儿在生活中学会与别人友好相处，做一个爱帮助别人的人。

图4-1

图4-2

⭐ **活动反思:**

教师通过情景剧表演引出本次活动主题,帮助幼儿更好地理解、感受和体验助人为乐的情感,并成立本班的"帮帮团"。教师通过提问,鼓励幼儿大胆地表达帮助别人做过哪些事情。在活动延伸环节,教师引导幼儿带领小班的弟弟、妹妹们清洗户外运动材料及大型玩具,萌发中班幼儿爱护并帮助弟弟、妹妹们做事的情感。

## 活动 2　爱国小卫士

⭐ **活动目标:**

(1) 知道不乱扔垃圾,保持环境整洁。
(2) 知道环境美对我们生活的重要性。
(3) 树立保持幼儿园公共环境卫生的意识。

⭐ **活动重点:**

通过活动明白不应乱扔垃圾,保持环境整洁。

⭐ **活动难点:**

要爱护环境,更要保持公共环境卫生。

⭐ **活动准备:**

(1) 经验准备:幼儿有清洁班级教室的前期经验。
(2) 物质准备:美丽而整洁的幼儿园及脏乱的幼儿园图片,分类垃圾桶图片,常见可回收垃圾和不可回收垃圾的图片若干。

⭐ **活动过程:**

(1) 图片导入。

①教师出示幼儿园图片,引导幼儿细致观察并回答提问,激发幼儿参与活动的兴趣。

师:这是什么地方?

师:这是我们的幼儿园。小朋友们一起来看看,幼儿园里发生了什么事情?

②集体讨论,保护幼儿园环境的方法。

师:现在的幼儿园环境好糟糕啊!这样的幼儿园,你喜欢吗?地面上有很多的垃圾,该怎么办呢?

师：我们一起动手，让幼儿园变得干净而整洁吧！

教师带领幼儿走出教室，大家一起清理幼儿园里的垃圾（图4-3）。

图4-3

（2）垃圾分类。

①出示分类垃圾桶图片。

师：扔垃圾的时候，需要给垃圾分类。这些都是什么垃圾桶？

②师：你知道什么是可以回收的垃圾吗？

③师：大家一起打扫幼儿园环境卫生，这里又变得干净、整洁了。

师：扔垃圾的时候，要进行垃圾分类。垃圾分类后，再扔进垃圾桶里。每个人生活在干净、整洁的环境，心情都很舒畅。

（3）自由讨论：如何保护环境？

①师：你喜欢咱们的幼儿园吗？现在，它为什么这么干净？

②师：怎么做，才能保护我们的环境，让它保持干净、整洁呢？

小结：原来脏兮兮的环境都是我们不注意卫生造成的，这样的环境，大家都不喜欢。我们要学着保持环境卫生。干净、整洁的环境也会让每个人的心情变得轻松、愉快。

⭐ **活动延伸：**

幼儿带领小班的弟弟、妹妹们开展"爱园日"活动。

⭐ **活动反思：**

教师根据本班幼儿的年龄特点设计了本次教学活动，通过幼儿园环境图片展示，让幼儿更加清楚地了解爱护幼儿园环境对每个生活在幼儿园里的人来说都是非常重要的。教师通过提问让幼儿了解了不乱扔垃圾的好处，知道我们不仅要爱护幼儿园的环境，还要爱护其他地方的环境。教师引导幼儿来到户外，亲自动手，清理幼儿园的垃圾，学习垃圾分类的方法，树立保护公共环境卫生的意识，了解整洁的环境会让人心情舒畅。

## 活动 3　快乐小帮手

### ★ 活动目标：

（1）愿意帮助他人。
（2）学习帮助他人的方法。
（3）体验帮助他人的快乐。

### ★ 活动重点：

愿意帮助他人。

### ★ 活动难点：

学习帮助他人的方法并运用到实际生活中。

### ★ 活动准备：

（1）经验准备：幼儿有帮助他人的经验。
（2）物质准备：《小小帮手》动画视频、"大家都来帮助我"图片。

### ★ 活动过程：

（1）视频导入，激发兴趣。

教师播放《小小帮手》动画视频，引导幼儿讨论视频内容，激发幼儿参与活动的兴趣。

师：视频里的龙龙帮爸爸做了哪些事情？

师：龙龙帮爸爸做完这些事情后，心情是怎样的？

师：你觉得龙龙的妈妈回到家，看到龙龙和爸爸做的事情，心情会怎样？

小结：龙龙帮助爸爸收拾东西、拿食物、擦桌子、叠袜子、摆餐具。做完这些，龙龙开心地笑了，原来帮助别人是一件让人快乐的事情啊！

（2）自由讨论，做小帮手。

教师组织幼儿自由讨论，鼓励幼儿结合自己的生活经验，说一说曾经帮助别人做过哪些事情。

师：你在家里有没有帮助爸爸、妈妈做过一些事情？说说你帮助他们做过哪些事情。

师：你在幼儿园里有没有帮助过小朋友或老师？请你说一说，你帮他们做过哪些事情？

师：你帮助别人后，心情怎么样？

小结：每个小朋友都是棒棒的小帮手。当我们帮助别人后，自己也会感到快乐。

（3）集体讨论，互相帮助。

教师出示图片"大家都来帮助我"，引导幼儿了解别人是怎么帮助小朋友的，知道我们的美好生活需要大家互相帮助。

师：图片上是谁？他在帮小朋友做什么（图4-4）？

图4-4

小结：我们帮助别人，别人也会帮助我们。互相帮助让我们的生活变得更好。小朋友们也来当小帮手，帮助老师做一些力所能及的事情吧！

⭐ **活动延伸：**

家园共育：幼儿回家后，继续充当小帮手，帮助爸爸、妈妈做一些力所能及的事情，再跟爸爸、妈妈讲一讲在幼儿园里帮助别人做了哪些事情。

⭐ **活动反思：**

教师在活动中调动幼儿已有经验，使得幼儿参与活动的积极性很高，能主动配合。活动中，幼儿能积极举手回答问题，跟随教师的思路思考，体验帮助别人的快乐。本次活动设计符合幼儿年龄特点，活动准备充分，师幼之间积极互动，幼儿的主观能动性得到了发挥。教师鼓励幼儿结合自己的生活经验，说一说曾经帮助别人做过哪些事情，知道帮助别人的同时，自己也会感到快乐。

**主题活动二　小小雷锋（中班）**

教师：刘佳乐　李　敏　宋晓农

**（一）主题活动由来**

教师为了培养孩子们从小热爱劳动及乐于助人的优秀品质，了解并发扬雷锋精神，体验劳动的乐趣，感受为他人服务、帮助他人的快乐，将品德教育融入幼儿生活的方方面面，为培养具有爱心、人格健全、品德高尚的新公民打下良好的基础。同时，教师发现本班幼儿除了为自己服务、完成值日生任务外，缺乏为他人服务和帮助他人的意识和动力。因此，教师结合"劳动月"活动，设计了"小小雷锋"的主题活动。

**（二）主题活动网络图**

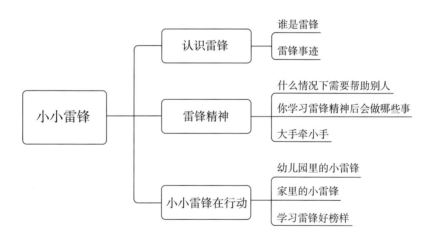

**（三）精选教案**

活动 1　雷锋事迹

⭐ **活动目标：**

（1）认识雷锋叔叔，了解他的光荣事迹，对其产生崇敬之情。

（2）能认真倾听同伴发言，愿意大胆地说出自己的想法。

（3）了解雷锋，萌生向雷锋叔叔学习的情感和内在动力。

⭐ **活动重点：**

认识雷锋，了解雷锋是个怎样的人。

⭐ **活动难点：**

萌生学习雷锋的情感和动力，生活中愿意帮助同伴，能大胆地说出自己的想法。

⭐ **活动准备：**

（1）经验准备：幼儿帮助教师和同伴做过一些事情。
（2）物质准备：音乐《学习雷锋好榜样》，PPT 课件《雷锋事迹》，抹布，水盆。

⭐ **活动过程：**

（1）播放音乐《学习雷锋好榜样》，引出雷锋叔叔。

师：今天，老师带来了一首非常好听的歌曲。咱们一起听听，这首歌讲的是谁的故事吧！

教师播放音乐《学习雷锋好榜样》），引导幼儿认真倾听。

师：歌曲里提到了谁？他发生了什么事情？

教师通过播放歌曲《学习雷锋好榜样》，引出本次活动的关键人物——雷锋叔叔，引导幼儿初步感受雷锋叔叔助人为乐的精神。

（2）认识雷锋叔叔。

①教师播放 PPT 课件《雷锋事迹》，出示雷锋叔叔的照片，介绍雷锋叔叔的光荣事迹。

师：小朋友们，你们看，这位穿着军装的叔叔就是雷锋叔叔。

师：雷锋叔叔是一名军人。他小的时候受地主压迫，家里很穷，吃不饱，也穿不暖。长大后，他参加了解放军，成了一名军人。在部队里，他不怕吃苦，勤奋、刻苦地训练，认真学习本领。

②教师播放 PPT 课件《雷锋事迹》中雷锋叔叔帮助别人的照片。

师：雷锋叔叔不怕苦、不怕累，帮助了好多人，做了很多了不起的事情。我们一起来看看，雷锋叔叔是怎么帮助别人的？

③引导幼儿交流与讨论。

师：你有没有帮助过别人？你帮助别人后，心情是怎样的？

教师通过讲述雷锋叔叔的光荣事迹，引发幼儿联想并回忆实际生活中自己

有没有帮助别人做事情，以及帮助别人后自己的心情是怎样的，激发幼儿愿意
主动帮助别人的情感。

（3）争做小雷锋，体验帮助别人的乐趣。

师：今天，我们也来学一学雷锋叔叔，帮助别人做一些事情。你们想一
想，可以帮助别人做哪些事情呢？

幼：可以帮小朋友穿衣服、搬椅子……

师：今天，我们来帮你的好朋友擦擦小椅子吧！

教师发给每个幼儿一块抹布，引导幼儿学习擦小椅子的方法，然后帮助好
朋友擦桌椅、墙面（图4-5、图4-6）。在这个过程中，引导幼儿了解身边有
很多可以帮助别人做的事情，感受帮助别人后愉悦的心情。

图4-5

图4-6

⭐ **活动延伸：**

教师结合学习雷锋的活动启发幼儿帮助同伴、教师做一些力所能及的事
情，并把自己帮助别人的事情记录在"我是小小雷锋"的记录表里，利用过渡
环节，让幼儿轮流给全班幼儿讲述自己帮助别人的过程，锻炼幼儿的语言表达
能力。

⭐ **活动反思：**

本次活动中，教师先是让幼儿认识了雷锋叔叔，知道雷锋叔叔是一个热心
帮助别人、关心别人、经常为别人做好事的叔叔，逐步树立以学习雷锋叔叔为
荣的观念。孩子们在帮助同伴擦桌椅的实践过程中，也体验到了帮助别人的快
乐，激发了幼儿想要帮助别人的情感。

## 活动 2　大手牵小手

### ⭐ 活动目标：

（1）了解礼物的意义，在为他人制作礼物时感到快乐。
（2）体验给他人送礼物的快乐，激发热爱生活的情感。
（3）尝试利用多种废旧材料制作礼物，提高动手操作能力，发挥想象力和创造力。

### ⭐ 活动重点：

了解礼物的意义，在为他人制作礼物时感到快乐。

### ⭐ 活动难点：

根据已有经验，尝试利用废旧材料制作不同的礼物。

### ⭐ 活动准备：

（1）经验准备：幼儿愿意帮助弟弟、妹妹们做事情；有初步解决问题的能力。
（2）物质准备：PPT 课件《小小的我》（包括幼儿小班时的照片）、彩色纸、胶带、画笔、彩泥。

### ⭐ 活动过程：

（1）课件导入：《小小的我》。
教师播放 PPT 课件《小小的我》，出示幼儿在小班时的照片，引导幼儿回忆小班时的自己，说一说小班最有意思的事情是什么。
师：小朋友们，你们还记得自己小班时的样子吗？
（2）集体讨论。
①师：现在的你和小班时相比，有什么变化吗？
②师：你们现在是哥哥、姐姐了，可以帮助弟弟、妹妹们做哪些事情呢？
③师：我们应该怎么照顾弟弟、妹妹们呢？
④师：现在的你们想对弟弟、妹妹们说些什么呢？
教师引导幼儿回忆小班时的自己曾经发生过哪些事情，如，因为想爸爸、妈妈而哭泣；遇到困难时，不知道该怎么解决等。请幼儿说一说，当时的自己是怎么解决这些问题的？现在还会遇到这些困难吗？为什么这方面的困难没有了？进而联想到现在的弟弟、妹妹们遇到了同样的困难，自己可以怎么帮助弟弟、妹妹们？

（3）我来为你制作小礼物。

①为小班的弟弟、妹妹们制作礼物。

师：有一些弟弟、妹妹们在哭，因为他们来到了一个陌生的环境，不认识老师和身边的小朋友，所以感到害怕，没有安全感。我们可以给弟弟、妹妹们做一个代表爱的小礼物，再送给他们。这样，弟弟、妹妹们就不会那么害怕了。

教师引导幼儿利用提前准备好的废旧材料为小班的弟弟、妹妹们制作小礼物。教师巡回指导。

②教师请个别幼儿拿着自己制作好的小礼物，到前面说一说自己的礼物是如何制作的、有什么意义、想要送给谁。

师：请小朋友来说一说，你做的是什么礼物？你想把它送给谁？

幼：我给弟弟、妹妹们画了一幅我最喜欢的小汽车的画，希望弟弟、妹妹们也喜欢。

幼：我用超轻黏土给小妹妹捏了一朵小花。

（4）送礼物。

请幼儿带着自己做好的小礼物到小班幼儿所在班级，将礼物面对面地送给弟弟、妹妹们，让他们感受哥哥、姐姐们对他们的关心和爱护（图4-7、图4-8）。

师：你们做的礼物可真棒呀！弟弟、妹妹们一定非常喜欢！现在，我们一起给他们送礼物去吧！

图4-7

图4-8

⭐ **活动延伸：**

户外活动：大带小活动"我们一起做游戏"。请本班幼儿带领小班的弟弟、妹妹们一起到户外参观幼儿园，带着他们熟悉大型玩具有哪些、怎么玩、需要注意哪些安全问题等，也可以带着弟弟、妹妹们一起做游戏。

⭐ **活动反思：**

本次活动中，教师设计了实践活动这一环节，即由本班幼儿带领小班的弟弟、妹妹们参观幼儿园，这也是本次活动的一个重点内容。一开始，小班幼儿对大哥哥、大姐姐有些陌生，不肯和哥哥、姐姐们拉手。当哥哥、姐姐们以游戏的形式给他们送上小礼物的时候，小班的孩子们都开心地接受了礼物。在参观幼儿园的过程中，本班绝大多数幼儿都能主动地向弟弟、妹妹们介绍幼儿园的各个地方，成为活动的小主人，充分发挥他们的语言表达能力和人际交往能力，表现出对弟弟、妹妹们的关爱。

## 活动 3  学习雷锋好榜样

⭐ **活动目标：**

（1）能初步识别、理解他人情绪、情感，并做出积极的反应。

（2）能主动、友好地与小班幼儿相处，愿意主动帮助弟弟、妹妹们解决问题。

（3）向雷锋叔叔学习，萌生助人为乐的意愿，体验帮助他人的乐趣。

⭐ **活动重点：**

能关注小班幼儿的情感和需要，运用自己已有经验对小班幼儿进行适当的回应。

⭐ **活动难点：**

了解雷锋叔叔助人为乐的精神，能与同伴相互配合，帮助身边需要帮助的人。

⭐ **活动准备：**

（1）经验准备：幼儿有一定的生活自理能力；知道雷锋叔叔的英雄事迹。

（2）物质准备：提前录制好的晨检入园时小班幼儿哭闹和遇到困难的视频；全体幼儿一起填写的记录表格《我的弟弟、妹妹》，表格分为三个栏目"弟弟、妹妹为什么哭""我来帮帮你""我们和弟弟、妹妹在一起"，表情图若干。

⭐ **活动过程：**

（1）视频导入。

①教师播放晨检入园时小班幼儿哭闹和遇到困难的视频。

②教师引导幼儿观看视频（图4-9），了解弟弟、妹妹们的情况，萌生帮助他们的情感。

图4-9

师：你们从录像里看到了什么？弟弟、妹妹们怎么了？他们遇到了什么困难？他们为什么会哭呢？

幼：因为弟弟、妹妹们不想离开爸爸、妈妈，他们感到害怕，所以才会哭。

（2）幼儿分组讨论，分享帮助弟弟、妹妹们的想法。

师：你们会怎样帮助弟弟、妹妹们呢？请每组的小朋友讨论一下。

幼：可以陪着弟弟、妹妹们，给他们讲故事，把最好玩的玩具给他们玩……

师：现在，请每组选出一个代表，将你们组讨论出来的办法画在纸上，再跟大家分享一下。

教师将幼儿画出的解决办法粘贴在表格里，引导全班幼儿观看并了解这些办法。

（3）实践活动：大带小，结对子。

①教师带领幼儿到小班教室，与弟弟或妹妹结对子，尝试用自己的方法帮助他们。

②幼儿回班后，交流自己的感受和体验，总结好的方法，记录在表格里。

师：你带的弟弟或妹妹有什么表现？他遇到了哪些困难？你用什么方法帮助他解决了问题？哪个方法效果最好？

小结：咱们班的小朋友们选择了上午户外活动时间去帮助弟弟、妹妹们，让他们不哭闹，帮助他们解决困难。但是，小朋友们发现不能一直陪着弟弟、妹妹们。讨论之后，大家决定一起选择时间来帮助他们。

（4）再次讨论：小班幼儿在什么时候哭闹最多？

师：上午，我们去帮助弟弟、妹妹们，但是小朋友们发现不能一直陪着弟弟、妹妹们，因为我们也有自己的事情要做。接下来，请你们想想选择哪个时间去帮助他们比较好呢？小班的弟弟、妹妹们什么时候哭闹的现象比较多？

幼：我在早上来园的时候发现弟弟、妹妹们都不愿意离开自己的爸爸、妈妈，他们都在哭。我们可以在早上入园的时候帮助他们。

（5）争做小小雷锋。

师：我们都知道雷锋叔叔会做很多好事。现在，小朋友们可以学习雷锋叔叔的精神，帮助弟弟、妹妹们入园。你们打算怎么做呢？

幼：我可以拉着弟弟或妹妹的手，带着弟弟或妹妹去他的班里，让他们感到不孤单、不害怕。

⭐ **活动延伸：**

（1）晨间接待：班级开展"小小雷锋"的活动，教师引导幼儿利用早上入园时间，带领弟弟、妹妹们回班（图4-10）。

图4-10

（2）户外活动：大带小活动"我们一起做游戏"。

（3）区域活动：引导幼儿把自己帮助弟弟、妹妹们的方法画出来，讲给大家听。

⭐ **活动反思：**

本次活动的目标和内容的选择都比较符合大班幼儿年龄特点和实际发展水平，能满足幼儿的兴趣和需要。活动中，教师通过播放视频使大班幼儿直观地看到小班幼儿遇到的困难，激发他们帮助他人的愿望。整个活动中，教师注重引导幼儿自己想办法解决问题，并加以记录，这样便于幼儿之间信息的交流与传递，能有效地促进幼儿语言表达能力的发展。教师利用表格记录的方式对幼儿画出来的所有方法进行了汇总，也从另一个角度引导幼儿学习记录和提炼、总结方法，帮助幼儿积累相关经验。在"小小雷锋"的活动中，幼儿通过亲自实践，学习了雷锋精神，成了小小雷锋，在帮助弟弟、妹妹们的过程中体验到了快乐。活动中，孩子们都非常认真，也愿意做助人为乐的小雷锋。

## 主题活动三　一起来开店（大班）

教师：张子文　王雯倩　刘雨涵

### （一）主题活动由来

新学期开学了。为了加深幼儿对中国人民大学的了解，教师带领全体幼儿去大学校内参观。孩子们参观了教学楼、实验室及中国人民大学纪念馆，丰富了已有认知，增进了对中国人民大学历史及现状的了解。同时，也请家长们带着孩子去自己的办公室参观，让幼儿了解了家长的办公环境和职业特点。孩子们通过参观活动知道了学校的历史，了解了学校的建筑、校徽等。随后，他们还去了中国人民大学纪念品商店和周边的商场，观察和了解了售货员的工作内容。之后，孩子们在家里纷纷制作了各种人大校园的纪念品，带到幼儿园，准备作为商品进行售卖。我们基于幼儿的兴趣，生成了"一起来开店"这一主题活动。

我们在社会交往中会对他人产生有益的行为，也会对社会产生积极的影响，比如分享、合作、帮助、团结等。一些生活情境引发了幼儿的亲社会行为及教师对亲社会行为的思考。《指南》中指出："人际交往和社会适应是幼儿社会学习的主要内容，也是其社会性发展的基本途径。"《指南》社会领域中有关人际交往的要求是幼儿"能与同伴友好相处"。从深层次的角度来说，是指两个或者更多的人为了某个共同的目标而集合在一起开展活动，通过人际交往来沟通、协调、合作，是共同活动必不可少的条件。幼儿能够共同游戏，意味着幼儿的目标意识、合作意识、沟通能力、自我控制与调节能力都有了一定程度的发展。同时，幼儿在组织共同游戏或其他活动中又会促进其人际交往能力的发展，比如，活动时能与同伴分工、合作，遇到困难时能一起克服，与同伴发生冲突时能协商解决，能倾听和接受别人的意见，不能接受别人的意见时也会说明理由……

本次主题活动的实施紧紧围绕《指南》中提出的"幼儿园应多为幼儿提供需要大家齐心协力才能完成的活动，让幼儿在具体活动中体现合作的重要性，学习分工合作"这一原则，同时，以实践活动为主线，组织幼儿围绕"一起来开店"开展"活动前的讨论——活动前的准备——纪念品商店内的交流——购物时的合作与快乐分享——活动后的感受——店庆活动"等一系列活动，帮助幼儿在实际游戏过程中体验互相帮助、团结、合作及集体荣誉感。

## （二）主题活动网络图

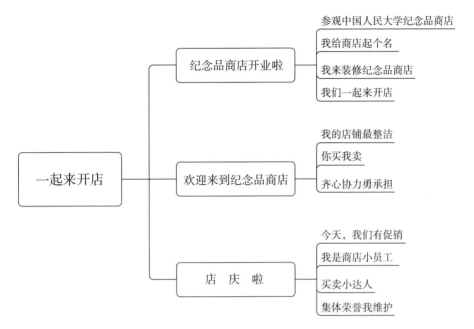

## （三）精选教案

### 活动 1　我们一起来开店

⭐ **活动目标：**

（1）通过参观中国人民大学纪念品商店，结合大学文化特色创设班级"纪念品商店"。

（2）热爱生活，喜欢扮演生活中的各种角色。

（3）遇到困难时，能互相帮助，共同解决游戏中遇到的问题。

⭐ **活动重点：**

通过参观中国人民大学纪念品商店，结合大学文化特色创设班级"纪念品商店"。

⭐ **活动难点：**

遇到困难时，能互相帮助，共同解决游戏中遇到的问题。

⭐ **活动准备：**

（1）经验准备：参观过纪念品商店，知道纪念品的意义，了解中国人民大学的文化特色。

（2）物质准备：手工制作的各种有关中国人民大学的纪念品（包括笔筒、建筑物摆件、笔袋、橡皮、铅笔等）。

⭐ **活动过程：**

（1）布置"纪念品商店"，激发幼儿兴趣。

教师与幼儿共同布置"纪念品商店"场景，激发幼儿参与活动的兴趣。

师：小朋友们曾经一起参观了中国人民大学纪念品商店。回来后，一些小朋友提出，希望在班里的角色区也开一个"纪念品商店"。今天，咱们就一起动手开店吧！

（2）通过回忆明确活动内容。

教师引导幼儿回忆参观中国人民大学纪念品商店的情景及体验，引出活动内容。

师：什么是纪念品？纪念品有什么意义？

师：小朋友们去中国人民大学参观了纪念品商店。请你们说一说，纪念品商店里有什么？它们是怎样摆放的？纪念品商店里有谁？他们分别负责什么工作？

小结：纪念品商店里售卖的是中国人民大学的文创产品。那些纪念品都摆放在醒目的地方，方便顾客浏览、查找。纪念品商店里有导购员，还有收银员。他们都在帮助顾客拿东西、收款。

（3）游戏角色分工。

引导幼儿发现纪念品商店里的工作人员有不同的分工。在开展相关游戏时，也要有角色分工。

师：遇到纪念品商店顾客特别多的时候，应该怎么办呢？如何进行分工呢？

小结：玩纪念品商店的游戏时，小朋友们可以进行角色分工。其中导购员要热情、主动地向顾客介绍商品并回答顾客的询问。收银员要为顾客记录选择的纪念品数量，正确地计算出付款金额。

（4）互相配合，共同完成游戏任务。

引导幼儿之间互相配合，共同完成售货任务。

师：如果忽然有很多顾客光顾纪念品商店，而店里只有一名导购员，他忙不过来，怎么办呢？

小结：当某一个角色比较忙，需要其他工作人员共同协商，完成售货任务。

（5）开店游戏。

幼儿开展开店游戏，随时解决遇到的问题（图4-11、图4-12）。

图4-11

图4-12

师：你今天扮演了什么角色？遇到了哪些问题？对于遇到的问题，你是怎么解决的？

教师重点帮助幼儿梳理合作游戏的经验，提升幼儿游戏能力。

（6）游戏结束。

游戏结束后，教师指导幼儿收拾纪念品商店里摆放的货品和其他游戏材料，并评价幼儿的游戏情况。

师：你刚才是怎么和同伴合作游戏的？

教师引导幼儿说出如果有的角色特别忙，其他的角色可以来帮忙，大家互相帮助，一起玩游戏。

⭐ **活动延伸：**

角色区：教师和幼儿在角色区一起玩纪念品商店的游戏，游戏中互相帮助，主动解决遇到的问题。

⭐ **活动反思：**

幼儿在实际游戏过程中，遇到了许多问题，尤其是当顾客特别多的时候，出现工作量不均衡的情况。基于以上情况，教师重点引导幼儿关注如何互帮互助解决遇到的实际问题，通过递进式的问题情境，唤醒幼儿的游戏记忆，帮助幼儿重温游戏过程并思考，引导幼儿从遇到困难互相帮助、协商解决问题的角度出发，共同完成游戏。因为幼儿已有足够的认知经验，并且是在实际游戏中发现的问题，所以能利用互相帮助、互相补位的方法解决问题，让游戏顺利地开展，达到了活动的预期效果。

## 活动 2　齐心协力勇承担

⭐ **活动目标：**

（1）在游戏情境中，通过协商、交流、分工与合作、互相帮助等方式解决遇到的问题。

（2）体验与同伴齐心协力完成任务的快乐。

（3）知道有些任务需要分工合作才能完成。

⭐ **活动重点：**

在游戏情境中，通过协商、交流、分工与合作、互相帮助等方式解决遇到的问题。

⭐ **活动难点：**

体验与同伴齐心协力完成任务的快乐。

⭐ **活动准备：**

（1）经验准备：幼儿之前玩过角色游戏，愿意分工与合作。

（2）物质准备：纪念品商店玩具。

⭐ **活动过程：**

（1）梳理游戏中出现的问题。

师：在昨天的纪念品商店售卖游戏中，好多小朋友都选好了要购买的纪念品，但是，在最后的收银环节，因为收银员无法完成结账，投诉了收银员。为什么会出现收银员被投诉的现象呢？

小结：出现问题的时候，只有一名收银员，导购员被安排去其他班闪送纪念品了。因此，没有足够多的收银员接待顾客，也没有人帮助顾客整理买到的商品。

（2）发现问题背后的原因，尝试解决问题。

师：游戏过程中，出现了这些问题，我们该如何解决呢？

小结：出现这种情况并不是纪念品商店的员工不够，而是在游戏中大家没有配合好，没有及时补位。

（3）确定合作及补位方式。

师：那我们应该怎么合作呢？

小结：小朋友们可以轮流扮演不同的角色，每人当一天收银员。收银员、导购员、顾客、商店经理可以交换角色进行游戏，每个人都有机会扮演不同的角色，进行相关的游戏体验。每个导购跟随一个顾客，全程指导顾客购物。

师：小朋友们在游戏中还发现了什么问题？

小结：游戏中，有的员工特别忙，顾不过来，导致等待的时间过长，让顾客很不满意。其实，商店里的服务人员可以根据实际情况，随时补位。收银员如果不忙的话，可以帮助导购员理货或向顾客介绍商品；导购员空闲的时候，也可以帮助收银员收银。

师：游戏中，应该怎样补位？

小结：游戏中，任何一个商店的服务人员，如果自己忙不过来，可以看看谁不是很忙，寻求他人的帮助。当看到别人很忙时，也可以主动去帮助别人。大家齐心协力，才能让游戏进行得更顺畅，玩得更有意思。

### ⭐ 活动延伸：

户外活动：教师组织幼儿多开展一些需要齐心协力完成的游戏，比如，运报纸、夹球、放小球等。幼儿要根据实际游戏情况进行分享与总结，共同体验齐心协力完成游戏任务的快乐。

### ⭐ 活动反思：

在班级开展纪念品商店售卖活动时，经常出现顾客投诉的现象，主要原因是商店工作人员不会互相配合、互相帮助。因此，教师生成了本次活动，希望幼儿通过挖掘游戏内涵、分析游戏特点，得出"只有大家齐心协力，才能更好地完成游戏"的结论。本次主题活动层层深入，幼儿通过讨论得出"很多事情需要大家齐心协力才能完成"的结论。因此，只有让幼儿在具体活动中体会合作的重要性，学会分工合作、互相补位、齐心协力共同解决问题等，才能让游戏持续、有效地开展。

# 第三节 礼仪篇

## 主题活动四 有魔力的话（小班）

教师：赵家婷 赵惟钰

### （一）主题活动由来

一天，教师在给幼儿抹擦手油时，听到欢喜小朋友说了一句"谢谢"，瞬间觉得心里暖洋洋的。随后，孩子们争相模仿起来，都跟着说"谢谢"。第二天，说"谢谢"的人变得更多了。小朋友之间互送发卡时，会听到"谢谢你，送我发卡"；教师帮孩子梳头发时，会听到"谢谢老师，帮我梳头发"；给小朋友盛饭时，会听到"谢谢老师"。孩子们有魔力的话就从一句"谢谢"开始了……

《礼记》中提到："人有礼则安，无礼则危。"孔子说："人无礼则不生，事无礼则不成，国无礼则不守。""礼仪"二字承载着中华民族几千年来积淀的文化内涵，体现了礼仪之邦的文化精髓。"礼仪"二字寄托着一代又一代人的殷切希望，希望在我们这一辈中能将"礼仪之风"传承下去，每个人都成为有礼仪风范的人。

我们围绕培育社会公德这一核心主题，一起从一句"谢谢"开始，设计了"有魔力的话"主题活动，组织开展了"讨论什么是有魔力的话""你会说哪些有魔力的话""寻找有魔力的时刻""共读礼仪绘本"等一系列的活动，结合幼儿年龄特点，让幼儿亲身体验，在不断寻找和发现有魔力的话的过程中，通过感知、体验、操作获得新经验，主动使用有魔力的话，做有魔力的事。同时，也让礼仪真正做到内化于心、外化于行！

## （二）主题活动网络图

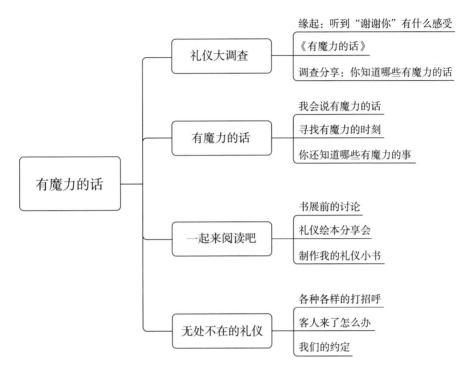

## （三）精选教案

### 活动 1  《有魔力的话》

⭐ **活动目标：**

（1）理解绘本故事内容，懂得什么是有魔力的话。
（2）能说出自己生活中经常说的有魔力的话。
（3）喜欢有魔力的话，愿意在生活中寻找和发现更多有魔力的话。

⭐ **活动重点：**

理解绘本故事内容，知道什么是有魔力的话，为什么要说有魔力的话。

⭐ **活动难点：**

能联系生活实际说一说生活中常用的有魔力的话。

⭐ **活动准备：**

（1）经验准备：幼儿已经知道简单的礼貌用语。

（2）物质准备：绘本故事《有魔力的话》。

⭐ **活动过程：**

（1）欣赏绘本故事，初步感知故事内容。

教师为幼儿有感情地讲述绘本故事《有魔力的话》（图4-13）。

图4-13

师：这个绘本故事主要讲了什么？

小结：这个绘本故事讲了卡卡和老师、同学们发生的一些有趣的事。接下来，我们一起讨论一下绘本的故事内容吧！

（2）理解故事内容，知道什么是有魔力的话。

教师引导幼儿回忆绘本的故事内容，引导幼儿思考什么是有魔力的话。

师：刚开始，老师教卡卡说有魔力的话时，卡卡是怎么做的？他的同学听到他乱用有魔力的话，感觉怎么样？

幼：格桑老师教他说有魔力的话，他却拿来乱用一气，结果，他的朋友都离他远远的。

师：当他掉进洞里，感到害怕的时候，他对自己说了一些有魔力的话，感觉怎么样？

幼：洞里有回声，他听到后很害怕。当他发火的声音再次响起时，他想起了格桑老师教的有魔力的话，他朝着洞口说出来，就一点儿也不害怕了。

师：卡卡被同学们救上来之后，他的态度发生了怎样的转变？他说出了有魔力的话后，同学们对他的态度发生了怎样的转变？

幼：当同学们将卡卡救上来后，他马上跟同学们说了"谢谢"，这话就像有魔力一般，同学们改变了对他的态度，愿意和他一起玩了。

师：绘本里有哪些有魔力的话？为什么这些话有魔力？

幼：有"谢谢、您好、对不起、没关系"这些有魔力的话。

小结：故事讲了凶巴巴的卡卡在幼儿园里没有好朋友。后来，他不小心掉进洞里。当卡卡被同学们救起来后，他真的会说礼貌用语了。这些简单的话却有着大大的魔力，让卡卡变得有礼貌，也交到了好朋友。

（3）说一说你知道的有魔力的话。

教师请幼儿联系生活实际，说一说自己知道的有魔力的话（图 4 - 14）。

图 4 - 14

师：在生活中，你还知道哪些有魔力的话？

师：你说这些话的时候，感觉怎么样？你的同伴听到这些话，有什么样的感受？

小结：其实，我们每个人都会说有魔力的话，只是你还没发现。接下来，可以在生活中感受一下，还有哪些有魔力的话，听到后会有什么样的感受。

⭐ **活动延伸：**

（1）家园共育：调查生活中有魔力的话。

（2）语言区：引导幼儿在语言区继续说一说有哪些有魔力的话，画一画有魔力的话。

⭐ **活动反思：**

绘本通过生动而有趣的故事将礼貌用语变成了有魔力的话，让幼儿在阅读故事的过程中感受"您好""对不起""没关系""谢谢""不客气"等礼貌用语的魔力，并潜移默化地喜欢上这些有魔力的话，愿意使用这些有魔力的话。幼儿结合生活实际，有意识地寻找和发现身边更多有魔力的话，用有趣的方式帮助幼儿养成懂文明、讲礼貌的好习惯。

## 活动 2　我会说有魔力的话

⭐ **活动目标：**

（1）调查生活中的礼貌用语，愿意在大家面前讲述自己的调查结果。

（2）能将自己知道的有魔力的话画下来，跟大家一起分享。

（3）愿意去发现生活中有魔力的时刻，感受做有魔力的事带给自己的快乐。

⭐ **活动重点：**

掌握基本礼貌用语的正确用法，主动将自己知道的有魔力的话跟大家分享。

⭐ **活动难点：**

知道在什么情境下使用这些礼貌用语。

⭐ **活动准备：**

（1）经验准备：活动前，幼儿调查过常用的礼貌用语，填好了《礼貌用语调查表》。

（2）物质准备：填好的《礼貌用语调查表》、有魔力时刻的图片、纸、水彩笔、油画棒。

⭐ **活动过程：**

（1）分享调查结果（图 4 - 15）。

教师请幼儿分享自己的调查结果，鼓励幼儿大胆地讲述自己会说的有魔力的话。

师：小朋友们利用周末的时间，和爸爸、妈妈一起调查了"你知道哪些有魔力的话"。这几天，你都说过或者听到过哪些有魔力的话呀？

幼：我会跟妈妈说"妈妈，我爱你"。

幼：我需要别人帮忙时，会说"请你帮帮我"。

幼：睡觉前，我会跟爸爸、妈妈说"晚安"。

幼：爸爸、妈妈下班回到家，我会说"爸爸、妈妈，你们辛苦了"。

幼：别人做得好时，我会说"你真棒"。

小结：看来，大家都会说一些有魔力的话了。生活中，能让人开心的、礼貌的、听起来很舒服的话都是有魔力的话，我们要多说有魔力的话哦！

（2）画一画有魔力的话（图4-16）。

图4-15　　　　　　　　　　　　　图4-16

教师引导幼儿画出自己知道的有魔力的话，并在小组内分享。

师：大家说了好多有魔力的话。请你们将它画下来吧！

师：画好的小朋友可以在小组内跟同伴分享自己说的有魔力的话。

小结：每个小组的小朋友互相交流了自己会说的有魔力的话，听到了许多不一样的有魔力的话。在生活中，你们可以尝试说一说，看看会收获怎样的魔力！

（3）看图发现有魔力的时刻（图4-17、图4-18）。

图4-17　　　　　　　　　　　　　图4-18

教师引导幼儿发现有魔力的时刻，并说出为什么自己认为这是有魔力的时刻。

师：你们看看这些图片，说一说，你发现了哪些有魔力的时刻？为什么你觉得这个时刻有魔力？

幼：宝树突然哭了，我抱了抱他，他马上就不哭了。我用拥抱的动作帮助朋友缓解了消极情绪，这是一个有魔力的时刻。

幼：图片里的小动物们在玩做客的游戏。小斑马在给来它家里做客的小动物们倒水喝。

小结：其实，在我们的一日生活中，还有很多有魔力的时刻，让我们一起去发现吧！当你发现时，可以及时告诉老师，让老师帮忙拍下来，你也可以用绘画的方式记录下来，和大家一起分享。

### ★ 活动延伸：

语言区：幼儿可以在语言区将自己会说的有魔力的话都画下来，制作成《有魔力的话礼仪书》。教师引导幼儿发现生活中有魔力的时刻，感受做有魔力的事带给自己的快乐。

### ★ 活动反思：

教师在活动前开展了问卷调查，引导幼儿结合自己的生活经验，和爸爸、妈妈一起探索并发现"你知道哪些有魔力的话"，并填写了《礼貌用语调查表》。活动导入部分，教师鼓励幼儿分享自己的调查结果。孩子们畅所欲言，说出了许多自己说过的有魔力的话、做过的有魔力的事。有些话，连老师都没有说过，但是孩子们却能说出来，这说明孩子们已经初步理解了有魔力的话的含义。紧接着，教师引导幼儿从有魔力的话拓展到有魔力的时刻，鼓励幼儿去寻找一日生活中有魔力的时刻，通过这样的活动，让幼儿理解了更多魔力的时刻，进而喜欢说有魔力的话、做有魔力的事。

## 活动 3　礼仪绘本分享会

### ★ 活动目标：

（1）了解更多有魔力的礼仪绘本，知道布置礼仪绘本分享会需要提前做一些准备。

（2）主动参与礼仪绘本分享会的讨论，和同伴共同制订计划。

（3）愿意将自己知道的有魔力的故事分享给别人，喜欢参加礼仪绘本分享会。

### ★ 活动重点：

能为班级举办的礼仪绘本分享会提出自己的建议，和同伴一起制订礼仪绘本分享会的计划并着手准备。

⭐ **活动难点：**

能根据计划，结合场地及现有材料，布置并参与礼仪绘本分享会，收获不一样的阅读体验。

⭐ **活动准备：**

（1）经验准备：幼儿阅读过一些礼仪绘本。

（2）物质准备：与礼仪相关的绘本、帐篷。

⭐ **活动过程：**

幼儿纷纷把自己喜欢的礼仪绘本带到幼儿园。教师结合"世界读书日"开展了绘本阅读活动，让幼儿在阅读中更加深入地了解礼仪。

（1）讨论活动方式。

师：你们想怎么分享礼仪绘本呀？

幼：我想把我的绘本分享给别人，我还可以给他们讲一讲！

幼：我想看看别人的礼仪绘本，了解更多有魔力的话。

小结：大家都想分享自己看过的绘本，也想看看别人的绘本。再过几天，就是"世界读书日"了，让我们来一次不一样的阅读体验吧！

（2）讨论开展活动需要准备的内容。

引导幼儿根据现有条件讨论活动需要准备的内容。

师：要想召开这个礼仪绘本分享会，我们需要准备些什么呢？

幼：礼仪绘本！

师：你们想在哪里召开这个绘本分享会的会场？

幼：我们想在操场上读绘本。

幼：我家里有帐篷，我可以带过来！

小结：我们需要准备自己喜欢的礼仪绘本，大部分小朋友都想去操场看书，有的小朋友还提出可以搭建帐篷，在帐篷里阅读绘本。

（3）布置礼仪绘本分享会会场（图4-19）。

教师引导幼儿根据活动计划布置礼仪绘本分享会的会场。

师：绘本、帐篷，还有场地都准备好啦！我们应该怎么布置呢？

师：可以借助哪些材料布置会场呢？

幼：可以用大红砖当书架。

小结：我们可以用大红砖当书架，把帐篷搭在操场上，这样可以一边晒太阳，一边看书。还可以去小花园里赏花，一边闻着花香，一边看书，别有一番趣味。

图 4 - 19

图 4 - 20

（4）召开礼仪绘本分享会（图 4 - 20）。

师：现在，就开启我们的阅读之旅吧！

师：看完礼仪绘本的小朋友，可以和同伴交流一下你的感受。你从书里看到了哪些有魔力的话？

### ★ 活动延伸：

（1）美工区：教师引导幼儿在美工区将自己喜欢的绘本内容画下来，和大家一起分享。

（2）家园共育：幼儿回家后，和爸爸、妈妈一起亲子阅读更多的礼仪绘本。

### ★ 活动反思：

我们召开了礼仪绘本分享会后，孩子们看书的热情一下子就被激发出来了，越来越多的小朋友会选择在自由活动的时间去看书。我们每天分享一本礼仪绘本故事。在绘本的世界里，"礼仪"变成了一个个有趣的小故事，故事中生动的语言、有趣的情节教会了幼儿更多的礼仪，让幼儿真正做到了"礼仪内化于心、外化于行"，获得了自我成长。对于幼儿来说，这次活动不仅是"有魔力的话"，更是一次对生活礼仪的"浸入式"体验。

## 主题活动五　礼仪小明星（小班）

### 教师：周明慧　金瑞琪

### （一）主题活动由来

小班幼儿入园已有两个月的时间，大部分幼儿已经熟悉和适应了幼儿园的集体生活。可是，有的幼儿在入园见到老师时总是害羞，不说话，有的幼儿只是摆摆手，算是打招呼了，需要对幼儿进行相关的礼仪教育。教育家陶行知指出，人生最为重要的时期就是从出生到六岁的幼儿时期，这是习惯养成的关键时期。而文明礼仪教育是幼儿园德育的重要内容之一，在幼儿的一日生活中处处体现文明礼仪。幼儿步入幼儿园是其社会性发展的第一步。我们应开展以文明礼仪为主题的教育活动，让幼儿了解日常生活中基本的礼仪，通过日常情景、游戏引导幼儿形成礼貌意识，培养幼儿的文明习惯，让幼儿从小事做起，懂礼貌、守规矩，收获自信、快乐和勇敢。

### （二）主题活动网络图

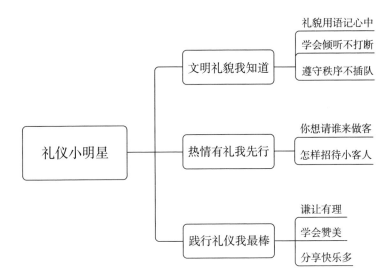

### （三）精选教案

## 活动 1　学会倾听不打断

⭐ **活动目标：**

（1）知道和别人交谈时的基本礼仪，会使用礼貌用语。

（2）在与别人交谈的过程中，懂得不随意插话或打断别人讲话。

（3）体验认真倾听、不打断别人讲话的礼仪。

⭐ **活动重点：**

别人讲话时注意倾听，眼睛看着对方，不随意打断别人的讲话。

⭐ **活动难点：**

知道在与别人交谈时不随意插话，不打断别人讲话。

⭐ **活动准备：**

（1）经验准备：幼儿有和同伴交谈的经验。

（2）物质准备：PPT课件《不打断他人讲话》，音乐《文明礼貌歌》。

⭐ **活动过程：**

（1）创设情境，激发兴趣。

师：今天，咱们班来了一只小动物。它遇到了一个困难，需要小朋友们的帮助。咱们一起去看一看吧！

（2）倾听故事，知道打断别人讲话是不礼貌的行为。

①播放PPT课件《不打断他人讲话》，分享故事的第一部分。

附故事的第一部分：

今天，小猫咪咪和小动物们一起用黏土制作水果。老师说："西瓜是圆圆的、绿绿的，我们要用两种绿色……"

老师的话还没说完，小猴淘淘就说："老师，老师，我吃过西瓜，西瓜的瓤是红色的。"

师：你觉得小猴子在听老师讲话时这样做礼貌吗？为什么（图4-21）？

②分享故事的第二部分。

附故事的第二部分：

老师听到淘淘的话，停了下来："淘淘，你可以用红色的黏土把西瓜里面的样子捏出来，跟大家分享。"淘淘还在和咪咪说它吃西瓜的经历，完全没有听到老师接下来说的话。

师：老师在教小动物们制作西瓜，小猴子这样做对吗？为什么（图4-22）？

图4-21　　　　　　　　　　　图4-22

③分享故事的第三部分。

附故事的第三部分：

过了一会儿，小动物们都拿着自己用黏土做的圆西瓜和好朋友分享。咪咪和淘淘却开心不起来，因为它们没有听到老师说西瓜的条纹是怎么做出来的，所以不会做。咪咪着急地对淘淘说："糟糕了，我没有听到老师说的话，不会做，怎么办呀？"淘淘也低下了头，说："都怪我，我不应该打断老师说的话。现在，可怎么办呢？"

师：小朋友们，你们能帮它们想想办法吗？现在，该怎么办呢？

幼：请老师再说一遍。

④分享故事第四部分。

附故事的第四部分：

于是，它们鼓起勇气，走到老师身边，说："老师，对不起！我们刚刚没有认真听您讲话，不知道西瓜的条纹怎么做，您能再给我们说一遍吗？"老师笑着摸摸淘淘的头，说："那这一次，你们可要认真听呀！"淘淘和咪咪使劲儿点点头："嗯，老师，这一次，我们一定认真听。"

小结：谢谢小朋友们帮助咪咪和淘淘解决了问题。它们也做出了又大又圆的西瓜。通过这一次，它们知道了别人说话的时候要认真听，不能随意打断别人讲话。

（3）梳理并小结交谈礼仪。

教师和幼儿共同梳理并小结交谈礼仪。

①师：请小朋友们说一说，在与别人交谈时，还应该怎么做？

小结：不打断别人讲话，不插话，看着别人的眼睛讲话。

②师：如果你真的有紧急的事情想说，可以怎么做呢？

师：你可以说"抱歉，打断一下，好吗"。

小结：小朋友们真棒，懂得了要认真倾听别人说话，不随意打断别人。

（4）听音乐，结束活动。

教师播放音乐《文明礼貌歌》，引导幼儿注意倾听歌曲内容，活动自然结束。

师：小朋友们帮了咪咪和淘淘的忙，它们为了感谢你们，特意为你们带来了一首《文明礼貌歌》，咱们一起听一听吧！

⭐ **活动延伸：**

家园共育：家长要在日常生活中帮助幼儿养成不随意打断别人讲话的好习惯，告诉幼儿如果有着急的事情要说，可以先说一句"抱歉，打扰一下"，然后再讲话。

⭐ **活动反思：**

本次活动通过绘本故事讲述，引导幼儿理解故事内容，感受打断别人讲话是不礼貌的行为，在日常生活中也要经常提醒、引导幼儿认真倾听和礼貌交流，在想插话的时候能用礼貌的方式表达，将好习惯渗透到一日生活中的每一个环节。活动中，幼儿能比较专注地听故事。在听完故事后，教师可以设计一个与活动有关的小游戏，加深幼儿印象。

## 活动 2　怎样招待小客人

⭐ **活动目标：**

（1）初步了解招待客人的礼仪常识，会使用简单的礼貌用语。
（2）能将学会的待客礼仪运用到相应的生活情景中。
（3）体验做有礼貌小主人的快乐。

⭐ **活动重点：**

学习招待客人的礼仪常识，懂得尊重客人。

⭐ **活动难点：**

能将学会的待客礼仪运用到相应的生活情景中。

⭐ **活动准备：**

（1）经验准备：幼儿有过做客的经历。
（2）物质准备：动物图片、橡皮泥制作的食物若干。

⭐ **活动过程：**

（1）谈话导入。

教师逐一出示小熊、小狗等动物图片（图 4－23），激发幼儿参与活动的兴趣。

师：小朋友们看一看，是谁来咱们班做客了？

师：你知道这些动物的名字吗？

（2）学习待客礼仪。

①师：这些动物们来咱们班做客，咱们可以用哪些礼貌用语迎接它们呢？

小结："您好""请进""欢迎大家来小二班做客"这些礼貌用语，都表示主人对客人来班里做客很高兴，对客人很热情。

师：我们可以怎么招待这些动物客人呢？

小结：请客人们喝水，吃水果或零食，请它们玩玩具。

师：这些动物客人肚子饿了，该怎么办啊？

教师出示用橡皮泥制作的食物，请幼儿根据不同的动物送给它们爱吃的食物（图4-24）。

图4-23

图4-24

师：小主人除了请客人喝水，吃好吃的，还可以做哪些事情，让客人高兴呢？

②体验情景游戏"接待小客人"。

幼儿自愿分为"小主人"和"小客人"两组，分别进行情景游戏表演。

师：在小客人来之前，我们可以准备好待客的物品。小主人应该说一些礼貌用语，对客人表示欢迎，热情地招待客人。

教师鼓励幼儿说出"请""谢谢""不客气"等礼貌用语。

（3）总结待客礼仪。

幼儿互相交流自己招待客人的感受。

教师帮助幼儿梳理、总结待客礼仪，包括对客人说的话和如何招待客人。在活动中激发幼儿热情招待客人的情感，鼓励幼儿大胆交流，学习相应的礼貌用语。

⭐ **活动延伸：**

角色区：将做客的礼仪融入娃娃家的游戏中，让幼儿在游戏中运用做客和招待客人的礼仪。

⭐ **活动反思：**

本次活动中，教师通过动物们来班里做客的情景游戏导入，引导幼儿自然地学习做客和待客的基本礼貌用语。小班幼儿有关做客的生活经验较少，部分幼儿还需要习得更多的生活经验，如在生活中或娃娃家的游戏中扮演小主人角色，体验招待客人的乐趣。在招待动物们吃饭的环节，幼儿对动物的食性都比较了解，因此，对这个游戏非常感兴趣。

# 第四节 感 恩 篇

## 主题活动六 甜甜的爱（小班）
教师：裴雪岩 张素娟 罗 晓

### （一）主题活动由来

爱是一种情感交流，是一种行动体验。在家庭中，幼儿享受着来自家人的爱及衣食住行等各方面无微不至的关怀与照顾，拥有"甜甜的""温馨的"幸福体验。在这种被关注、被爱浸润的环境中，幼儿往往不会主动关心他人。他们在成长过程中，要慢慢学会自己的事情自己做，学会向身边的人表达爱与感恩。

本次活动以"甜甜的爱"为主题，在丰富的活动中，让幼儿充分感受来自家人甜甜的爱，感受那份爱的幸福、温暖、甜蜜，获得温馨、愉悦的情感体验。同时，也让幼儿学习用自己喜欢的方式向家人表达爱，引导幼儿懂得感恩、学会感恩。

### （二）主题活动网络图

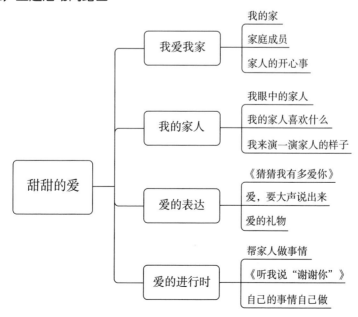

211

（三）精选教案

## 活动 1  《猜猜我有多爱你》

⭐ **活动目标：**

（1）通过倾听故事内容，感受大兔子与小兔子之间浓浓的情意。
（2）能用动作、语言来表达自己的情感。
（3）感受真挚、深切的爱，并能勇敢地表达爱。

⭐ **活动重点：**

能运用故事中的句式表达自己爱的情感。

⭐ **活动难点：**

通过倾听故事，学会勇敢地表达自己的想法。

⭐ **活动准备：**

（1）经验准备：幼儿听过关于爸爸、妈妈的绘本故事。
（2）物质准备：故事视频《猜猜我有多爱你》（动画片）、PPT 课件《猜猜我有多爱你》。

⭐ **活动过程：**

（1）集体讨论，说说自己的爸爸、妈妈，激发幼儿参与活动的兴趣。

师：请小朋友们说一说自己的爸爸、妈妈，他们是怎样的人？平时，他们是怎么照顾你的？你喜欢他们吗？

（2）欣赏故事，了解故事内容。

①教师播放故事视频《猜猜我有多爱你》（图 4-25）。

师：请小朋友们认真听，仔细看动画片。

师：故事里都有谁？它们都说了些什么？

师：动画片里的大兔子和小兔子都做了哪些动作？

②教师带领幼儿再次观看故事视频。

师：故事看完了，到底谁爱谁多一些呢？

师：动画片里的大兔子是怎么表达对小兔子的爱的？

小结：小兔子确实很爱大兔子，但是不管怎样，孩子的爱永远也超不过父母对孩子的爱。

图 4 - 25

（3）说一说，鼓励幼儿大胆表达。

①师：这是一个关于什么的故事？你们知道故事的名字叫什么吗？

②师：故事中"猜猜我有多爱你"是谁说的？

③师：小兔子表达爱的方式有哪些？

④师：故事中，大兔子的哪个动作最能表现对小兔子的爱？

师：你觉得在你的心里"大兔子"是谁呢？他都为你做了些什么？

师：老师相信你一定和故事中的小兔子一样，很爱你的"大兔子"，那么你是怎么爱他的呢？你能像小兔子和大兔子一样用"我爱你，就像……"来说出你对他的爱吗？

小结：小朋友们都能用"我爱你，就像……"的句子说出自己对家人、对朋友、对老师的爱。老师也能感受到你们的爱，希望每个小朋友能将刚才说的话亲自讲给你所爱的人听。

⭐ **活动延伸：**

表演区：在表演区投放小兔子和大兔子道具，引导幼儿结合故事内容分角色进行表演（图 4 - 26），在语言区还可以续编故事。

图 4 - 26

⭐ **活动反思：**

本次活动的导入环节，引导幼儿介绍自己的爸爸、妈妈，回忆家人对自己的照顾。接下来，教师让幼儿完整地欣赏了故事视频《猜猜我有多爱你》，让幼儿对故事有一个初步的了解，再通过追问对故事情节进行分析，让孩子们学习小兔子与大兔子的对话及"我爱你，就像……"的句式。通过模仿句式，让幼儿感受不同的表达方式，将心中的爱用语言和肢体动作表达出来。再迁移这一经验，让幼儿说说自己对父母的爱"就像……"来表达，达到了学习并运用句式进行表达的教学目的。

## 活动 2　爱，要大声说出来

⭐ **活动目标：**

(1) 能大声地说出"我爱你"，借此表达自己对家人爱的情感。
(2) 知道表达爱可以给自己和身边的人带来快乐。
(3) 感受因为爱与被爱而产生的愉悦情感。

⭐ **活动重点：**

能用"我爱你"表达对家人的情感。

⭐ **活动难点：**

感受表达爱的快乐。

⭐ **活动准备：**

(1) 经验准备：幼儿对家人表达过爱的情感。
(2) 物质准备：故事视频《我爱你》、幼儿和教师每人一个自己喜欢的物品、歌曲《找朋友》。

⭐ **活动过程：**

(1) 游戏导入，激发幼儿兴趣。
附游戏儿歌：

**找　朋　友**

找一个朋友抱一抱，找一个朋友握握手；
找一个朋友笑一笑，找一个朋友碰一碰。

(2) 教师双手举过头顶，做出爱心的动作。

师：小朋友们猜一猜，老师做了一个什么动作？

幼：爱心。

小结：对，这个动作代表一颗爱心，表示爱的意思。今天，老师要跟小朋友们分享一个关于"爱"的故事，故事的名字叫作"我爱你"。

（3）倾听故事，了解故事内容。

①播放故事视频《我爱你》。

师：故事讲了一件什么事儿？

师：故事里的小獾是怎么做的？

师：小獾是怎样的心情？

小结：小獾大声地说出了心里的爱，感到很开心。

②继续观看故事视频，模仿故事内容说出"我爱你"。

师：小獾还喜欢什么呢？它还会对什么说"我爱你"？

（4）说一说。

①请幼儿说出自己喜爱的物品。

②知道表达爱会给自己和别人带来快乐。

师：说一说，我们该如何表达爱呢？

③教师向幼儿介绍自己喜爱的人和物品。

④请幼儿在集体面前向自己喜爱的人和物品表达"我爱你"的情感。

⑤说一说表达爱和接受爱的感觉。

小结：故事里的小獾对它喜欢的很多人和物都说了"我爱你"，原来爱可以给自己和别人带来快乐。

（5）音乐游戏"找朋友"。

①教师播放歌曲《找朋友》，引导幼儿玩音乐游戏"找朋友"，互相表达"我爱你"的情感。

②幼儿之间互相表达"我爱你"的情感（图4-27、图4-28）。

图4-27

图4-28

小结：我们不要把爱藏在心里，要大声地说出来，这样被爱的人才会知道，也会给自己和别人带来快乐。

### ⭐ 活动延伸：

幼儿能向家人或好朋友大声地说出"我爱你"，感受表达爱意的愉悦。

### ⭐ 活动反思：

在本次活动中，教师根据本班幼儿的实际情况和发展水平预设了活动目标，选择符合幼儿年龄特点、贴近幼儿生活的内容来开展教学活动。活动侧重于情感的激发和表达。教师运用了游戏法来激发幼儿参与活动的兴趣，通过游戏和欣赏故事引出活动，还运用谈话来引导幼儿发现问题，通过观察、探讨来寻找问题的答案。绘本故事视频《我爱你》很有感染力，它的图画和音乐都很适合幼儿，便于幼儿理解和感受。幼儿对本次活动很感兴趣，知道了如何表达爱的情感。

## 活动 3　《听我说"谢谢你"》

### ⭐ 活动目标：

(1) 感受乐曲的旋律，初步感知音乐节奏。
(2) 尝试根据音乐的旋律创编肢体动作。
(3) 在音乐游戏中，能大胆地用肢体动作表现自己的情感。

### ⭐ 活动重点：

能跟着音乐节奏创编肢体动作并表现。

### ⭐ 活动难点：

能听懂歌曲的歌词大意并尝试用动作进行表现。

### ⭐ 活动准备：

(1) 经验准备：听过歌曲《听我说"谢谢你"》。
(2) 物质准备：歌曲《听我说"谢谢你"》音频。

### ⭐ 活动过程：

(1) 播放歌曲《听我说"谢谢你"》音频，引起幼儿参与活动的兴趣。

师：今天，老师给小朋友们分享一首好听的歌曲《听我说"谢谢你"》。请小朋友们认真听。

师：刚才，大家都听了这首好听的歌曲。你们听完歌曲后，有什么感受？

（2）再次欣赏歌曲。

教师第二次播放歌曲，引导幼儿细致倾听。

师：歌曲里都唱了什么？

师：这首歌曲是唱给谁听的？为什么？

（3）创编动作。

教师带领幼儿根据歌词大意创编相应的动作。

师：我们了解了这首歌曲的意思，那我们可以用什么动作来表示"谢谢"呢？

师：你们觉得哪个动作表示"谢谢"会更好呢？

小结：大家表示感谢的动作都不一样，都很有创意。接下来，咱们跟着音乐一起跳一跳吧！

教师带领幼儿尝试创编其他动作。

（4）唱一唱，演一演。

①教师播放音乐，带领幼儿选择有创意的动作进行表演。

②全体幼儿跟随音乐旋律跳一跳，感受创编动作的快乐。

## ★ 活动延伸：

表演区：幼儿在表演区进行表演，可以将这首歌曲唱给想要感谢的人。

## ★ 活动反思：

本次活动选择的歌曲其歌词简单易懂，旋律动听。幼儿能听着音乐，直接跟唱歌曲，并能欢快地舞动起来，很快地进入创编动作的环节。幼儿对创编动作很感兴趣，大多数幼儿能大胆地进行动作创编。幼儿通过活动知道了身边有很多社会工作者，他们默默无闻地为我们付出，我们应该向他们表示感谢。同时，孩子们也懂得了爸爸、妈妈、爷爷、奶奶、姥爷、姥姥和老师平时都在关心和照顾着自己，应该向他们表示感谢。幼儿借助这首歌曲，用唱一唱、跳一跳的方式向身边的人表达了感恩之情。

## 主题活动七　我的爷爷、奶奶　（中班）
### 教师：赵美玲　曾　倩　郭小敏

### （一）主题活动由来

自幼儿园开展重阳节的活动以来，幼儿对爷爷、奶奶的话题兴趣浓厚，有的小朋友把自己爷爷、奶奶的照片带到了幼儿园，跟大家分享，有的小朋友还在美工区给奶奶画了漂亮的花裙子……我们结合幼儿兴趣的同时，考虑到尊老、敬老是中华民族的传统美德，每一位老人都有风华正茂的时候，今天朝气蓬勃的我们也是他们曾经拥有的美好年华。因此，我们开展了"我的爷爷、奶奶"这一主题活动，希望通过本次主题活动的开展，让老人感受被关爱的幸福，让幼儿了解自己的爷爷、奶奶、姥爷、姥姥，了解他们曾经的生活，同他们一起追忆往昔、享受现在、畅想未来，体会老人的不易，从心底尊敬、爱护他们，为他们做一些力所能及的事、说一些体贴的话，能够勇敢地向他们表达爱。

**（二）主题活动网络图**

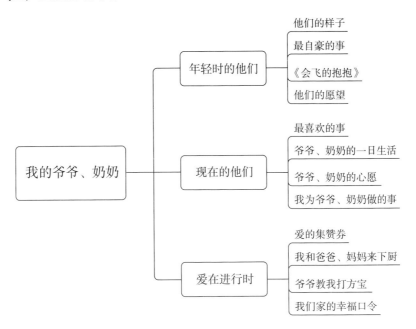

**（三）精选教案**

## 活动 1 《会飞的抱抱》

### ★ 活动目标：

（1）理解故事内容，感受爱是一种可以传递的情感，是一份最珍贵的礼物。

（2）在阅读中掌握故事的主要内容，理解"邮寄拥抱"的过程。

（3）感受小猪和奶奶之间浓浓的亲情，能够勇敢地表达爱。

### ★ 活动重点：

理解故事内容，感受小猪和奶奶之间浓浓的亲情，能够勇敢地表达爱。

⭐ **活动难点：**

感受爱是一份最珍贵的礼物。

⭐ **活动准备：**

（1）经验准备：有过和爷爷、奶奶分开的经历，有过思念的情感体验。

（2）物质准备：绘本故事《会飞的抱抱》图片、轻音乐。

⭐ **活动过程：**

（1）谈话导入：分享爱的情感经验。

师：你们现在有最想念的人吗？他是谁？为什么想念他？

师：你会用什么方式来表达你的想念呢？

小结：想念一个人的时候可以有很多种方式来表达，比如，画画、打电话、视频通话。今天，老师给你们带来了一个好朋友，咱们一起来看看发生了什么事情。

（2）讲述故事《会飞的抱抱》。

①绘本故事《会飞的抱抱》图片展示。教师讲到"小猪想在奶奶生日时送给奶奶一份礼物"时，请幼儿猜测小猪打算送给奶奶什么礼物并说出送礼物的原因。

师：小猪的奶奶马上就要过生日了。它住在一个遥远的地方。小猪想送给奶奶一份特别的礼物。小朋友们猜一猜，这个特别的礼物是什么？小猪为什么要送这个礼物给奶奶呢（图 4 - 29）？

图 4 - 29

师：如果你是小猪，你会送什么礼物给奶奶呢？为什么？

（3）出示绘本故事图片"小猪送给奶奶的礼物"。

师：原来这就是小猪要送给奶奶的礼物，可是什么东西都没有呀？

幼儿猜想，引出礼物是拥抱。

小结：原来小猪想送给奶奶一个"大大的抱抱"。我们来学一学"大大的抱抱"，看看它是什么样儿的。可是奶奶在外地，小猪要怎样才能把这个拥抱送给奶奶呢？我们来看看小猪的办法。

（4）情境游戏。

①师幼互送"大大的抱抱"，并谈谈彼此拥抱是什么感受。

师：你们看看，小猪送了一个"大大的抱抱"给奶奶，老师也要送一个"大大的抱抱"给你们，你们的感受是什么？

②幼儿之间互送"大大的抱抱"，说一说和同伴拥抱的感受。

师：请你给你的好朋友一个"大大的抱抱"，你有什么感受？

小结：原来"大大的抱抱"可以给我们幸福、温暖、开心的感受。

（5）出示绘本故事图片"小猪用了什么方法把拥抱送给奶奶的"。

①师：小猪到底用了什么办法，把这个拥抱送给奶奶的？

小结：小猪可以乘坐交通工具去送抱抱。

②故事讲到"小猪给邮递员叔叔送上了一个大大的抱抱"时停住，引导幼儿想象怎样传递"大大的抱抱"。

师：小猪是怎么跟邮递员叔叔说的？

师：如果你是邮递员叔叔，你愿意帮助小猪传递"大大的抱抱"吗？为什么？

小结：在很多好心人的帮助下，小猪的奶奶终于收到了一个"大大的抱抱"。在邮寄抱抱的过程中，大家也因为这个抱抱得到了快乐，感受到了幸福和温暖。

（6）教师小结。

师：这个故事有一个好听的名字叫"会飞的抱抱"，我们了解了小猪邮寄拥抱的过程，你有什么感受呢？原来"大大的抱抱"可以温暖到身边的人。今天，回家后，小朋友们也可以把"大大的抱抱"送给自己的爷爷、奶奶哦！

⭐ **活动延伸：**

续编故事。

师：奶奶收到这个礼物心里美滋滋的。然后，奶奶也给小猪寄了一份特殊的礼物。我们来看看是什么（出示唇印图片）。奶奶要怎样把这份礼物寄给小猪呢？我们看看小猪收到礼物了吗？下次活动，咱们再继续讲这个故事。

⭐ **活动反思：**

　　本次活动中，幼儿通过听故事，对故事中小猪送给奶奶的礼物到底是什么产生了好奇，也激发了他们想要探究的兴趣。他们了解了故事的主要内容后，通过互动游戏，真实体验彼此拥抱的感受，这让幼儿感受到浓浓的爱意和温暖，也让幼儿明白送给别人的礼物不一定是实质性的东西，但一定是用心准备的礼物，才能让对方感受到幸福。活动结束环节，教师引导幼儿回家后将"大大的抱抱"送给自己的家人，听听家人的感受。

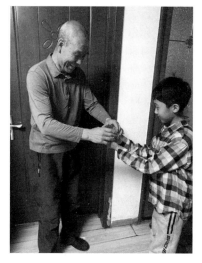

图 4 - 30

　　幼儿回家后，真的把"大大的抱抱"送给了爷爷、奶奶、姥爷、姥姥，还给爷爷、奶奶送上了一杯茶（图 4 - 30）。我们也收到了一些家长的反馈。家长表示，孩子真的长大了，很感动。

活动 2　我为爷爷、奶奶做的事

⭐ **活动目标：**

（1）知道爷爷、奶奶年纪大了，愿意帮助他们做一些简单的事情。
（2）能用肢体动作和语言来表达对爷爷、奶奶的爱。
（3）感受祖辈对自己浓浓的爱意。

⭐ **活动重点：**

愿意帮助长辈做一些简单的事情。

⭐ **活动难点：**

能用肢体动作和语言来表达对爷爷、奶奶的爱。

⭐ **活动准备：**

（1）经验准备：活动前，班级开展了"爱的大调查"活动，家长和幼儿共同填写《我最爱的爷爷、奶奶》调查问卷。
（2）物质准备：《我最爱的爷爷、奶奶》调查问卷、《我爱爷爷、奶奶》情景图片。

### ★ 活动过程：

（1）图片导入。

幼儿互相分享自己的调查结果（图4-31、图4-32）。

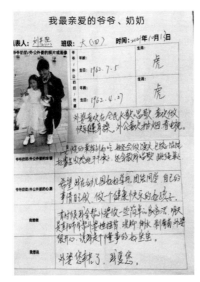

图4-31　　　　　　　　　　图4-32

（2）与幼儿谈论关于爷爷、奶奶照顾自己的那些事。

师：你的爷爷、奶奶平时最喜欢做什么事情？他们的心愿是什么？他们的爱好是什么？他们是怎么关心、照顾你的？

①出示《我爱爷爷、奶奶》情景图片，引导幼儿理解关心老人是一种好品德。

师：爷爷怎么了？小朋友为什么要给爷爷端水？

师：小朋友不让爷爷背书包的这个做法，你赞同吗？为什么？

②分组讨论并记录爷爷、奶奶或姥爷、姥姥为自己做了哪些事情。

师：请小朋友们分组讨论并记录一下爷爷、奶奶为我们做的事，然后分享给大家。

（3）分组讨论并记录幼儿可以为爷爷、奶奶做的事情。

师：我们可以为爷爷、奶奶做哪些事情呢？请小朋友们分组讨论并记录。

小结：爷爷、奶奶真的非常爱你们，为你们默默地做了很多事情，他们每天都在照顾小朋友的生活。但是，他们年龄渐渐大了，行动也变得迟缓了。不过没关系，你们已经长大了，可以做他们的小助手，帮他们做一些力所能及的事情。

幼儿分组讨论"自己在生活中是怎样关心爷爷、奶奶的",互相学习更多关爱爷爷、奶奶的方式和行为。

师：哪组小朋友说一说，平时我们可以怎样关心爷爷、奶奶？

小结：平时有好吃的食物、好玩的玩具，小朋友们可以和爷爷、奶奶分享。如果他们生病了，小朋友们也可以试着去照顾他们。

⭐ **活动延伸：**

家园共育：鼓励幼儿回家后帮助爷爷、奶奶做一些力所能及的事情。

⭐ **活动反思：**

本次活动开展后，帮助爷爷、奶奶做力所能及的事成了班里的热潮。幼儿在家里会主动干家务活儿，帮忙择菜、端水、擦桌子、摆碗筷等，实现了本次活动的教学目标，收到了良好的效果。我们也在告诫幼儿，不能只是在开展活动的时候才对长辈表达爱、帮忙做一些力所能及的事，要将这种行为保持下去，继承和发扬尊敬老人、爱护老人的优良传统。

# 第五节  节  约  篇

## 主题活动八  节约用纸（中班）

教师：杨菲宇  张  璐  刘怡秀

### （一）主题活动由来

节约是中华民族的传统美德。在日常生活中，教师注重培养幼儿养成节约的好习惯。但是，幼儿对"节约"的概念并不理解。最近，在班级的一日生活中，教师发现幼儿有浪费纸张的现象，比如，手工活动后，会在地上、桌子上发现大的张纸被剪断、扔掉；擦嘴时，少数幼儿会用三四张餐巾纸。4～5岁幼儿应注重培养其社会责任感，让他们养成良好的节约习惯。我们结合幼儿的这些现状，开展了"节约用纸"的主题活动，希望通过本次活动，让幼儿了解每一张纸都来之不易，明白"节约"的意义，知道节约用纸的方法，向身边的人宣传节约用纸，引导幼儿养成节约用纸的好习惯。

### （二）主题活动网络图

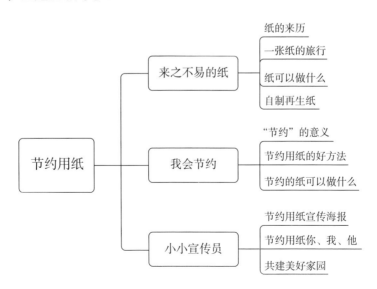

（三）精选教案

## 活动 1　自制再生纸

⭐ **活动目标：**

（1）通过操作活动，探究造纸的过程。

（2）利用废旧的纸张制作再生纸，培养节约用纸的意识。

（3）知道纸张来之不易，体验节约用纸的快乐。

⭐ **活动重点：**

通过操作活动，尝试探究造纸的过程。

⭐ **活动难点：**

能将废旧的纸制作成再生纸。

⭐ **活动准备：**

（1）经验准备：幼儿看过《蔡伦造纸》的故事，知道造纸术是中国古代四大发明之一。

（2）物质准备：造纸步骤图，制作再生纸的材料和工具，造纸记录单，笔，黑板。

⭐ **活动过程：**

（1）导入造纸的过程。

教师引导幼儿观看造纸的步骤图，回顾并讨论造纸的步骤。

师：你们知道纸是怎么来的吗？在之前的活动中，小朋友们通过观看有关造纸的图片和视频了解了一张纸是怎样来的。现在，咱们一起回忆一下。

师：今天，咱们来玩一个挑战游戏。这个游戏需要大家自愿分组，迎接挑战。每个组的组员合作制作再生纸并完整地记录下制作过程。

（2）材料和工具使用说明。

教师和幼儿一起讨论材料和工具的使用方法。

师：造纸有哪些步骤呢？需要使用哪些工具？造纸小师傅用来造纸的材料是什么？需要几个人一起制作？

小结：通过讨论，我们了解到，可以利用废旧的纸制作再生纸。

（3）体验造纸。

幼儿亲自操作用废旧的纸张制作再生纸，选取需要的材料，按照造纸步骤完成再生纸的制作。幼儿通过使用废旧纸制作再生纸，体验了造纸的过程（图4-33），懂得了纸来之不易。

师：挑战开始啦！大家自愿分组，一起来试试制作再生纸吧！看看废旧的纸能不能造出新的纸来。

（4）制作再生纸并记录。

每组有一名幼儿尝试记录造纸过程。教师巡回指导。小组幼儿分工合作并完整地记录造纸过程，体验造纸的辛苦。

师：小朋友们可以记录造纸的方法，把制作步骤完整地记录下来。看看哪组最先完成，就可以赢得胜利！一起迎接挑战吧！

小结：小朋友们通过亲自尝试知道了将废旧纸制作成再生纸的过程，并完整地记录了造纸过程，你们真棒！

（5）分享造纸记录单。

请幼儿分享制作再生纸的过程，并将作品展示在教室墙面上。

师：小朋友们在造纸的过程中，遇到了哪些问题？造纸有哪些步骤？可以记录下来，咱们一起想办法解决（图4-34）。谁想到前面跟大家分享呢？

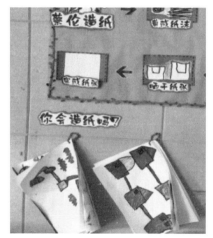

图4-33                                      图4-34

（6）如何在生活中养成节约的好习惯？

教师鼓励幼儿从生活中的小事做起，说说如何做到节约，也可以制订《班级公约》，全班小朋友共同遵守，养成节约的好习惯。

小结：今天，我们不仅体验了造纸的不易，还共同制订了《班级公约》。地球的资源很有限，平时就要注意合理、科学地使用。也希望每个小朋友不管在哪里都要养成节约、不浪费的好习惯。

⭐ **活动延伸：**

科学区：把造纸材料投放到科学区，鼓励幼儿在区域活动中继续制作再生纸，强化节约用纸的意识。

⭐ **活动反思：**

本次活动中，幼儿尝试利用废旧纸制作再生纸，知道了废旧纸可以回收再利用。幼儿在制作再生纸的过程中，能分组探究并完整地记录造纸的过程，提升了幼儿分组合作的能力和相关经验。幼儿在活动中通过亲自动手操作和体验，感知并掌握了造纸的过程，了解到纸来之不易，能珍惜纸张并节约用纸。接下来，教师会鼓励幼儿将制作过程中遇到的问题记录下来，并组织幼儿讨论解决的办法。

## 活动 2　节约用纸好方法

⭐ **活动目标：**

（1）讨论并梳理、总结节约用纸的方法。
（2）愿意把自己的想法跟同伴分享。
（3）养成节约用纸的好习惯。

⭐ **活动重点：**

讨论并梳理、总结节约用纸的方法。

⭐ **活动难点：**

能将节约用纸的方法画出来。

⭐ **活动准备：**

（1）经验准备：幼儿了解节约用纸的意义。
（2）物质准备：纸制品和各种纸的图片、幼儿使用后废弃的纸、纸、笔。

⭐ **活动过程：**

（1）讨论导入。
教师出示纸制品和各种纸的图片，通过提问引导幼儿讨论。
师：请小朋友们想一想，纸制品有哪些？生活中，有多少种纸？做哪些事情需要用到纸？用的是哪种纸？

小结：纸在我们的生活中用处非常广泛。

（2）思考废弃纸的用途。

出示幼儿使用后废弃的纸，引导幼儿思考其用途。

师：这有一张异形的纸，是小朋友在做手工时用剩下的。小朋友们想一想，这张纸可以用来做什么？

让幼儿知道废弃的纸还可以做很多事情，引导幼儿节约用纸。

（3）讨论节约用纸的方法。

讨论节约用纸的方法，引导幼儿了解一周的用纸量及废弃后还可以再利用的用纸量。

师：老师收集了小朋友们本周扔掉的纸。咱们一起想一想，它们还可以用来做什么？

师：如果小朋友们把这些纸都节约下来，可以做好多事情呢！

师：有什么好方法可以节约用纸呢？

小结：原来张纸可以分成多次使用，我们可以根据纸张的大小回收纸张再利用。用剩下的纸还可以在科学区制作再生纸；正面用过的画画纸，反面还可以再利用。

（4）游戏"节约用纸对对碰"。

游戏玩法：每个幼儿画出自己想出来的节约用纸好方法，再找到和自己想法一样或接近的画面，玩"节约用纸对对碰"的游戏。

（5）游戏"节约用纸我知道"。

师：今天，我们知道了很多节约用纸的方法，也知道了节约用纸就是保护大树、保护地球妈妈。现在，我们一起来玩一个游戏，看看哪些方法可以更好地节约用纸。

⭐ **活动延伸：**

家园共育：在生活中，引导幼儿和爸爸、妈妈一起讨论节约用纸的好方法，平时也要节约用纸。

⭐ **活动反思：**

在日常生活中，孩子们常常把用过一次的纸或者画错的纸随意扔掉。现在的社会提倡环保、节约，从小培养幼儿的节约意识很重要。本次活动中，我们带领幼儿讨论如何利用废弃的纸，还一起梳理、总结了节约用纸的好方法，幼儿之间可以互相监督、提醒，大家都有节约用纸的意识。在今后的活动中，教师也要以身作则，为幼儿树立好的榜样，带领幼儿开展节约用纸大行动，增强幼儿的节约意识。

## 活动3　节约用纸宣传海报

⭐ **活动目标：**

（1）初步了解宣传海报的内容，设计并绘制宣传海报。

（2）利用不同的材料组合、制作宣传节约用纸的创意海报。

（3）通过设计节约用纸的海报，萌生初步的社会责任感，让更多的人知道要节约用纸。

⭐ **活动重点：**

初步了解宣传海报的内容，设计并制作宣传海报。

⭐ **活动难点：**

利用不同的材料设计并制作节约用纸的海报，让更多的人了解节约用纸的意义和重要性。

⭐ **活动准备：**

（1）经验准备：幼儿初步了解了宣传海报。

（2）物质准备：各种海报图片、图画纸、卡纸、彩笔、低结构材料（如纸筒、橡皮泥等）。

⭐ **活动过程：**

（1）观看海报图片，了解海报的内容。

教师引导幼儿观看各种海报图片，了解海报的内容有哪些。

师：我们一起看看，这些海报上面有什么？都有哪些装饰？

（2）举办节约用纸宣传会。

启发幼儿举办节约用纸宣传会。

师：小朋友们，我们学会节约用纸了，怎样才能让其他班的小朋友和他们的爸爸、妈妈也懂得节约用纸的重要性，学会节约用纸呢？

（3）出示操作材料，幼儿合作完成设计并制作宣传海报。

①出示操作材料，提出海报设计要求。

师：我们有这些操作材料。小朋友们可以自主选择材料，设计自己的海报。

②幼儿分组讨论并选择操作材料进行创作。

师：你们可以分组商量，选择自己所需的材料来制作海报。

③节约用纸的宣传海报以介绍节约用纸的方法为主，同时，引导幼儿学习

用不同的材料设计并制作海报的边框。

小结：我们可以选用不同的材料设计并制作宣传节约用纸的海报。

（4）分组制作宣传海报。

幼儿分组制作宣传海报。教师巡回指导。

师：小朋友们可以自由分组，一起来设计节约用纸的宣传海报内容，选择你们喜欢的材料进行制作。

（5）介绍宣传海报。

请幼儿向大家介绍自己制作的宣传海报（图4-35）。

图4-35

小结：让我们从节约用纸开始，养成良好的节约习惯，做保护环境的小卫士吧！

⭐ **活动延伸：**

在幼儿园内开展节约用纸宣传会，邀请园里其他的小朋友一起参加，向大家分发海报，呼吁大家节约用纸。

⭐ **活动反思：**

在设计本次活动时，教师从幼儿的兴趣与特点出发，让幼儿通过商量海报内容、材料来培养幼儿初步的合作意识和社会交往能力。同时，让幼儿自主选择操作材料，用自己喜欢的方式制作节约用纸宣传海报。最后，引导幼儿向大家大胆地介绍自己的作品，通过宣传海报让大家树立节约用纸的意识，培养幼儿初步的社会责任感。

## 主题活动九　光盘行动（大班）
### 教师：赵　雪

**（一）主题活动由来**

幼儿进入大班后，对自己喜欢吃的和不喜欢吃的食物比较清楚，班级出现了一些挑食和剩饭的现象。勤俭节约是中华传统美德，为了让幼儿更好地了解"勤俭"的意义，明白粮食来之不易，我们设计并开展了"光盘行动"的主题活动，旨在帮助幼儿更好地了解每种食物的营养价值，知道食物来之不易，能够在生活中做到节约粮食。活动中，我们将幼儿分成不同的小组，通过小组讨论，让幼儿互相提醒、监督，同时，也提高了幼儿交流与合作的能力。

**（二）主题活动网络图**

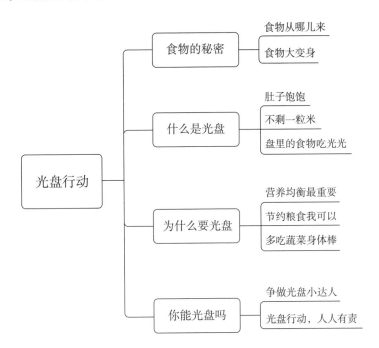

**（三）精选教案**

### 活动 1　盘里的食物吃光光

⭐ **活动目标：**

（1）知道食物来之不易。

（2）了解与粮食有关的劳动内容。

（3）对不同种类的食物感兴趣，养成良好的进餐习惯。

## ⭐ 活动重点：

知道食物来之不易，用餐时，能做到"光盘"。

## ⭐ 活动难点：

愿意尝试食用自己不喜欢但对身体健康有好处的食物。

## ⭐ 活动准备：

（1）经验准备：幼儿认识不同种类的食物；有过用餐时"光盘"的经历。

（2）物质准备：农民伯伯种地和食堂厨师们做饭的图片、幼儿"光盘"的图片、"光盘行动"的主题墙饰、小贴画。

## ⭐ 活动过程：

（1）故事导入。

教师出示农民伯伯种地和食堂厨师们做饭的图片，并以稻子的口吻讲述故事。

师（扮演稻子）：小朋友们好！我是稻子。春天的时候，农民伯伯把我种在地里，每天给我浇水、施肥、除害虫。到了夏天，农民伯伯还顶着大太阳给我除草。秋天到了，农民伯伯开始收割稻子，最后用机器把我变成米粒。食堂的厨师们很辛苦地把我做成了米饭！可是，最近，我听说小朋友们都不太喜欢吃饭了，即使配上香甜可口的菜，小朋友们也不肯吃。我只能被倒掉！简直太浪费了！我想请老师帮我调查一下，是什么原因造成的？怎样才能让小朋友们爱吃大米饭呢？

（2）基本环节。

①引导幼儿讲述不喜欢吃饭的原因。

师：请小朋友们说一说，你们为什么不喜欢吃大米饭？

②商量解决问题的方法。

师：有的小朋友说是因为挑食，所以不吃大米饭。那么，接下来，我们先征集小朋友们喜欢吃的食物有哪些，贴在食物清单上。每天安排一个小朋友为大家介绍不同食物的营养价值。

师：有的小朋友说是因为食物太多了，吃不完。接下来，保育老师会帮大家盛出分量不一样的饭菜，小朋友们可以自由选择自己认为能吃光的那一份。

师（扮演稻子）：那太好啦！这样，小朋友们用餐时都能做到"光盘"，再也不用担心食堂的厨师们辛苦做出来的饭菜被浪费啦！

教师出示幼儿"光盘"的图片，引导幼儿讨论并小结。

小结：小朋友们根据自己的进餐量选择食物之后，都能做到"光盘"，厉害了！希望小朋友们继续和稻子做朋友。

③创设"光盘行动"主题墙饰。

师：老师创设了"光盘行动"主题墙饰，我们和稻子做个约定，小朋友们每顿饭"光盘"后，可以在自己的格子里贴上一张自己喜欢的小贴画，代表你没有浪费食物。一个星期后，咱们进行大比拼，比一比谁的小贴画最多，稻子还给他准备了神秘的礼物。

（3）结束环节。

小结：小朋友们今天认识了稻子，了解了农民伯伯种稻子非常辛苦，厨师们把它变成大米饭也很不容易。因此，小朋友们一定不能浪费食物，要尊重别人的劳动成果，让我们一起和稻子做个约定，共同完成我们的"光盘行动"墙吧！

⭐ **活动延伸：**

师：小朋友们回家后，可以和爸爸、妈妈一起执行"光盘行动"，打卡光盘墙！

⭐ **活动反思：**

如果拿本班幼儿在吃饭时的表现举例来说明怎样吃饭才是正确的，活动会更生动，更能引起幼儿的兴趣。在活动要结束时，教师让幼儿谈谈自己在今后吃饭时应该怎样做，对幼儿有一定的教育意义，也起到了良好的效果。通过本次活动，幼儿知道了"劳动"的含义，讨论了劳动后的感受，更愿意用小手参加劳动，做好自己的事情，也努力帮助集体做事情。

## 活动 2 "光盘行动"，人人有责

⭐ **活动目标：**

（1）初步了解"光盘行动"的意义，知道"光盘行动、人人有责"。

（2）设计并制作"光盘行动"海报，积极参与"光盘行动"。

（3）从小养成勤俭节约、不铺张浪费的好习惯。

⭐ **活动重点：**

设计并制作"光盘行动"海报。

⭐ **活动难点：**

通过亲自"烹饪"，激发幼儿爱劳动的兴趣。

⭐ **活动准备：**

（1）经验准备：活动前，幼儿居家通过网络、书籍、新闻等途径了解西部贫困地区一些穷苦孩子的生活饮食状况。

（2）物质准备：《光盘行动》公益广告视频，PPT课件《光盘行动》，《幼儿午餐情况统计表》，红花、蓝花，背景展板，彩色纸若干、油画棒、勾线笔。

⭐ **活动过程：**

（1）导入环节。

教师播放《光盘行动》公益广告视频。

师：这段广告告诉我们什么？（光盘）什么叫"光盘行动"？

师：光盘行动是指就餐时，人们不浪费粮食，吃光盘子里的东西，吃不完的饭菜打包带走。

（2）基本环节。

①播放PPT课件《光盘行动》第一部分，让幼儿了解西部贫困地区人们的生活及自己身边的人、各行各业一些浪费资源的情况。

小结：小朋友们都看见了我国还有很多贫困地区，那里人们的食物还比较匮乏，而我们身边有些人还在浪费粮食。开展"光盘行动"不仅可以减少浪费，而且对我们的身体健康有利。

②播放PPT课件《光盘行动》第二部分，引导幼儿了解身边的人通过倡议书、宣传海报等形式开展的"光盘行动"宣传活动。

③教师鼓励幼儿动员全园师幼一起参与到"光盘行动"中，并说说动员的方法。

④师幼一起完成"光盘行动"宣传海报。教师引导幼儿制订《幼儿园"光盘行动"倡议书》，并用绘画的形式记录下来。

（3）结束环节。

师幼一起将海报展板投放在幼儿园大厅，进行"光盘行动"宣传（图4-36、图4-37）。

图 4 - 36

图 4 - 37

⭐ **活动延伸：**

教师鼓励幼儿在区域活动中继续设计家庭、餐厅使用的"光盘行动"宣传海报，并能将"光盘行动"体现在角色游戏中。

⭐ **活动反思：**

在幼儿的日常生活中，幼儿浪费食物的现象比较严重。因此，教师在本次活动导入环节，引导幼儿观看《光盘行动》公益广告视频，了解什么是"光盘行动"。之后，引导幼儿观看西部贫困地区食物短缺的图片，让幼儿进一步了解开展"光盘行动"的意义和重要性。随后，教师带领幼儿一起设计"光盘行动"的展板，向身边的人宣传"光盘行动"，这对幼儿触动很大，他们都觉得自己浪费食物的行为很不好，决定今后一定要做到吃多少、盛多少，杜绝浪费，争做"光盘小达人"。

# 第六节 环 保 篇

## 主题活动十 环保小卫士（大班）
### 教师：韩 倩 刘佳乐

### （一）主题活动由来

　　幼儿园里设置了各种颜色的分类垃圾桶，班级的美工区里也摆放了很多废旧物品收纳箱。孩子们在美工区经常进行废物大改造，纸箱贴一贴，变成大飞机，纸卷芯粘一粘，变成小蜜蜂……通过巧手制作，废旧材料也变成了精美又实用的小物件。幼儿园环保教育旨在培养幼儿关心周围环境、珍惜自然资源、爱护自然界生物的意识和行为。幼儿从小就参与环境保护活动，自然而然地就会萌发保护自然环境的意识，未来的生活环境会因他们而美好。

　　教师设计并开展了本次"环保小卫士"的主题教育活动，旨在引导幼儿了解垃圾分类的方法和处理方式，知道有些废旧物品可以再利用，形成初步的环保意识，支持环保、参与环保，积极地向同伴、教师及其他的人宣传环保小常识，身体力行，带动他人，为保护我们共同的家园做出自己的贡献。

### （二）主题活动网络图

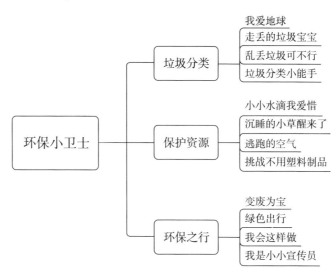

（三）精选教案

## 活动1　挑战不用塑料制品

⭐ **活动目标：**

（1）感受生活中塑料制品较多且运用范围广泛，愿意尽自己的力量减少塑料污染。

（2）了解一些不使用塑料制品或减少使用塑料制品的方法。

（3）能根据记录表说说自己在挑战中不用塑料制品的方法。

⭐ **活动重点：**

了解一些不使用塑料制品或减少使用塑料制品的方法。

⭐ **活动难点：**

能根据记录表说说自己在挑战中不用塑料制品的方法。

⭐ **活动准备：**

（1）经验准备：活动前，家长利用周末带领幼儿挑战"一天不用塑料制品"，并根据记录表的要求做好记录。

（2）物质准备：PPT课件《挑战不用塑料制品》、记录表。

⭐ **活动过程：**

（1）师幼互动，请幼儿说说自己"一天不用塑料制品"的感受，引出活动主题。

师：周末的时候，小朋友们和家人进行了一天不用塑料制品的挑战。你们觉得这个挑战难不难？为什么？

小结：小朋友们都觉得太困难了。因为从早上起床到晚上睡觉，我们会接触到很多塑料做的东西。

（2）请幼儿拿出记录表，鼓励幼儿分享自己的记录表，说说挑战中遇到的问题及解决办法。

师：在"一天不用塑料制品"的挑战中，你是怎么做的？小朋友们可以根据记录表进行分享。

幼：我早上起床后，走进浴室，发现了很多塑料制品，比如，牙刷、牙杯、牙膏、洗发露、吹风机。牙刷、牙杯、吹风机都是塑料的，牙膏和洗发露的包装也是塑料做的。不用塑料制品的挑战，对我来说，是非常困难的。

幼：我家的桌子是塑料的，椅子也是塑料的。为了完成挑战，我没有用塑料的桌子和椅子。我感觉生活中到处都有塑料制品。

幼：我和妈妈去超市购物。我提前准备好了布袋子。这样，我就可以不用塑料袋了。

小结：一天不用任何塑料制品是很困难的。但是，我们通过挑战和思考，也发现有些塑料制品可以暂时不用，或者用其他环保材料代替。这样，我们就能减少使用塑料制品，为环保助力。

（3）引导幼儿了解在日常生活中会使用塑料制品，尝试如何保护环境。

师：在挑战过程中，我们也发现有时候不用塑料制品太困难了，或者有些塑料制品一天不用可以忍忍，一直不用，生活就会变得很麻烦，比如，拖鞋、空调、梳子、遥控器、水杯……我们在日常生活中，该怎样保护环境呢？

小结：我们的生活中有许许多多的塑料制品，完全不使用塑料制品是很困难的。当我们不得不使用塑料制品时，可以尝试减少使用一次性塑料制品，比如，塑料袋、保鲜膜、快餐盒、塑料吸管等（图4-38）；对一些塑料制品进行二次利用；使用环保的、可降解的塑料袋或使用布袋子，尽自己的力量减少塑料污染。

图4-38

⭐ **活动延伸：**

在日常生活中，引导幼儿减少使用塑料制品，尽自己的力量减少塑料污染。

★ **活动反思：**

幼儿通过本次教育活动认识到生活中大量使用塑料对地球环境及生态资源会产生的巨大破坏。我们该如何保护环境呢？怎样减少使用塑料制品呢？我们带领幼儿进行了"一天不用塑料"的挑战，用实践活动让幼儿感受日常生活中使用塑料制品的情况非常多，引导幼儿尽量减少使用一次性塑料制品，用环保材料代替塑料，养成减少或不使用塑料制品的习惯，践行绿色生活方式。

## 活动 2　变废为宝

★ **活动目标：**

（1）知道有些废旧材料可以再利用。
（2）提高动手能力，学会改造废旧物品。
（3）发挥想象力，利用生活中的废旧材料变废为宝，体验变废为宝的乐趣。

★ **活动重点：**

懂得废物利用的好处，体验变废为宝的乐趣。

★ **活动难点：**

发现生活中的废旧材料并能合理利用。

★ **活动准备：**

（1）经验准备：会剪、粘贴等动作技能。
（2）物质准备：PPT 课件《变废为宝》，整洁、干净的森林图和堆满垃圾的森林图，废旧材料等、故事《小叮当变废为宝》。

★ **活动过程：**

（1）出示图片，引出话题。

教师出示"整洁、干净的森林图"和"堆满垃圾的森林图"，引导幼儿对比观察与交流。

幼儿分组讨论这两幅图的区别，猜一猜垃圾是怎么来的，该怎么解决这个问题。

（2）基本环节。

教师通过故事《小叮当变废为宝》引导幼儿学会保护环境，多利用生活中的废旧材料制作新颖而独特的物品。

附故事：

### 小叮当变废为宝

今天，森林里的跳蚤市场开业啦！小叮当开心地走在去跳蚤市场的路上。他走着、走着，看到路上散落着很多垃圾。原来是小马叔叔开的垃圾车底部漏了个大洞，车上的垃圾全掉了下来。于是，他和小马叔叔一起把地上的垃圾重新捡了起来。小叮当想出了一个好主意，他把垃圾重新改造了一番，用废旧轮胎制作了小秋千，用药盒制作了机器人……他和小马叔叔合作对废旧材料进行再加工，制作了许多有趣的工艺品，还把它们送到了跳蚤市场。

（3）交流与实践，"常见废物再利用"大讨论。

师：如果这些垃圾不捡起来，会对森林有哪些影响呢？

师：如果你是小叮当，你还会将哪些废旧材料变废为宝？

小结：我们不要小看生活中那些看似没用的废旧物品，经过动手改造，它们也会发挥新的用处，既能美化环境，又能变废为宝。

（4）幼儿自主选取废旧材料，小组合作，变废为宝，制作出新的手工作品。

师：生活中有哪些废旧材料呢？

小结：生活中有很多废旧材料，比如，酸奶盒、废旧纸张、冰棍棒、瓶盖……这些物品都可以为我们所用，经过创新、改造，就是一件精美的工艺品。

幼儿自主选取废旧材料，小组合作，变废为宝，制作成手工作品。幼儿可以通过画、剪、贴等方法制作出新颖而独特的物品。

（5）结束环节。

举办"变废为宝作品展"。幼儿介绍自己的作品，教师对幼儿的创新作品加以肯定。

1组、2组作品：酸奶盒制作的小花盆、雪糕棒制作的尺子（图4-39）。

3组作品：废旧筷子、塑料膜制作的植物暖棚（图4-40）。

图4-39

图4-40

4 组作品：药盒、瓶盖制作的玩具小汽车。

5 组作品：塑料袋制作的服装。

## ★ 活动延伸：

教师引导幼儿收集可以二次利用的废旧物品，在美工区利用废旧材料，如饮料瓶、酸奶瓶、卷纸芯等，进行创作。

## ★ 活动反思：

本次活动"变废为宝"的主题一下子就吸引了幼儿的注意力，调动了他们的好奇心和求知欲。幼儿利用一些废旧物品，如雪糕棒、酸奶盒、药盒、瓶盖等，制作了一些装饰物、服装、玩具等，提高了动手能力、创意能力和审美能力，有利于幼儿创新思维能力的发展。幼儿通过自主探索，尝试用废旧材料进行手工制作，能够废物再利用，培养了幼儿的环保意识，让幼儿懂得了要珍惜身边的资源。

# 第五章　家园协同育人

## 第一节　体验式家长会

### 一、活动背景

"少成若天性，习惯成自然。"家庭是幼儿人生的起点，良好的家庭教育对于幼儿成长有着不可忽视的作用。幼儿德育的特点决定了其需要润物无声、深入浅出的教育形式，这也意味着要让父母在其中发挥作用。我们都知道，教师和父母在幼儿的学前教育阶段分别扮演着不同的角色。教师掌握着丰富、科学的幼儿教育理念和教育方法。家长具有不同的职业、文化背景，对幼儿更加了解。因此，幼儿园德育活动需要充分调动双方主体共同参与，在各个层面实现家园之间的有效沟通和协同教育。

在家园协同育人的多种形式中，体验式家长会正是以家长体验为主体的一种形式，因而受到了家长们的一致认可。在体验式家长会中，家长们通过全程亲自参与和体验，激发了积极配合幼儿园教育要求的意愿，最终实现了幼儿园教育与家庭教育共同发力，形成了对幼儿德育的合力。

如今，体验式培训发展欣欣向荣，人们发现浸入式参与能更好地形成直接认知。人们在参与活动的过程中能够更好地接受教育，在体验中形成的观点会运用到日后的经历中。这是一种行之有效、赋有魅力的培训方式。教师将这种方式迁移到幼儿园的家长会上。体验式家长会是指教师带领家长充分参与、深度体验与感悟，转变其教育观念，最终达成教育共识的家长会形式。比如，在幼儿园阶段，家长对幼儿行为习惯等方面的培养，虽然认为是有必要的，但是把握不住教育重点，依赖于幼儿园教师对幼儿的教育。我们在体验式家长会上，邀请家长扮演幼儿，体验幼儿在幼儿园里如何培养行为习惯，让家长充分了解幼儿园有关德育的活动是如何开展的，学习先进、科学的育儿理念，获得教师更多的教育支持。

德育不同于其他学科知识的传授或动作技能的学习，需要在一定的社会活动、社会关系、社会规范中逐步习得，具有"渗透性"的特征。家长有关德育的言传身教对幼儿具有重要意义。体验式家长会正是契合德育这一特性，通过家长真正体验获得德育的认同感，才能真正实现家园在幼儿德育上的同步。

以德育为主题的体验式家长会流程相对固定，教师可以根据需要提前准备。家长会的基本要素离不开题目、背景、目标、时间、物质准备与会议分工几个方面。

## 二、活动方案

### 与孩子共同成长

新的学期开启了新的征程。为了进一步密切家园联系，增进每一位家长对幼儿园工作的了解，我们邀请每位小朋友的家长参与我园本学期的家长工作坊。希望在家长工作坊中，家长们对幼儿的教育问题进行全方位的探讨与交流，增进家园之间的了解，做好家园共育。

**（一）目标**

1. 让家长了解幼儿园的课程形式，发挥家长作为重要教育主体的优势。

2. 增进家长对幼儿德育的了解，形成家园一致的教育理念。

3. 增强教师与家长对彼此的了解，不断完善幼儿园课程体系。

**（三）会议时间**

×月×日，晚上 17：30～19：00。

**（四）活动准备**

1. 会场布置：家长会欢迎展板、签到台、签到表。

2. 桌椅摆放适合家长进行体验活动。

3. 家长会 PPT，故事《我们能拥有孩子多少年》，确认多媒体设备能正常使用。

4. 提前召开班会，商议家长会的会议流程、内容及具体分工。

**（五）会议分工**

1. 主班教师担任本次家长会的主持人。

2. 配班教师负责家长签到、音乐的准备及播放、为家长发放纸和笔。

3. 保育教师负责家长会全程拍照。

4. 班级教师共同布置家长会主题环境。

在确定体验式家长会内容时，要考虑班级家长特点及家长会想要达到的最终目标，考虑设计的家长体验活动是否有丰富的资源可以支持其实施。同时，要充分考虑家长的心理感受，让家长在轻松、愉悦的氛围中开展活动。因此，创设一个有趣的破冰游戏能适当缓解参会家长的拘谨及紧张感。

（中班教师：周明慧）

## 三、活动过程

**案例一** **破冰游戏**

### 家园协手，共育未来

1. 利用破冰游戏"捉泥鳅"消除家长们的陌生感和紧张感。

介绍游戏规则：将小椅子围成一个圆圈，摆放好，让家长面向圆心坐在小椅子上。每个家长伸出左手，竖起大拇指，再伸出右手，掌心向下。配班教师播放音乐《捉泥鳅》，当家长听到音乐中出现"捉泥鳅"三个字时，用自己的右手去抓相邻家长左手竖起的大拇指，同时自己的左手躲避，不让相邻的家长抓住。同时做躲和抓的动作（图5-1）。

图5-1

主班教师负责组织家长参与活动，配班教师负责播放音乐，保育教师负责拍照。

目的：利用破冰游戏消除家长之间的陌生感和紧张感，让他们的身心得到初步的放松。

体验式家长会通常会设计游戏扮演的环节。游戏扮演环节要有一定的主题，一般会围绕主题进行讨论。通常，家长们会在活动中扮演幼儿，全面感受幼儿在园生活。游戏扮演结束后，主班教师会引导家长对体验活动进行分析，了解其教育目的、教育方式及教育效果，并深入讨论活动过程中的感悟。

2. 户外活动，感受游戏的快乐。

目的：体验幼儿在园游戏及教师的活动安排，了解户外活动对幼儿发展的作用。

主班教师带领家长进行户外活动（图5-2）；配班教师和保育教师在班里做好区域活动的准备，美工区和表演区暂时不摆，家长们的椅子不动，大屏幕不动。两名教师准备好区域活动后出班，到操场指定位置帮忙。

图5-2

全体人员回班后，由主班教师介绍户外活动的教育目的、重要性及相关注意事项。

为了进一步密切家园之间的联系，增进每一位家长对幼儿园工作的了解。教师会在体验式家长会上，邀请每一个家长参与本学期的家长工作坊活动，旨在引导家长进一步了解幼儿在园德育的培养与发展，增进家园之间的了解，做好家园共育。

（小班教师：刘　涛）

**案例二　家长工作坊**

### 重德育，促发展

1. 欢迎家长，介绍开设家长工作坊的初衷。

幼儿园的教育、教学活动是以游戏为主，我们注重在保教活动的全过程关注全体儿童的身心发展和心理成长。在幼儿园不仅要关注幼儿知识、技能等方面的发展，更重要的是培养幼儿良好的行为品德、情绪情感、自信自主的意识，为了让家长更深入地了解幼儿在园德育的培养，特设计了以下的活动。

2.活动介绍。

（1）班级值日生。首先，在班里创设"值日生"的环境及墙饰（图5-3），每天安排值日生协助教师完成一些班里的日常事务，如擦桌子、给花浇水、检查幼儿盥洗情况等。值日生的工作可以帮助幼儿树立自信心，培养幼儿良好的劳动习惯，增强幼儿集体意识，培养幼儿社会交往能力、社会责任感、动手实践能力，让幼儿在生活中得到学习与发展。其次，利用值日生工作培养幼儿的劳动技能与习惯，增强幼儿的责任心、独立性和为集体服务的意识。幼儿在劳动中不断提升劳动技能（图5-4），知道自己能做很多事并能做好，通过劳动还能得到教师的表扬和小朋友们的称赞，不但增强了自信心，还能体会到为集体服务是一件光荣的事，因而愿意承担值日生工作，从而培养幼儿良好的思想品德和集体责任感。

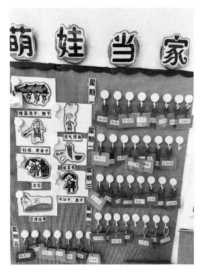

图5-3

图5-4

（2）家庭值日生。教师建议家长在家里为幼儿制订家庭值日计划表，让幼儿知道自己也是家庭的一员，有责任为家庭服务，可以适当地给幼儿安排一些力所能及的事情。当幼儿完成家务劳动后，家长要及时给予肯定。家里人也可以一起参与进来，评选出"最棒值日生"。

（3）爱园日。幼儿园于每周五开展"爱园日"活动。此活动主要是让中、大班的哥哥、姐姐们带领小班的弟弟、妹妹们一起劳动，寻找幼儿园需要整理、擦洗的玩具、大型器械等，让幼儿在爱班级的同时，也要学会爱幼儿园，知道幼儿园是我们大家的"家",自己是家里的"小主人"。

教师通过"爱园日"活动培养幼儿的责任心、集体意识,发挥幼儿主人翁的精神,让他们为班级和幼儿园做一些力所能及的事情。爱园日"大带小"的活动不仅给中、大班幼儿创造了学做哥哥、姐姐的机会,锻炼了他们的交往能力,培养了他们的责任心及关心、照顾弟弟、妹妹们的意识,而且还能缓解新生入园焦虑情绪,帮助新生尽快适应幼儿园的集体生活。

建议幼儿在家时,家长引导幼儿参与家务劳动,制订"爱家日"活动。家长若有二胎的孩子,也可以引导幼儿起到大哥哥、大姐姐的作用,充分发挥幼儿小主人的精神,给幼儿创造自主劳动的机会,同时也能增进亲子关系。

(4)区域游戏及户外活动体验。

教师向家长介绍班级区域位置和名称、介绍选区规则、每个区进多少人、游戏时长、游戏未结束前可以换区、听到收区音乐后开始收区等区域游戏规则,以及幼儿在户外活动时的要求。

教师和家长们一同进入不同的区域。教师指导家长们可以自由选择自己喜欢的玩具,大胆地探索其游戏玩法,鼓励家长之间可以合作游戏。当家长遇到困难时,可以求助其他家长或教师。组织家长们进行体育游戏,在游戏中体验朋友之间相互配合、团结一致,才能取得胜利。

区域游戏时,家长们分散进区游戏,通过游戏体验并了解幼儿在园时进行的区域活动内容,积累和提升游戏经验,了解幼儿在园一日生活安排及常规培养,区域游戏及户外游戏对幼儿合作学习、相互沟通、促进语言表达能力发展的好处。在活动中,教师也会引导幼儿分享玩具,与同伴友好相处,遇到困难不放弃,不半途而废,帮助幼儿"去自我中心化",提高幼儿社会交往能力,引导幼儿掌握正确的行为规范,培养幼儿良好品德的发展。本次区域活动的目标及游戏内容是想让家长们通过游戏感受渗透其中的德育理念及教育目标。

(5)游戏感悟。

教师通过撕纸游戏让家长们明白用同样的方法会得出不同的结果,德育也是一样,同样的教育方式可能幼儿的接受程度不同,结果也会不同。有些家庭不重视德育方面的培养,更在意幼儿知识和技能的发展,长此以往,幼儿的发展也会偏离。同时,家长也要理解幼儿之间存在个体差异,每个幼儿的发展程度不一样,建议家长不要横向比较孩子。一个孩子的成长离不开家园共育。同一班级的幼儿,每个人的发展水平也是各不相同的。无论怎样,我们都应该用欣赏的眼光看待孩子的"不一样",享受教育的过程,静待花开。

(6)发起倡议。

①有效的陪伴。教师通过组织、开展本次家长在园体验活动,希望家长在家里能抽出更多的时间陪伴孩子成长,陪伴不是陪着,对孩子要有高质量的

陪伴。

②榜样的力量。在幼儿园里，"一日生活皆教育"。在家里也是一样，父母的一言一行直接影响着孩子。因此，家长一定要做好榜样，给孩子树立正确的人生观、价值观，用自己优秀的言行举止感染、熏陶、带动幼儿。

③独立性。

家长应重视孩子独立性的培养。在孩子的成长过程中，离不开教育，教育离不开尊重，尊重不等于纵容。平时，家长要把孩子当作一个独立的人来看待，一定要多听听孩子的想法，和孩子多商量，学会换位思考。

（中班教师：朱　莉）

## 案例三　收获与感悟

### 关于幼儿德育的讨论

**问题一。**

如果孩子回家说："妈妈，我今天和××吵架了。"作为家长，你会怎么做？如果是自己的孩子做错了，你会怎么办？

**问题二。**

幼儿回到家后，告诉妈妈"老师今天批评我了，我很难过"，你会怎么办？

**问题三。**

当幼儿和同伴发生冲突，你会怎么办？

**小结：**我班幼儿现阶段交往需求很高，不管是在幼儿园还是在家里，孩子更喜欢寻找好朋友，和小伙伴一起游戏。这个年龄阶段又是幼儿冲突的高发期，幼儿也正处于通过与同伴游戏和活动获得交往能力与经验发展的过程中。

1. 当幼儿之间发生争吵，家长可以和孩子一起分析事情的经过，帮助孩子树立正确的价值观。如果孩子做错了，第一步是向对方道歉，再一起想办法改正错误。

2. 如果幼儿被教师批评了，请家长帮助幼儿分析自己是不是做错了，并且叮嘱孩子："老师批评的是你这个不好的行为，但老师依然爱你，相信你可以改正。"

3. 解决冲突的方法，向教师求证。及时沟通，沟通的成本最低，希望家长能与教师建立有效的沟通，做到有问题随时解决，不积压，不猜忌，通过沟通互相分享幼儿每一次带给我们的小惊喜，共同守护孩子健康成长。

#### 游戏体验活动"解结"

**游戏类别：**通过游戏体会团队的重要性，理解心理环境对人产生的影响，强化"解铃还须系铃人"的道理。

**游戏目的：**通过游戏让家长和教师之间多了一些理解和信赖，实现家园合作、共同陪伴孩子成长的目标。

**游戏玩法：**邀请家长参加游戏。家长们站在平坦的场地内，快速地手牵手，站成两个圆圈。在主班教师的提示下，家长一定要记住自己的左手牵的是哪位家长，自己的右手牵的是哪位家长，待大家都确认无误后，主班教师请家长们松开手，请站在圆圈上的家长互换位置（面对面站着的十字位置上的四位家长互相交换位置，再将左边的家长与右边的某几位家长交换位置）。主班教师提醒家长，双脚可以向圈内移动半步，再牵回最初左右两边家长的手。游戏开始，家长们在手不能松开的情况下，利用钻和绕的方式，变回原来的圆圈队形。

**教师站位：**配班教师及保育教师站在圆圈外，指导家长进行游戏。

**游戏寓意：**

我们是一个团队，每个人都是这个团队的重要成员。不管这个团队出现什么问题，总是有办法解决的。在此过程中，需要每个队员从容地面对。有的家长可能在情绪无法控制的情况下，采取极端的方式解决，但是只能解一时之气，并不能真正地解决问题。俗话说："解铃还须系铃人。"班里发生的事情还是需要教师和家长共同解决。希望在今后相处的日子里，每个人都能牢记游戏背后的深意，注意心理、环境对人的影响是不可估量的。

**结束致词：**

亲爱的家长朋友们，本次家长会即将结束。作为孩子成长路上的合作者，我和大家共同收获了孩子成长的喜悦，孩子也可能在成长的过程中犯错，无论怎样，请大家切记，我们做的所有的事情都是为了孩子的成长。再次感谢家长们的到来，以及全身心地参与活动，走进孩子在幼儿园的生活和世界，感受来自老师的一份真诚。孩子的进步和您的认可是我们从事教育工作最大的动力。在这里，我代表班级的老师承诺，我们会努力为孩子们营造一个温馨、自主的学习环境，让孩子们在幼儿园度过宝贵而幸福的每一天。

感谢各位家长对我们工作的支持和理解，辛苦您的聆听。现在，奖励每人一个小礼物，请家长们自选礼物，将礼物带回家，送给自己的宝贝。请有序离场。

（中班教师：周明慧）

## 第二节　共筑好家风活动

### 一、活动背景

家庭是社会的基本细胞，是人生的第一所学校。随着社会的发展与进步，家庭价值取向日趋多元化，家庭的结构和关系也在发生着重大的变化，人们对传统文化和良好家风的传承日益关注。

幼儿时期是人一生发展的重要阶段，也是性格塑造、习惯养成、品德培养及社会性发展的关键时期。这一时期的幼儿以模仿性学习为主。这就需要家长自身具有良好的品德修养、科学而理性的教育方式，对幼儿产生积极、正向的影响，通过言传身教，潜移默化地教育、引导幼儿形成良好的人生观、价值观、世界观，让幼儿在积极、乐观的环境中不断地汲取能量，健康而快乐地成长。在幼儿园实际工作中，我们发现，班里的幼儿来自不同的地域，每个幼儿的家庭环境和家长的教育方式有着很大的差异，孩子们的行为方式也有很大的不同。此外，当前很多家庭对幼儿的教育存在功利化倾向，更多地关注孩子学会了多少知识和技能，却忽视了幼儿良好行为习惯和品德的培养。

幼儿园是孩子走出家庭、步入社会接触到的第一个社会环境。幼儿园作为幼儿教育的专业机构，不仅肩负着教育幼儿、促进幼儿健康发展的重要责任，而且也肩负着引导家长树立科学的教育理念、促进幼儿家庭形成良好家风的使命。因此，我园通过调研、讨论，最终确定开展家风建设的实践活动，努力发挥幼儿园所在区域的教育辐射作用，通过家园合作，共同为幼儿创设良好的成长环境，促进幼儿健康、全面地发展。

### 二、活动方案

幼儿园自建园以来，始终秉承"人文"理念，传承红色基因，探索传统文化，以"家国情怀"为园所特色，在实践与探索中确立了"家国情怀下，家园协同共促良好家风建设"的教育活动，通过积极研讨与设计，确定了活动方案，具体内容如下：

（一）活动目标

1. 通过开展家风活动提升家长对"好家风"能促进幼儿发展具有重要意

义的认识。

2. 引导家长树立科学的育儿理念，掌握科学的育儿方法。

3. 通过"好家风"活动的开展，形成家园教育合力，共同促进幼儿的发展。

### (二) 活动思路

本次活动思路为：首先，要明确"好家风"的具体内涵，从幼儿园、幼儿、家长的实际情况出发，明确"好家风"活动开展的具体路径；其次，具体开展"好家风"活动；第三，在活动开展后，不断反思与总结（图 5 - 5）。

01 明确内涵与路径　02 活动实施　03 活动反思与总结

图 5 - 5

在活动初期，我园组织教师进行了多轮研讨，明确了家风建设的重要意义和本园实践探索中"好家风"的具体内涵（图 5 - 6）。

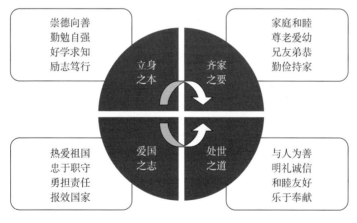

崇德向善
勤勉自强
好学求知
励志笃行

立身之本

齐家之要

家庭和睦
尊老爱幼
兄友弟恭
勤俭持家

热爱祖国
忠于职守
勇担责任
报效国家

爱国之志

处世之道

与人为善
明礼诚信
和睦友好
乐于奉献

图 5 - 6

### (三) 活动内容

每个家庭中都有温暖而感人的故事，它可能是关于家庭和睦的，也可能是关于勤俭、自强的，还有可能是关于诚实、友善的，每一个故事的背后都能体现一个家庭的家风。为了让更多的家长走进这些真实生活中感人而温暖的家风故事，感受家风的力量，我们在明确"好家风"内涵的基础上，以"立身之本""齐家之要""处世之道"和"爱国之志"为主题来开展每月的"好家风"分享活动。在每月月底，对应当月主题邀请家长开展相应的"好家风"故事分享活动，为更多的家庭提供学习的榜样。

## 三、活动过程

"好家风"分享活动依据"好家风"的内涵，根据3～6岁幼儿年龄特点及发展水平，设计了相关的主题，开展相应的"好家风"分享活动。每月邀请几位优秀家庭代表分享各自的家风、家训，以及治家立身、言传身教儿女的好经验，传递文明家庭正能量。

### （一）立身之本

我园"家国情怀"园本课程以人的"立身"为最终目标，在"明德、尚美、和雅、乐学"的园所理念指导下，将课程目标细化为立德、立言、立行。在"立行"这一部分，就是能够"帮助幼儿养成良好的行为习惯，成为生活的主人"（图5－7）。

---

**幼儿园园本课程建构**

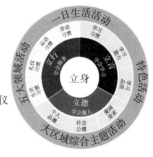

✓ **生活习惯**
作息规律、生活自理、卫生习惯、自我服务

✓ **运动习惯**
喜欢运动、坚持锻炼、动作协调、安全意识、自我保护

✓ **礼仪习惯**
礼貌用语、来园礼仪、离园礼仪、家庭礼仪、公共场合礼仪

✓ **劳动习惯**
劳动态度、劳动能力、服务自我、服务他人、服务集体

图5－7

### 1. 行为习惯

（1）主题介绍。

培养幼儿良好的行为习惯是一件任重而道远的事，需要成人有意识地长期培养幼儿才能形成，而习惯一旦形成，就不容易改变。正因为如此，需要家园合力引导幼儿从日常生活做起、从小事做起，逐步养成良好的行为习惯。相信好习惯是送给孩子最好的礼物。

（2）"好家风"故事分享。

汐玥、汐语的妈妈在幼儿行为习惯培养中这样提到："我们家在孩子行为习惯培养的过程中，非常重视吃饭、穿衣、起床、洗漱这四个方面。在吃饭方面，家长要有原则，有的家庭中的老人看到孩子不吃饭，就追着喂，我们家没有这种情况。孩子吃饭前尽量不吃水果和零食（如果与孩子商量不妥，可以稍微妥协一下，提前给孩子零食，与孩子约好什么时间吃零食）。吃饭时，不暴饮、暴食，不能看到好吃的就多吃、不爱吃的就少吃。这个需要家长以身作则，起到好的榜样。在穿衣方面，小女孩爱美，天天说'我要穿裙子，穿漂亮衣服、漂亮鞋子'，而且不分季节。在这个问题上，开始时，我追随孩子们的意愿，尝试了几次。结果，孩子冬天要穿夏天的裙子，还要穿夏天的鞋子。最终，她自己觉得冷或者不舒服，也就明白了什么时候应该穿什么样的衣服。关于起床、穿衣服这件事，我们有意识地让孩子自己来。一开始，孩子不愿意自己穿，觉得好难。但是，凡事只要多练习，就能学会和做好。'万事开头难。'最终，孩子们都能学会自己穿衣服。关于洗漱的问题，我们家是每天晚上八点半开始洗漱。我会给孩子们准备两种不同口味的牙膏，让她们自由选择。每天晚上九点，安排孩子们上床睡觉。"

**2. 劳动习惯**

（1）主题介绍。

劳动是人类最基本的活动，但劳动并不是与生俱来的。如何在幼儿的心中播下热爱劳动的种子，引导幼儿养成爱劳动的好习惯，提高服务自己和服务他人的生活能力，是3～6岁幼儿需要重点培养的内容（图5-8）。

**萧何的故事**

萧何对汉朝的建立居功至伟。立国之后，刘邦给他很多良田美宅。但是，萧何都退了回去，反而选了一些贫瘠的土地。

刘邦不解。

萧何说："土地贫瘠可以让子孙勤劳耕种，良田收成好，反而会让他们好吃懒做。长此以往，萧家迟早要没落。"

事实也确实如此。汉朝立国百年之后，大部分的家族都已经没落，只有萧家依然兴盛。

反观当下，很多家庭把孩子捧在手心里，用心呵护，溺爱无度。

孩子四体不勤、五谷不分，饭来张口、衣来伸手，慢慢地变得好慕虚荣、懒惰，这一辈子也就毁了。

只有勤劳和努力，才能让孩子拥有美好的人生，形成独立人格。

图5-8

（2）"好家风"故事分享。

宗念的妈妈在谈到关于如何培养孩子的劳动习惯时，分享了自己的经验："首先，劳动习惯的培养要从小开始，让孩子模仿大人劳动，开始正向强化。在大人洗衣服的时候，也递给孩子一个盆、一双他自己的袜子或手绢。在大人拖地的时候，也递给孩子一个拖把，让他去模仿。目的在于训练孩子掌握如何正确使用劳动工具。在大人收衣服的时候，也把孩子自己的衣服交给他整理，让他学着大人的样子，自己叠衣服，在提高孩子自我服务意识的同时，也锻炼了孩子的手眼协调能力。其次，针对孩子处于不同的年龄阶段，劳动的内容也要有不同的侧重。比如，小班的时候，我会着重锻炼孩子独自洗漱、上厕所、穿衣服、收拾玩具、采摘、给花浇水、清洗玩具；中班的时候，引导他叠被子，整理衣服、书本和玩具，洗水果、打鸡蛋、切香肠，写出或者画出自己的购物清单，帮忙购物，饭前、饭后帮忙，男孩子精力旺盛，他的爸爸会带着他从事一些简单的体力劳动；大班的时候，我会让孩子学习分类整理自己的物品、拿东西、端水，尽量自己的事情自己做，比如，出门前准备自己的水和玩具，回家后检查并收拾自己的玩具等，帮忙拿快递，通过输入取件码，认识数字，让孩子收集纸箱子，卖钱、攒钱，锻炼孩子归纳、整理物品的能力及独立做事的能力，提高孩子对金钱的认识，让他拥有自己的'小金库'，认识现金，会用现金消费（图5-9）。"

图5-9

宗念妈妈认为："'授人以鱼，不如授人以渔。'爱孩子，就要为他的长远打算，教会他如何通过劳动获得美好生活，既要有脑力劳动，也要有体力劳动。让孩子在劳动中体会和感受劳动的辛苦与幸福，享受劳动带来的乐趣与成就感，从小树立自食其力的观念，培养孩子的自立能力，养成坚韧不拔、积极进取的意志品质。"

**3. 学习习惯**

（1）主题介绍。

我们在活动前期的调查中发现，家长们对于"耕读传家"及如何培养好的学习习惯非常重视。于是，我们邀请来自小学、初中、高中、大学从事教育工作的家长来分享她们的育儿故事，从高学段回望幼儿园，哪些好的学习习惯和阅读习惯应该从幼儿园时期就开始培养。高学段从教的家长也根据自己的育人经历给家长们分享了具体的方法。

（2）"好家风"故事分享。

康达的妈妈在分享中这样提到："好的习惯足以改变孩子的一生。好的学习习惯有哪些呢？比如，按计划学习、整理文具、善于思考、专时专用、自主学习、学会朗读、归纳总结等。有哪些好的学习习惯要从小培养呢？首先，要培养孩子的整理能力，让孩子能够自己整理文具、书籍、书包、书桌等。第二是培养孩子的时间观念，让孩子学会使用手表、沙漏、计时器等计时工具。第三是培养孩子的阅读能力及阅读兴趣，让孩子能够自主阅读。家长可以给孩子创造亲近图书的机会。孩子接触书的机会越多，阅读也越多。家长可以带孩子去图书馆、书店等地方，创造良好的阅读环境。家长可以陪着孩子一起阅读，树立阅读榜样，再引导孩子独立阅读。家长也可以通过奖励、分享等方式，鼓励孩子阅读。

### （二）齐家之要

#### 1. 家庭和睦

（1）主题介绍。

"家和万事兴。"和睦的家庭能给每个家庭成员带来温暖，带来快乐，带来健康，带来前进的动力，特别是能为幼儿成长提供良好的环境，促进孩子身心和谐、健康地成长。于是，我们围绕着"家庭和睦"进行了"好家风"故事分享活动（图 5 - 10）。

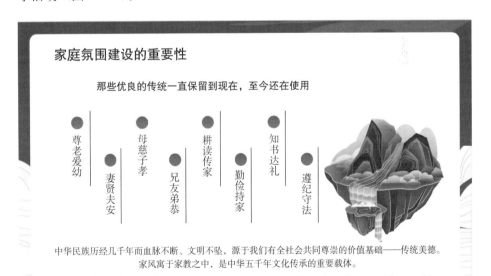

图 5 - 10

（2）"好家风"故事分享。

慧慧的爸爸在分享中这样提到："我的母亲和岳母是慈祥爱子的典范，她们尽职尽责，对我们的学习、工作和婚姻家庭均给予了极大的关爱和支持。现在，我们也尽自己最大的努力，孝顺父母。比如，我们每年都会带着孩子回到双方的老家过年，探望家里的老人；每个月都会和老人多次视频通话；不定期地带着老人们远足、旅游等。在平时的生活中，下班后，我们会独自带孩子，让老人有足够的时间休息。我们也支持老人去跳广场舞，享受退休生活。我从小是在姐姐、姐夫的关照下长大的。现在，我也经常和姐姐电话联系，不定期地带着慧慧一起回老家，去拜访姐姐。目前，我们和慧慧的舅舅在北京共同生活，让慧慧感受到来自舅舅的关怀。我们夫妻之间恩爱、平等，上孝老人，下爱子女，往往会让孩子更具幸福感，也易于培养兄弟姐妹间团结互爱的情感，利于孩子良好品德的养成。"

**2. 孝老爱亲**

（1）主题介绍。

"百善孝为先。""孝"在中国传统社会文化中具有非常重要的价值与意义，在促进修身养性、融合家庭、凝聚社会、治理国家等方面具有非常重要、积极的作用。日常生活中，父母能够以身作则，孩子也会从小受到良好家风的熏陶、浸润，耳濡目染地学习父母的孝行。

（2）"好家风"故事分享。

瑶瑶的妈妈在分享中提到："在我的印象中，父母是我终身学习的榜样。记得小时候，爷爷得了脑溢血，卧病在床一年多，加上半身不遂，身体动弹不得。爸爸、妈妈伺候着爷爷，数月如一日，喂他喝水、吃饭，给他擦洗身体、换洗尿布……人们都说'久病床前无孝子'，但是父母真真切切地做到了久病床前真孝子！父辈们用无言的行动感染着我们，多少个日日夜夜，父母精心照顾爷爷的一幕幕成了我今生难以忘怀的景象，也成了我孝敬父母和其他长辈的动力。长大以后，父母经常教导我如何孝敬公婆，如何为孩子以身作则。我谨记父母教诲，在家里时时刻刻为孩子创造良好的成长环境。平时，我在家里会尽量多干一些家务活儿，让老人轻松一些。作为家长，我所做的这些相信孩子也都会看在眼里，虽然孩子现在只是幼儿园小班的小朋友，但是不管在家里还是在外面，她对待爷爷奶奶、爸爸妈妈，还有其他长辈的那份关爱让我为之感动和欣慰。我们家是三代同住在一个屋檐下的大家庭。在我们这样的家庭里，尊老爱幼会体现得很明显。逢年过节的时候，我们都要先给爷爷、奶奶送去祝福；吃饭的时候，孩子总是习惯地说上一句：'爷爷、奶奶辛苦了，爷爷和奶奶做得饭真好吃。'每次，我带女儿出去玩，遇到了好吃的或者好玩的，女儿的第一反应就是下次要带爷爷、奶奶一起来。回到家里，她也会把好玩的东西先跟爷爷、奶奶一起分享。在爷爷、奶奶或者爸爸、妈妈不舒服的时候，她总会第一时间递上一杯水或者帮忙轻轻地揉一揉额头。平时，女儿还会帮着奶奶一起做饭，吃完饭也会帮忙擦桌子和扫地。每次碰到小区打扫卫生的奶奶，孩子总是特别热情地打招呼，跑过去说一句：'奶奶，您辛苦了！'碰到小区年幼的小朋友摔倒后，女儿也会赶紧跑过去，扶起小朋友，还关切地询问疼不疼。尊老爱幼的优良传统不能只停留在思想和口头上，而要付诸于实际行动。作为家长，我们要从自己做起，从小事做起，让孩子从小就懂得这一优良传统，懂得感恩。"

**3. 兄友弟恭**

（1）主题介绍。

幼儿园里"二孩"明显增多。我们在"好家风"分享活动的调查中收到部分家长建议，希望二胎家庭的家长分享一些兄弟姐妹和睦相处之道。基于此，我们也邀请到毓朴的妈妈分享兄妹之间的小故事。

（2）"好家风"故事分享。

毓朴的妈妈在分享中提到："我们家有两棵树，哥哥是棵'白杨树'，腼腆、沉静，喜欢独处，读书专注，好学、爱思考，动手能力及细致程度不足；妹妹是一棵'柳树'，活泼、外向，喜欢伙伴，具有灵气，一学就会，一看就懂，知道察言观色，知道说话技巧，不爱看书和学习。两个孩子的好处就是可以互相陪伴、互相适应，利于彼此的性格养成。他们会一起学习，一起体验新奇事物。我认为教育的终极目的是拥有独立的思想、克艰的意志，学会不息的奋斗，这也是社会生存的三大法宝。我会尽可能地让孩子们尝试自己做事情，培养他们的自理能力和行为习惯。二宝小的时候，我就开始让她自己去尝试做事情。凡是她想做的事情，只要是在危险可控的范围内都会让她尝试。"

**（三）爱国之志**

家国情怀是人类共同的情感，也是人世间最深沉、最持久的情感。在中国传统思想中，个人和国家的命运从来都是一个紧密相连、不可分割的整体。在中华民族几千年绵延发展的历史长河中，爱国主义始终是激昂的主旋律，始终是激励我国各族人民自强不息的强大力量。

**1. 热爱祖国**

（1）主题介绍。

孩子们是中华传统文化的传承者，是社会主义事业的建设者和接班人，是国家未来的建设者。"少年强，则国强。"今天的孩子们就是中华民族的未来。在教育、教学实践中，我们也感受到家庭德育、红色文化的传承在孩子们的成长中发挥着不可替代的作用。从一些伟人和模范人物身上，我们能够感受到热爱祖国、奉献社会、服务人民的高尚品质。这些高尚品质对于孩子成长是一笔宝贵的精神财富。在"好家风"分享活动中，我们邀请到苗乔的家长分享在家庭中如何有意识地对孩子进行爱国主义教育。

（2）"好家风"故事分享。

乔乔的妈妈在分享中这样说道："乔乔小时候，我们就教他认识国旗，了解国旗上五角星的含义。每年国庆节，我们都会带着两个孩子去天安门广场，感受国庆庆典的氛围。今年的冬奥会在北京举行。我们带着孩子们一起观看了冬奥会比赛，告诉孩子们哪个是中国队的运动员，带着他们一起感受运动员胜利的喜悦，培养孩子们的集体荣誉感及油然而生的民族自豪感。周末的时候，我们带着孩子们去参观天文馆、博物馆、科技馆，让他们了解我国悠久灿烂的历史与文化，感受科技进步带来的美好。我们还通过多种形式潜移默化地感染孩子，引导他们'家事、国事、天下事，事事关心'，传递给他们正确的价值观，让他们成为一个有理想、有风骨、有气节的人。"

**2. 热爱集体**

（1）主题介绍。

幼儿园生活是孩子迈向社会生活的第一步，也是迈向人生独立的第一步。孩子从此开始了全新的集体生活，开始由个体意识向集体意识转化。如果在这个阶段培养孩子树立良好的集体意识，对孩子今后的生活也会产生积极的影响，比如，能顺利地融入小学生活、在工作中负责、具有团队精神等。在"好家风"分享活动中，我们邀请到小羽的家长分享他们家与人大幼儿园的故事。小羽的爸爸毕业于中国人民大学。现在，小羽又在人大幼儿园就读，见证了人大幼儿园西三旗园的变化，这是一种特别的缘分。

（2）"好家风"故事分享。

小羽的爸爸在分享中提到："2022 年 4 月 25 日，习近平总书记来到中国人民大学考察，强调'坚持党的领导，传承红色基因，扎根中国大地办大学，走出一条建设中国特色、世界一流大学的新路'。这让曾经就读于中国人民大学的我感到非常自豪。我得知中国人民大学幼儿园在西三旗地区开办了新园，而且我的孩子也有机会上人大幼儿园，对此，我感到非常荣幸。孩子在幼儿园三年生活中的点点滴滴都让我感受到咱们幼儿园真的是在给孩子提供一种充满关爱、尊重和快乐的成长环境。希望孩子在今后的集体生活中能爱祖国、爱家乡、爱社会、爱家庭，形成爱集体的情感，树立正确的人生观、价值观、世界观，养成良好的道德品质，这将为孩子的一生打下坚实的基础。"

**（四）处世之道**

**1. 与人为善**

（1）主题介绍。

"与人为善"，这四个字最早出现在《孟子·公孙丑上》一书中，"取诸人以为善，是与人为善者也。故君子莫大乎与人为善"。与人为善是中华民族的传统美德之一。孩子在幼儿园生活期间，与同伴的交往逐渐增多，社会交往能力也在不断发展，而家庭对于幼儿与他人的交往方式、态度等也有着重要的影响。因此，我们开展了以"与人为善"为主题的"好家风"故事分享活动。

（2）"好家风"故事分享。

诺诺的爸爸在分享中提到："友善是非常重要的一种品质。友善的人有一种天然让人想要与之亲近的感觉。在我们家里，友善的传承在不同时代有着不同的特征。诺诺的太爷爷、太奶奶那一代人更多地经历了国家从弱变强的过程，个人生活和国家同呼吸、共命运，表现出更多的是一种家国情怀。当红军带着伤员来到我们村，太爷爷和太奶奶为了能让红军更好的休息，跟红军说自己还有另外的住处，让红军伤员在自己家里安心养伤，自己却带着一家老小住到了地里搭的瓜棚里。至今提起这件事，他们都觉得特别自豪，认为这件事情做得对，而且特别有意义。祖辈为我的父辈播下了一颗无私奉献的种子，让他们在面对个人利益和集体利益冲突时会舍弃自我，更多地以大局为重。在我的父母身上，更多地体现在与亲人、邻居和身边其他人相处的方式上，他们待人温和、善良、乐于助人。当我的父亲看到盖房子的邻居家房檩不直时，当场决定把自己家院子里的树伐了，送给邻居，避免房屋出现危险，伤及邻居一家人的性命。父辈在我们心里播下了一颗热心肠的种子。我们这一代正处在国家蒸蒸日上的发展阶段，我们能有更多的机会参与到社会公众服务中。因此，我和诺诺的妈妈一直在坚持参加一些公益活动。虽然我们的力量很小，但是我们希望用自己的行为在孩子的心中播下一颗社会责任与担当的种子。我们之所以这样做，不是为了获得什么荣誉，只是真正地想要帮助别人，在别人需要我们的时候，能及时地施以援手。"

**2. 和睦友好**

（1）主题介绍。

孩子在幼儿园生活，与同伴交往的机会增多了，相互之间的矛盾也会增加，如何与同伴以恰当的方式友好相处，就成了幼儿发展过程中需要及时解决的关键问题，也需要家庭与幼儿园共同关注。因此，我们就请家长一起来分享关于"和睦友好"的"好家风"故事。

（2）"好家风"故事分享。

羽川的妈妈在分享中提到："我非常喜欢咱们小区，我觉得好多人都有同感。很多时候，我都会想到'大同社会'这个词。大家还记得这个词吗？'大同社会'就是'和睦'的意思——就是不用关门，邻居家的饭香飘过来，你就可以去吃了，或者你家缺个锅，群里说一声，就有人为你提供，甚至会因为顺路而带过来。我曾经无数次地跟远在内蒙的父母说，我们这里住的是'同一个世界，同一个梦想'的北漂一代！你们放心吧！大家都很同频，好像彼此心照不宣，不需要怎么交流就会懂。这就是我想象中年轻人该有的样子！虽然我现在已经是中年阿姨了。以前，我住在其他地方，根本感受不到这样的生活。下班了，小区门口会停放一排共享单车。早上出门晚了几秒，这排共享单车会瞬间被人全部骑走。你根本不敢相信，这里的沙发床、茶几，还有很多东西甚至不要钱，好像谁家都有几件别人家的家具、用品、书刊、画报。这里真正实现了最大程度的资源共享！大家也都明白，钱不是最重要的，生活才是最重要的。还有就是，我非常喜欢我们人大幼儿园明德三班。从第一次开全园会到现在，整整一年的时间，几乎都是线上见到很多个可爱的老师。尤其是居家条件下，更显现出老师们的用心！大家知道我说这些和"和睦"有什么关系吗？我想先谢谢老师们，用心地营造这种有爱的氛围，知道我们居家可能会生活不规律，第一周就让我们自己提供了一日生活计划表，按照我们的作息时间安排老师的教学计划；知道我们居家不出门、怕阳了，孩子的活动量不一定够，于是，各种室内运动小游戏的视频就上线了；知道孩子在家吃饭可能不如幼儿园里有氛围或者有规律，就安排线上共同做饭等。我不禁想问，老师们怎么知道的呢？他们没问，我们也没说呀！嗯，人家毕竟是教育专业的呀！我说这些和'和睦'有什么关系呢？我为了完成咱们微信群里的作业，我家不得不'和睦'呀！不和睦，怎么能捏出快乐的小兔子？孩子怎么能自信又大方地介绍作品？怎么在视频里跳来跳去的？怎么会帮我们做家务？怎么完成作业打卡、积攒各种'福'呀！这就是我喜欢咱们幼儿园的地方，这种厚厚的家国情怀文化承载着一个个小朋友的梦想，更牵动着一个个家庭成员的心。我们也很荣幸，有机会传承、发扬、接受、实践、体悟。更重要的是，教育不就是以环境育人、以身教育人、以实践育人、以感悟育人吗？"

## 四、活动效果

随着"好家风"活动的不断开展，活动越来越受到了家长的认可与肯定。

附家长微信留言：

◎非常感谢幼儿园提供了这样的机会，让我们学习中华传统文化，学习家国情怀文化，让我们从点滴小事做起，从身边做起，传承优良家风。

◎父母是孩子最好的老师，言传身教很重要，要为孩子树立榜样。只有严于律己，才能宽以待人。

◎觉得第三个妈妈分享的"小朋友吃饭只能在餐桌上吃，离开餐桌就不让他吃东西了"还挺受启发的，我们也想在家里试试这个方法。

◎小时候，家里的家风也是很好的。妈妈那边会有姥爷、姥姥家严肃、传统的家风。爸爸那边会有自由、民主的氛围。融合之后，就有了我们小家的家风，互相影响。餐桌礼仪确实很重要。虽然平时进餐时，我们也会给孩子立一些规矩，但没有宗念妈妈讲得那么细，非常受用。进餐礼仪要从小朋友抓起，不然真的是很难纠正。

◎聆听了家长和园长讲述的一个个感人至深的家风故事。个人感觉家风对一个人的成长来说，真是相当重要。父母说的一句话，孩子会记一辈子，甚至会影响终生。传承好家风是一笔巨大的精神财富，更是一股强大的道德力量。我想，关于家风，只有心灵的触动是远远不够的，希望大家都能把好家风传承下去，让美好家风引领社会风尚、共创文明家庭。

◎非常感谢幼儿园组织这样有意义的活动，感谢各位家长的分享，本人真的是受益匪浅，尤其是关于阅读习惯的培养、如何陪伴和鼓励孩子养成好习惯及如何激发孩子的学习动力、锻炼其意志力等方面的内容，让我深受启发。今后，我会多多学习，引导孩子养成好的学习习惯！

◎康达妈妈的亲子阅读分享展现了阅读在启迪孩子心灵智慧方面的魅力；澜馨爸爸关于学习有动力、有能力、有毅力总结得很好，良好的学习习惯需要培养，更需要持之以恒，他通过视频分享家书传承的家风故事令人感动，在如今快节奏的现代生活中引人深思，受益匪浅！

◎通过这次分享，我意识到有了老二，无形中在某些方面对老大关注得太少了。以前她那么爱读绘本，听我讲故事，最近好长一段时间，我很少陪她读书，她也不主动提出要看书。还有，就是孩子的专注力方面需要提升。

◎此次家风、家教经验分享对我启发很大，我认为可以借鉴其他家长的经验，对孩子进行劳动和金钱观念的培养，让孩子意识到劳动创造价值，劳动光荣，做个勤劳、能吃苦的好孩子。

# 第三节　家书活动

## 一、活动背景

家书文化历史悠久，不同历史时期体现着不同时代的思想文化和社会发展，在历史的长河中，家书文化也在不断传承与发展。家书又称为"家信""家言""家讯""竹报""寓函"等。家书的概念有狭义和广义之分，狭义的家书主要是指家人之间的通信；广义的家书不仅包括有血缘或亲缘关系的亲人之间的通信，还包括师生、朋友、战友、同僚、情侣等关系之间的通信，甚至也可以将家书看作是"除了公函和商业信函之外所有私人之间通信的总称"。

家书是中华民族八大精神的文化传统之一。最早起源于周公的《君奭》，其早期形式是春秋战国时期各诸侯国君主之间或官员之间往来的文书，后来逐步由上层社会向平民百姓延伸。抗战时期，人们通过家书表达家庭成员之间的情感与家国情怀。抗战时期的红色家书体现着中华民族在战争期间的民族气节、抗争精神。优秀的家书和家书文化一直流传至今，成为历史资料、文化资源、精神财富。

人大幼儿园西三旗分园以"家国情怀"为办园特色。在特殊的节日里，家长们以书写"家书"为载体，把自己想对孩子说的话通过家书的形式呈现。家长们响应园级大型活动，共同为幼儿创设良好的成长环境，记录幼儿每一个值得纪念的成长瞬间和感悟，通过家园协同、合作，促进幼儿健康、全面发展，为我们中华民族传统家庭美德的传承和新时代家庭文明建设贡献出一份力量。

我们引领家长工作的过程中，发现"家书"被赋予了全新的内涵。我们以家人的口吻及身份，通过分享家庭故事，以家长、幼儿的实际行为为案例，剖析、解读每个家长在育儿路上的心路历程和感受，弘扬家庭正能量，分享成功育儿的秘诀。

## 二、活动方案

人大幼儿园西三旗分园自建园以来，每到新学期开园就会开展"开学一封信"的活动，一方面表达家长对幼儿成长的寄托，另一方面也帮助教师更好地了解幼儿。"开学一封信"活动深受家长们的支持。教师认真阅读家长们书写的信件后,感悟颇多。2020年,我园开始了书写家书的活动,至今已有两年的时间。活动过程中,越来越多的家长们认真、积极地参与活动。家书内容包括幼儿成长、国家发展、特别节日等主题,如六一儿童节家书活动、毕业家书、建党百年家书、国庆节家书、建校周年庆家书等;园所班级积极开展以"送家书"为主题的区域活动,各班级形成《家书文件册》,教师和幼儿通过多种方式阅读家书。家书活动促进了幼儿好习惯的养成,也促进了幼儿语言表达能力的发展。

## 三、活动过程

### (一)以"建党百年红色家书"为例

为了让孩子们进一步了解中国共产党领导中国革命和建设取得的伟大成就与艰辛历程,懂得幸福生活来之不易,在隆重纪念建党100周年之际,我们诚挚地邀请本园家长与幼儿共同分享家族里的党员故事及小家庭在党领导下的幸福生活,以书写"红色家书"的形式,传承中国人民大学红色基因,萌发幼儿真挚的爱国情感。

**1. 写家书**

(1)给小朋友讲述那段饱含几代人青春的峥嵘岁月故事。

幼儿园全体家长朋友作为园所重要教育资源,积极参与到"传承红色基因,书写红色家书"的活动中,带领幼儿走进一段充满激情、燃烧理想的峥嵘岁月、走进改革的浪潮中,看看我们国家发生了哪些翻天覆地的变化,走进每一个小家在党的领导下通过劳动创造幸福生活的故事中。

明德三班晨伊的爸爸在家书中写道:"忆往昔的苦难历史,看今朝,珍惜当前的幸福生活,盼未来,孩子们要好好学习,学会独立,有担当,为祖国的未来添砖加瓦……"

明德五班璟瑜的妈妈写道:"小朋友爱自己的党和国家,就像小鸟爱它的树林,鱼儿爱它的小河,白云爱它的蓝天。现在,你的事情就是要珍惜时光,爱你的幼儿园,爱你的老师和小伙伴……"

乐学一班禾禾的妈妈写道:"孩子,你知道吗?你今天的幸福童年是无数先辈们用生命与鲜血换来的。因此,妈妈希望你在幼儿园、在老师的教育下,努力学习诗词、书画,明白团结、进取、求实、创新的意义,懂得合作与感恩。相信在人大幼儿园的精心培育下,你一定会成长为一名优秀的人大娃……"

**家书案例:**

康达妈妈案例(图 5-11)。

图 5-11

康达我儿:

在建党百年之际,也是你六周岁之际,我想对你说,你正处在一个和平、幸福的年代,在一个有家国情怀、有先进育人理念、有历史传承的幼儿园中,结识了新的朋友,遇见了可爱的老师,参与了丰富多彩的活动,感受到他人对你的善意。你今天经历的这一切美好都将对你的未来产生深远的影响。你的理想、你的抱负,也都将从这里扬帆起航。

妈妈始终相信,每个人的幸福生活绝不是偶然的。个人的命运和前途一定和国家的发展密不可分。妈妈出生在上个世纪 80 年代,一直到我 20 岁,咱们的家乡才开通了铁路。我第一次踏上开往陇南列车的兴奋依然记忆犹新。现在,高铁和新机场已建成,回家乡变得更容易了。现在,我们在北京的生活、学习已基本恢复正常,这一切都要归功于我们的国家、领导人心系人民,将人民的安康放在首位。

康达,我们何其幸运,此生入华夏?我们的先辈历经万难、不怕困难、不怕牺牲,才让我们有了现在的幸福生活。我们要珍惜现在的生活;我们要爱我们的国家,如果不爱国,谈不上任何格局和理想;我们要努力奋斗,让我们的国家更强大！国家存亡，匹夫有责。妈妈很真诚地祝福你，希望你将来成长为国之栋梁，再报效祖国！

和雅一班　康达妈妈

2021 年 6 月 27 日

（2）为小朋友讲述家中老党员的红色革命故事。

为了更好地传承红色基因，让幼儿了解身边的党员故事，我们请孩子的爷爷——一位老党员亲自讲述革命的故事（图 5 - 12）。之后，家长们通过一封家书深情地讲述了家人作为一名共产党员在工作岗位上作出的卓越贡献，以及在弘扬好家风、传承好家教、建设好家庭中发挥的重要作用，一件件感人的事迹让大家深受教育，让孩子们深刻地体会到了共产党员榜样的力量（图 5 - 13）。

图 5 - 12

图 5 - 13

**家书案例：**

明德二班檀之妈妈写道："妈妈的太姥爷是一名参加了解放战争渡江战役的老党员。打仗的时候，炮弹就紧贴着太姥爷的小船爆炸了，太姥爷和他的战友们就坐着小小的渔船，横渡长江，取得了胜利。太姥爷是旧时代的大学生，他义无反顾地参加了共产党。1949 年 10 月，他成了第一个军校——南京军事学院的教官。50 年代，太姥爷到苏北农村从事劳动，艰苦的环境也没有改变太姥爷作为一名共产党员的高要求。在太姥爷的教育下，妈妈的上一辈人都考上了大学，成了对国家有用的人。"

（3）为小朋友讲述革命先烈的红色故事。

在"建党百年"的活动中，班级教师带领幼儿了解革命先烈的红色故事，家长们也为孩子们讲述了一段段感人至深的革命故事，让孩子们通过一个个红色故事，知道革命先烈拼命地战斗是为了祖国的明天，让孩子们更加热爱他们、赞扬他们、崇敬他们。通过活动，孩子们也感受到自己现在的生活是多么的美满和幸福，作为红色文化传承人和接班人，要建设祖国的明天，长大后报效祖国。

**家书案例：**

明德二班翰凝的妈妈写道："1936年，有一位妈妈叫赵一曼，她被日寇抓捕后，遭受严刑拷打，在生命的最后一刻，她用实际行动教育儿子要为党和国家而牺牲，这是多么伟大的爱国之士。"

**2. 送家书**

每次开展家书活动时，家长都会和孩子一起把写好的家书投进我们的信箱中（图5-14、图5-15）。每次活动，家长们都会积极参与，活动得到了家长们的肯定。一次家书活动中，我们最多收到了317份家书。

图5-14　　　　　　　　　　　　　　　图5-15

**3. 听家书**

教师每天利用固定的分享时间为幼儿分享爸爸、妈妈的家书——读家书（图5-16、图5-17）。孩子们通过听爸爸、妈妈写给自己的红色家书，感受着父辈对我们党和国家的爱，明白了现在美好的生活来之不易，通过与军人叔叔的合照，表达自己对祖国繁荣、昌盛的期许。

图5-16　　　　　　　　　　　　　　　图5-17

园所的党员们、教师们也借此机会重温了入党誓言，与孩子们共同见证了建党百年这一神圣的历史时刻。

家书是幸福生活的真实写照，也是几代人爱国初心的生动再现，更是幼儿学习教育的"活教材"。幼儿在诵读、解读、品读红色家书的过程中，筑牢理想信念，传承革命精神，涵养思想源泉。

### 4. 展家书

展示红色家书，筑牢理想信念。红色信笺，纸短情长。红色家书记录的是每一个家庭最真实的心路历程，反映的是"忠孝难两全"的家国情怀，折射的是"舍小家，顾大家"的崇高理想信念，传递的是勇于改造社会的责任与担当，坚定的是为民情怀及浓郁的乡愁情结。

我们将红色家书渗透在教育环境中（图5-18），伴着教师的解读、品读，涵养孩子们的思想源泉，传承革命精神，这也是人大幼儿园一贯传承的红色基因延续。

图 5 - 18

幼儿园在营造爱党、敬党的氛围中，始终发扬红色精神，传承红色基因。未来，我们会继续将爱国、爱党教育渗透到幼儿一日生活的各个方面，抓住随机教育的契机，以"润物细无声"的方式，在幼儿心中根植永不褪色的爱党、爱国情怀。

### （二）班级活动给家书活动赋予新的意义

在"乐学爱心站"里（图5-19），我们为幼儿提供有关信的组成、设计邮票等内容，鼓励幼儿根据班级的不同自创编码，学会分类、整理、查找等相关内容（图5-20），通过游戏的方式解决幼儿面对陌生人时不会主动搭讪、大胆表达的问题。为幼儿提供全园幼儿姓名，通过相互学习、共同查找等活动内容，帮助全园幼儿派送家书和礼物。

图 5 - 19

图 5 - 20

孩子们通过开展取信、分信、编码、送信的活动，将一封封家书送到每一个小朋友的手中（图 5 - 21～图 5 - 24）。

图 5 - 21

图 5 - 22

图 5 - 23

图 5 - 24

孩子们收到家人写来的信，会充满期待地请老师帮自己读出来，在感受家人殷切期望的同时，他们也表达着自己收到信的感受，用自己的方式为家人画一封家书或者通过口述录制视频的方式记录下来。这种方式不仅增进了幼儿和家人之间情感的连接，也让家人之间的亲情显得更加温暖而珍贵（图5-25～图5-28）。

图5-25

图5-26

图5-27

图5-28

在大班幼儿毕业之后，教师也欣喜地收到了孩子们写来的信件（图5-29）。孩子们依然用自己熟悉的方式，表达着对老师的思念，默默地，家书成了我们沟通最直接的方式。

**（三）活动效果**

我们通过一系列的家书活动，让孩子们了解到家书不仅仅是一封书信，是家人之间情感沟通的必要方式，也是维系一个家庭乃至社会顺畅运行的基本媒介。家书固然是家人所为，但家书包含的内容不仅仅是家事、家常，而是关乎社会、关乎国家的大事。

活动之后，我们向家长们开展了"家

图5-29

书"活动调查问卷。问到孩子有哪些收获时，家长答道："孩子能够通过家书了解父母对自己的爱，增进亲子感情；能够懂得爱，分享爱；体会自己在成长过程中，需要不断完善自己；帮助家长建立家风、家规，感受正式交流的仪式感；家书是连接孩子和家长的纽带，相信长时间积累下来，对彼此都是一笔难能可贵的精神财富。"当问到家长有哪些收获和启发时，家长答道："每次写家书之前，全家人都会开一次家庭会议，每个家庭成员都会发表自己的见解和想法；在撰写家书的过程中，分析、回忆孩子成长的过程，会相对冷静、理性地思考孩子成长和教育等方面的问题，同时，也会反思教育过程中的不足；写家书的过程也是家长回顾孩子成长的过程，老师的评语也是家长了解孩子在园表现的一个途径，通过纸质家书的交流，更容易让人沉静下来，深入思考。"

图书在版编目（CIP）数据

幼儿园德育主题活动案例精选 / 郑宇红等著 . —北京：中国农业出版社，2023.10
ISBN 978 - 7 - 109 - 30965 - 4

Ⅰ . ①幼… Ⅱ . ①郑… Ⅲ . ①德育－教案（教育）－学前教育 Ⅳ . ①G611

中国国家版本馆 CIP 数据核字（2023）第 147415 号

**幼儿园德育主题活动案例精选**
YOUERYUAN DEYU ZHUTI HUODONG ANLI JINGXUAN

中国农业出版社出版

地址：北京市朝阳区麦子店街 18 号楼
邮编：100125
责任编辑：孙利平　张　志
版式设计：杨　婧　责任校对：吴丽婷　责任印制：王　宏
印刷：三河市国英印务有限公司
版次：2023 年 10 月第 1 版
印次：2023 年 10 月河北第 1 次印刷
发行：新华书店北京发行所
开本：700mm×1000mm　1/16
印张：18
字数：343 千字
定价：68.00 元